公司治理、企业社会责任履行与公司绩效

——基于中国上市公司的理论与实证研究

王 能 著

中国财经出版传媒集团

中国财政经济出版社

教育部本科教学工程"财政学专业综合改革试点"
（项目编号：ZG0340）资助项目

序

　　企业作为社会经济系统中的经济组织和市场经济的行为主体，其行为直接影响一个国家社会经济秩序，其活力和动力直接决定一个国家经济增长的质与量。20世纪下半叶以来，国家竞争造成全球资源过度开发、环境污染、生态恶化等问题，企业竞争造成负债扩张、劳工过度使用、财务造假等企业败德行为，使得全球信用危机日益严重，权责制衡的公司治理结构与企业社会责任履行问题引起了全社会的关注。

　　企业作为一个营利性组织，是以创造社会价值的同时实现企业价值最大化为目标的经济组织。同时，企业又是一个社团组织，必须履行企业的社会责任。多重社会角色和责任使企业在运行中充满了威胁和机遇（诱惑），不断面临多种方案与路径的抉择。特别是我国经济正处于新常态下发展方式和发展动力的转轨期，市场经济发展不充分、不完备，社会信用体系部分缺失的外部治理环境下，企业的自我约束（公司治理）机制、对企业自觉履行企业社会责任至关重要。

　　作者基于产权理论、交易成本理论、不完全契约理论、委托代理理论等深入研究了公司治理与企业社会责任履行的逻辑关系与理论联系，企业社会责任履行对公司绩效的影响机理，进而以企业社会责任履行为中介，深入分析了外部环境（市场化程度、政治关联）和公司内部治理结构对公司绩效传导机制及影响机理。厘清了公司治理、企业社会责任履行与公司绩效之间的内在逻辑关系，构建了本书的理论框架和计量分析模型，利用 2010—2015 年中国 A 股上市公司的数据，采用规范研究与实证研究相结合的方法，对公司治理、企业社会责任履行与公司绩效之间的影响机理进行了实证检验。研究突出贡献和创新点在于：从外部环境治理与公司内部治理视角研究企业社会责任履行影响因素，得出转轨经济体中公司治理是企业社会责任履行的支柱和保障的经验证据，从改善公司绩效视角验证了公司应主动承担企业社会责任的经验结论。

作者于 2010 年就读于石河子大学经济与管理学院硕士研究生，至 2017 年获得博士学位。埋头学海书山七春秋，从理学（数学）本科生跨入管理学（农业经济管理）研究生的学习与研究，不断学习、不断探索、不断积累，终于达到了厚积薄发、思维与学识升华的境地。作为导师，我深感欣慰，能把一个"毛坯人才"引导入门并逐渐走上学术之路。作为益友我更感自豪，能影响他的人生之路，使他最终走上了高校讲坛。高校教师是阳光的职业，有教授耀眼的光环、有学生认可回馈的安慰、有科研突破获奖的自豪；高校教师也有板凳冷坐的考验、有三尺讲台声咽的艰辛、有研究思路无序的苦恼。然而，因为担当，我们义无反顾：讲台上我们讲学释疑，像个重播的机器；科研中我们探索求是，像个苦旅的行僧；校园里我们传承文化，像个布道的牧师。作为高校教师的你，从事了这阳光下最神圣的职业，初心始定，即将有自己的研究成果出版，我深表祝贺与赞扬。相信你在未来的高教生涯中会有更多更好的研究成果面世，会有不断的职业荣誉喜报。

李万明

2019 年 9 月 16 日

前　言

　　企业作为市场经济中重要的经济组织和微观经济行为主体，其行为对经济增长、社会发展及生态环境等具有重要影响。20世纪下半叶以来，全球环境污染、生态恶化、资源过度消耗和劳工保护等问题日益凸显，特别是进入21世纪后，美国安然、世通公司财务造假以及美国次贷危机引发的全球金融海啸等影响巨大的全球性事件接连不断，全球范围内的企业和金融机构的崩溃、商业欺诈、造假、破产以及其他企业败德行为频发，公司治理与企业社会责任履行问题引起了全社会的关注。公司治理是为实现企业价值创造目标的一系列制度安排，企业社会责任履行具有价值创造效应，公司治理、企业社会责任履行与公司绩效之间的关系越来越成为理论界与实务界关注的焦点。现有关于公司治理、企业社会责任履行与公司绩效之间关系的研究，因选取研究对象和研究方法的差异并未得出一致的结论。在我国转轨经济及经济发展进入新常态背景下，公司治理、企业社会责任履行与公司绩效之间的逻辑关系仍需进一步研究。

　　本书基于产权理论、交易成本理论、信息不对称理论、外部性理论、不完全契约理论、委托代理理论、利益相关者理论、资源基础理论和可持续发展理论深入研究了公司治理与企业社会责任履行的理论基础，从外部环境治理（市场化程度、政治关联）和公司内部治理视角深入分析了公司治理对企业社会责任履行的影响机理、企业社会责任履行对公司绩效的影响机理以及企业社会责任履行对公司治理与公司绩效的中介效应机理，厘清了公司治理、企业社会责任履行与公司绩效之间的内在逻辑关系，构建了本书的理论框架，并基于2010—2015年中国A股上市公司的数据，采用规范研究与实证研究相结合的方法，对公司治理、企业社会责任履行与公司绩效之间的影响机理进行了实证检验，主要得出以下结论：

（1）公司治理对企业社会责任履行具有显著的正向影响，公司治理显著改善了企业社会责任履行，且公司治理对企业社会责任履行的显著正向影响具有滞后性和长期性。具体地，市场化程度显著改善了企业社会责任履行，且显著改善了员工责任、权益责任和环境责任履行，但并未促进股东责任和社会责任履行。政治关联显著改善了企业社会责任履行，且对股东责任、员工责任、权益责任、环境责任和社会责任履行均具有促进作用。公司内部治理显著改善了企业社会责任履行，且对股东责任、员工责任、权益责任、环境责任和社会责任均具有促进作用。

（2）企业社会责任履行与公司绩效显著正相关，企业社会责任履行具有价值效应，显著提升了公司绩效，且企业社会责任履行对公司绩效的提升作用具有一定的滞后性与长期性。进一步研究发现，企业社会责任履行对公司绩效的提升作用无地区和行业差异。股东责任、员工责任、权益责任、环境责任和社会责任各分维度企业社会责任履行对公司绩效也具有显著的提升作用。

（3）公司治理显著提升了公司绩效，企业社会责任履行是公司治理提升公司绩效的有效路径，对公司治理与公司绩效具有中介效应。具体地，市场化程度显著提升了公司绩效，企业社会责任履行是市场化程度提升公司绩效的有效路径，对市场化程度与公司绩效具有部分中介效应。进一步研究发现，股东责任、员工责任、权益责任和环境责任履行是市场化程度提升公司绩效的有效路径，对市场化程度与公司绩效具有显著的中介效应；社会责任履行不是市场化程度提升公司绩效的有效路径，对市场化程度与公司绩效的中介效应不显著。政治关联显著提升了公司绩效，企业社会责任履行是政治关联提升公司绩效的有效路径，对政治关联与公司绩效具有部分中介效应。进一步研究发现,股东责任、权益责任和社会责任履行是政治关联提升公司绩效的有效路径,对政治关联与公司绩效具有显著的中介效应;员工责任和环境责任履行不是政治关联提升公司价值的有效路径,对政治关联与公司绩效中介效应不显著。公司内部治理显著提升了公司绩效,企业社会责任履行是公司内部治理提升公司绩效的有效路径,对公司内部治理与公司绩效具有完全中介效应。进一步研究发现,股东责任、员工责任、权益责任履行是公司内部治理提升公司绩效的有效路径,对公司内部治理与公司绩效具有中介效应;环境责任和社会责任履行不是公司内部治理提升公司绩效的有效路径,对公司内部治理与公司绩效具有中介效应不显著。

基于研究结论,本书从优化外部治理环境、完善公司内部治理、促进企业社会责任履行以及公司治理与企业社会责任的融合四个方面提出相应的政策建议,并指出本书存在的不足和进一步研究的方向。

目 录

第一章 绪论 …………………………………………（1）
  一、研究背景及意义 …………………………………（1）
  二、研究目的及方法 …………………………………（4）
  三、研究思路、内容与逻辑框架 ……………………（6）
  四、相关概念界定 ……………………………………（10）
  五、本书可能的创新与贡献 …………………………（16）

第二章 文献综述 ……………………………………（18）
  一、公司治理与企业社会责任关系的文献
      综述 ………………………………………………（18）
  二、企业社会责任与公司绩效关系的文献
      综述 ………………………………………………（25）
  三、公司治理与公司绩效关系的文献综述 …………（33）
  四、本章小结 …………………………………………（49）

第三章 理论基础与理论框架构建 …………………（51）
  一、理论基础及其适用性分析 ………………………（51）
  二、机理分析及理论框架构建 ………………………（74）
  三、本章小结 …………………………………………（78）

**第四章 公司治理与企业社会责任履行
            实证研究** …………………………………（79）
  一、引言 ………………………………………………（79）
  二、理论分析与研究假设 ……………………………（83）
  三、研究设计 …………………………………………（92）

　　　　四、实证结果与分析 ……………………………………（ 97 ）
　　　　五、结论与启示 ……………………………………………（114）

第五章　企业社会责任履行与公司绩效实证研究 ……………（116）
　　　　一、引言 ……………………………………………………（116）
　　　　二、理论分析与研究假设 …………………………………（118）
　　　　三、研究设计 ………………………………………………（122）
　　　　四、实证结果及分析 ………………………………………（127）
　　　　五、结论与启示 ……………………………………………（145）

第六章　公司治理与公司绩效：企业社会责任履行的中介效应 …………………………………………………………（147）
　　　　一、引言 ……………………………………………………（147）
　　　　二、理论分析与研究假设 …………………………………（149）
　　　　三、研究设计 ………………………………………………（157）
　　　　四、实证结果与分析 ………………………………………（163）
　　　　五、结论与启示 ……………………………………………（196）

第七章　结论、政策建议与展望 ………………………………（198）
　　　　一、研究结论与政策建议 …………………………………（198）
　　　　二、研究不足与展望 ………………………………………（203）

参考文献 …………………………………………………………（204）

附　　录 …………………………………………………………（238）

后　　记 …………………………………………………………（240）

第一章 绪 论

一、研究背景及意义

（一）研究背景

企业作为市场经济中重要的经济组织和微观经济行为主体，其行为对经济增长、社会发展及生态环境等都具有重要影响。20世纪下半叶以来，全球环境污染、生态恶化、资源过度消耗和劳工保护等问题日益凸显，特别是进入21世纪后，美国安然、世通公司财务造假以及美国次贷危机引发的全球金融海啸等影响巨大的全球性事件接连不断，全球范围内的企业和金融机构的崩溃、商业欺诈、造假、破产以及其他企业败德行为频发，公司治理（Corporate Governance）与企业社会责任（Corporate Social Responsibility，CSR）[①] 履行问题引起了全社会的关注。

公司治理一词自20世纪90年代出现以来，就受到国内外理论界和实务界的广泛关注，公司治理理论不断丰富和完善，并逐渐形成了"股东至上"治理与"共同治理"两种模式。我国公司治理是伴随国有企业改革产生和发展的，大致经历了四个阶段：第一阶段是向企业"放权让利"（1978—1983）；第二阶段是国有企业的分配形式由"利润上缴"向"利税分流"转变以及

---

① 公司是现代企业的主要形式，部分文献中也称公司社会责任，本书不再对企业社会责任与公司社会责任做严格区分，两者所指相同。

"厂长负责制"的形成（1984—1992）；第三阶段是国有企业建立现代企业制度的改革（1993—2003）；第四阶段是逐步解决制约中国上市公司治理的各种历史遗留问题，在以中国证监会为代表的政府监管部门的推动下，我国上市公司的治理水平逐步提高（2004—）。就我国具体国情而言，公司治理既不能照搬英美的"股东至上"治理模式，也不能照抄德日的"共同治理"模式，但我们可以吸收英美、德日模式的优点，形成适合我国制度背景和企业实际的治理模式。我国公司治理经过30多年的发展，国内学者做了大量的研究工作，实务界也进行了大量有益的实践探索，我国上市公司的治理结构更趋合理，治理机制逐步得到完善，但我国上市公司的业绩表现依然不能令人满意，上市公司治理仍存在诸多问题，如国有股一股独大、股权流动性差、"内部人控制"严重、大股东侵害小股东、高管层的薪酬激励和监事会的监督职能不能充分发挥作用、高管与董事合谋等等，公司治理独立性缺失，公司治理有效性仍显不足（李维安，2016）。

企业社会责任理念最早出现于20世纪初的美国。随着市场经济的迅速发展，企业作为社会的重要组成部分，其影响力日益增强，企业虽然为社会创造了巨大的物质财富，促进了社会的发展，但同时也消耗了大量的社会资源，造成了多种生态、资源和社会问题。企业社会责任理念逐渐得到国际社会的普遍认同，企业社会责任履行成为企业的重要使命，企业在履行股东受托责任的同时，也要积极履行对消费者、员工、社区、环境和社会等利益相关者的责任。国外学者对企业社会责任的研究较早，形成了较完备的理论体系和成熟的企业社会责任计量方法。国内学者对企业社会责任的研究起步较晚，特别是近年来，伴随我国经济高速发展出现的一些社会问题，以及部分带入"利润陷阱"的企业缺失了企业社会责任履行，存在产品质量低劣（如三鹿奶粉事件等）、偷逃税款、无劳动保护（如矿难等）、污染环境（如雾霾、水污染和大气污染等）、危害生态等行为，学术界、实务界和政府部门越来越重视企业社会责任，学术界进行了大量的理论与实证研究，政府部门也制定了相应的政策、标准和指导性意见等鼓励和引导企业积极履行企业社会责任。另外，我国企业要想"走出去""走进去"，在国际市场竞争中立于不败之地，实现可持续发展与基业长青，也必须不断提高企业社会责任的履行能力与水平。

公司治理在委托代理关系下通过公司权责利的安排与制衡减少公司的代理问题，是防范代理人道德风险和逆向选择的有效途径，同时企业作为社会契约集合，在追求经济利益的同时，也应积极履行社会责任（Carrasco和Buendia，

2013),企业社会责任履行对提高企业创新能力、增强竞争能力等都具有正向影响,因此,从理论上分析,良好的公司治理有利于规范公司运作,企业社会责任履行有助于降低公司面临的非系统性风险(Sun 和 Cui,2014),两者均有利于实现公司可持续发展。同时,公司治理产生于现代公司所有权与经营权的分离,企业社会责任源于"权力—责任"模型下公司所拥有的社会权力(沈洪涛,2007),因而公司治理与企业社会责任均来源于现代公司的诞生(高汉祥和郑济孝,2010)。近年来,关于我国公司治理、企业社会责任履行与公司绩效之间的内在逻辑关系,国内学者(谭宏琳和杨俊,2009;王建琼和何静怡,2009;杨伯坚,2012;孙敏和张彦,2012;王海菲,2013;肖海林和薛琼,2014;于晓红和武文静,2014;李智彩和范英杰等,2015)进行了一定的探索性研究,但由于所选取的研究对象与研究方法的差异,并未得出一致的结论。

我国是社会主义国家,兼具转轨经济和新兴市场经济的特征,当前正处在经济转型升级的关键时期。在后金融危机时期,在我国经济发展进入新常态的当下,什么样的公司治理才是适合我国国情的、有效的公司治理?公司治理对企业社会责任履行又有怎样的影响?企业社会责任履行是否提升了公司绩效?企业社会责任履行对公司治理与公司绩效是否具有中介效应?这些问题仍没有确切的答案。基于此,本书基于产权理论、交易成本理论、信息不对称理论、外部性理论、不完全契约理论、委托代理理论、利益相关者理论、资源基础理论和可持续发展理论深入研究了公司治理与企业社会责任履行的理论基础,从外部环境治理(市场化程度、政治关联)和公司内部治理视角深入剖析了公司治理对企业社会责任履行的影响机理、企业社会责任履行对公司绩效的影响机理以及企业社会责任履行对公司治理与公司绩效的中介效应机理,厘清了公司治理、企业社会责任履行与公司绩效之间的内在逻辑关系,构建了本书的理论框架,并以2010—2015年中国沪深两市A股上市公司为研究对象,实证研究公司治理、企业社会责任履行与公司绩效之间的内在作用机理,以期为上述问题探寻经验证据。

(二)研究意义

本书基于我国转型经济及经济发展进入新常态的背景,从理论和实证两方面深入研究我国公司治理、企业社会责任履行与公司绩效之间的内在逻辑关系,具有重要的理论意义和现实意义。

1. 理论意义

公司治理是现代公司重要的制度安排，企业社会责任是企业正式与非正式的行为规范和约束的具体表现形式，对公司价值创造和可持续发展具有重要影响。本书从我国制度背景及企业实际出发，研究公司治理、企业社会责任履行与公司绩效之间内在的逻辑关系，对构建和完善具有我国特色的公司治理理论与制度框架、完善我国企业社会责任理论、完善企业主动履行企业社会责任的理论支撑、促进公司治理与企业社会责任理论的融合与发展具有重要的借鉴意义。对转型国家及新兴市场国家公司治理理论与企业社会责任理论的发展具有重要的借鉴意义。

企业社会责任的模范履行，可以帮助企业建立良好的声誉、树立良好的外部形象，从而降低企业的直接成本和代理成本，改善企业的经营绩效，提高企业的可持续发展能力。本书对企业理论与企业可持续发展理论的进一步完善具有一定的借鉴意义。本书对完善我国会计理论、推动我国企业社会责任会计准则的建立也具有一定的借鉴意义。

2. 现实意义

当前，我国正处在深化国有企业改革的关键时期，本书对我国国有企业的改革实践具有一定的现实指导价值。本书对我国上市公司治理实践、治理能力和水平的提升，对我国上市公司企业社会责任履行实践的发展具有重要的现实意义。本书对我国非上市公司的治理与发展、企业社会责任履行实践也具有一定的借鉴意义。另外，现代公司是市场经济体系中重要的微观经济主体，公司治理和企业社会责任履行是实现企业可持续发展和基业长青的重要举措和保障，企业的可持续发展与基业长青对促进我国经济整体平稳运行、社会和谐稳定和经济社会可持续发展都具有重要的现实意义。

二、研究目的及方法

（一）研究目的

本书的研究目的主要有三个：一是分析公司治理对企业社会责任履行的影响机理，构建公司治理与企业社会责任履行之间的逻辑框架，实证检验公司治理对企业社会责任履行的影响机理及内在逻辑关系，探寻公司治理促进企业社会责任履行的理论支撑与经验证据；二是分析企业社会责任履行对公司绩效的影响机理，构建企业社会责任履行与公司绩效之间的逻辑框架，实证检验企业社会责任履行对公司绩效的影响机理及内在逻辑关系，探寻企业社会责任履行经济后果的经验证据，以及企业主动履行企业社会责任的理论支撑与经验证据，以促使我国企业更主动、模范地履行企业社会责任；三是分析企业社会责任履行对公司治理与公司绩效中介效应机理，构建企业社会责任履行对公司治理与公司绩效中介效应的逻辑框架，实证检验企业社会责任履行对公司治理与公司绩效的中介效应，探寻从公司治理视角改善企业社会责任履行以提高公司绩效的理论支撑与经验证据，促使公司治理理论与企业社会责任理论的融合与发展。

(二) 研究方法

本书主要采用文献研究法、归纳—演绎法、比较研究法、规范研究与实证研究相结合的方法进行研究。对本书所用研究方法的简要介绍如下：

1. 文献研究法

文献研究法主要是指搜集、鉴别、整理文献，并通过对文献的研究，形成对事实科学认识的方法。本书运用文献研究法系统分析了公司治理的相关研究，主要包括公司治理的概念、公司治理模式与机制、公司治理与公司绩效关系的研究成果、公司治理与企业社会责任关系的研究成果；系统分析了企业社会责任的相关研究，包括企业社会责任的概念、企业社会责任履行的测量、企业社会责任与公司绩效关系的研究成果；还运用文献研究法对本书的理论基础进行了梳理。

2. 归纳—演绎法

归纳—演绎法是认识论的逻辑思维方法，归纳是从特殊到一般的推理，演绎是从一般到特殊的推理，归纳—演绎法在科学研究中运用较广泛。在国内外已有研究成果的基础上，本书运用归纳—演绎法就公司治理对企业社会责任履行的影响机理及逻辑关系、企业社会责任履行对公司绩效的影响机理及逻辑关系、企业社会责任履行对公司治理与公司绩效中介效应机理及内在逻辑关系以及实证部分研究假设的提出进行分析。

3. 比较分析法

比较分析法是根据一定的标准，把彼此之间有某些联系的事物放在一起进行考察，寻找其异同，以把握研究对象所特有的质的规定性。比较分析方法是确定对象间异同的一种逻辑思维方法,也是一种具体的研究方法。比较研究法贯穿全书,本书比较分析了国内外学者关于公司治理和企业社会责任的相关研究成果,在实证研究部分,对不同行业、不同地域的公司进行了对比研究,对公司内部治理机制和外部环境治理对企业社会责任履行与公司绩效的影响也进行了对比研究。

4. 规范研究与实证研究相结合

规范研究是根据一定的价值观念或经济理论对经济行为人的行为结果及产生这一结果的制度或政策进行评判,回答经济行为人的行为应该是什么的分析方法;实证研究法是通过观察、分析、试验来研究观察到的现象,解释经济行为人的行为是什么、怎么样,寻找其发生的原因,并以此进行预测,而不对其行为结果进行评价的分析方法。本书运用规范研究与实证研究相结合的方法进行研究,运用规范分析方法对公司治理、企业社会责任履行与公司绩效内在逻辑关系的相关理论进行了梳理,主要包括产权理论、信息不对称理论、交易成本理论、外部性理论、不完全契约理论、委托代理理论、利益相关者理论、资源基础理论和可持续发展理论,为构建公司治理、企业社会责任履行与公司绩效之间内在逻辑关系的研究模型提供坚实的理论基础;主要运用混合多元回归模型、面板固定效应模型、面板随机效应模型、二值选择模型、面板二值选择模型、系统矩估计模型以及分位数回归模型对公司治理对企业社会责任履行的影响机理、企业社会责任履行对公司绩效的影响机理、企业社会责任履行对公司治理与公司绩效中介效应机理进行实证研究,实证研究法的运用提高了研究的客观性和科学性。

三、研究思路、内容与逻辑框架

(一)研究思路

本书以2010—2015年中国沪深两市A股上市公司为研究对象,在后金融危机时期及我国转轨经济和经济发展进入新常态的背景下,深入研究公司治理、企业社会责任履行与公司绩效之间内在逻辑关系。首先,梳理分析了已有公司治理和企业社会责任相关研究成果,公司治理方面的相关研究成果主要包括公司治理的概念、公司治理结构和治理机制、公司治理模式、公司治理与公司绩效的关联关系以及公司治理与企业社会责任的关联关系；企业社会责任方面的相关研究成果主要包括企业社会责任的概念、企业社会责任理论的发展、企业社会责任的测量以及企业社会责任与公司绩效的关联关系。其次，系统分析了公司治理、企业社会责任履行与公司绩效之间内在逻辑关系研究的相关理论及其适用性，主要包括产权理论、信息不对称理论、交易成本理论、外部性理论、不完全契约理论、委托代理理论、利益相关者理论、资源基础理论和可持续发展理论，分析了公司治理对企业社会责任履行的影响机理及内在逻辑关系、企业社会责任履行对公司绩效的影响机理及内在逻辑关系、企业社会责任履行对公司治理与公司绩效中介效应机理及内在逻辑关系，并构建了本书的理论框架。再次，以理论分析和影响机理分析为基础提出研究假设、设置变量和构建实证研究模型，同时进行变量的数据搜集，运用 Stata14.1 统计分析软件对所选样本数据进行分析，实证研究公司治理对企业社会责任履行的影响机理、企业社会责任履行对公司绩效的影响机理、企业社会责任履行对公司治理与公司绩效中介效应机理；对实证结果进行讨论，得出一般性结论与研究启示。最后，得出本书的研究结论与政策建议，分析了本书存在的不足，并指出了未来研究方向。

（二）研究内容

本书以 2010—2015 年中国沪深两市 A 股上市公司为研究对象，在后金融危机时期及我国经济发展进入新常态的背景下，深入研究公司治理、企业社会责任履行与公司绩效之间的内在逻辑关系。全书共分七章。

第一章绪论。主要介绍本书的研究背景及意义、研究目的、研究方法、研究思路、内容和逻辑框架，并对相关概念进行了界定，最后指出本书可能存在的创新与贡献。

第二章文献综述。主要对公司治理与企业社会责任的关系、企业社会责任与公司绩效的关系、公司治理与公司绩效的关系的相关理论和实证研究文献进行了梳理，并对现有研究成果进行了述评。

第三章理论基础与理论框架构建。主要研究了本书的理论基础及其适用性，主要包括产权理论、交易成本理论、信息不对称理论、外部性理论、不完全契约理论、委托代理理论、利益相关者理论、资源基础理论和可持续发展理论；分析了公司治理对企业社会责任履行的影响机理、企业社会责任履行对公司绩效的影响机理、企业社会责任履行对公司治理与公司绩效中介效应机理，并构建了公司治理、企业社会责任履行与公司绩效之间内在逻辑关系理论框架。

第四章公司治理与企业社会责任履行的实证研究。从外部环境治理（市场化程度、政治关联）和公司内部治理两方面深入分析了公司治理对企业社会责任履行的影响机理，并基于研究样本数据进行了实证检验。本章结构安排如下：第一部分是引言；第二部分是理论分析与研究假设；第三部分是研究设计，包括样本选择与数据来源、变量定义与测量以及回归模型的构建；第四部分是回归结果与分析，主要包括变量描述性统计分析和相关性分析、一般回归结果及分析、内生性问题的处理、进一步研究的回归结果及分析和稳健性检验；第五部分是本章的研究结论与启示。

第五章企业社会责任履行与公司绩效实证研究。深入分析了企业社会责任履行对公司绩效的影响机理，并基于研究样本数据进行了实证检验。本章结构安排如下：第一部分是引言；第二部分是理论分析与研究假设；第三部分是研究设计，包括样本选择与数据来源、变量定义与测量以及回归模型的构建；第四部分是回归结果与分析，主要包括变量描述性统计分析、相关性分析、一般回归结果及分析、进一步研究的回归结果及分析和稳健性检验；第五部分是本书的研究结论与启示。

第六章公司治理与公司绩效：企业社会责任履行的中介效应。从外部环境治理（市场化程度、政治关联）和公司内部治理两方面深入分析了企业社会责任履行对公司治理与公司绩效中介效应机理，并基于研究样本数据进行了实证检验。本章结构安排如下：第一部分是引言；第二部分是理论分析与研究假设；第三部分是研究设计，包括样本选择与数据来源、变量定义与测量以及中介效应检验模型的构建；第四部分是回归结果与分析，主要包括变量描述性统计分析、中介效应检验结果与分析、进一步的研究和稳健性检验；第五部分是本章的研究结论与启示。

第七章结论、政策建议与展望。介绍了本书的主要研究结论，并基于研究结论从优化外部治理环境、完善公司内部治理、促进企业社会责任履行以及公司治理与企业社会责任的融合四个方面提出了相应的政策建议，最后指出本书存在的不足以及未来进一步研究的方向。

（三）研究逻辑框架

本书的研究逻辑框架如图1-1所示：

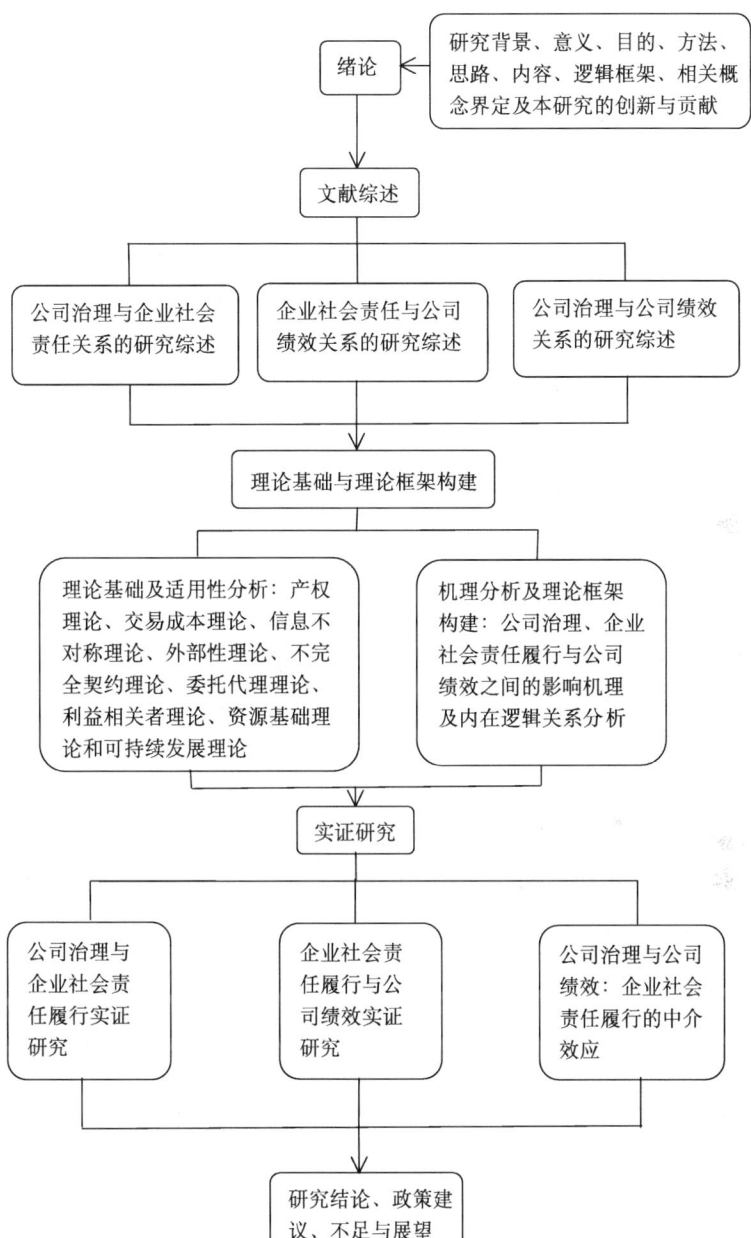

图 1-1 研究逻辑框架

四、相关概念界定

(一) 公司治理的起源与内涵

Smith（1776）在其《国富论》一书中指出："作为其他人所有的资金的经营者，不要期望他会像自己所有的资金一样获得精心照顾"，[①] 公司治理思想萌芽出现。Berle 和 Means（1932）在其著作《现代公司与私有产权》中首次明确提出了所有权与控制权分离的观点，该书被认为是现代公司治理理论的起源。Williamson（1975）提出了治理结构的概念，该概念与公司治理的含义最接近。Jensen 和 Meckling（1976）在其经典论文《企业理论：经理行为、代理成本与所有权结构》中首次提出了代理问题，并将股东与经理人员之间的代理冲突作为公司治理研究的主要问题，该文被认为是现代公司治理研究的开山之作。Fama 和 Jensen（1983）进一步指出，公司治理就是要处理好委托人和代理人之间的代理关系，核心是降低代理成本。其后，公司治理问题得到极大关注，公司治理理论不断丰富。我国公司治理问题起源于国有企业改革，张维迎（1994）、吴敬琏（1994）等率先提出在国有企业改革过程中借鉴现代公司治理理论。林毅夫（1997）等对公司治理的内涵及公司治理的有效制度安排进行了研究。张维迎（1999、2000）、孙永祥（2001）等讨论了公司治理的产权问题。李维安（2001）等对比研究了公司治理的模式。

关于公司治理的定义，国内外学者从不同视角给出了不同的解释。Cochran 和 Wartick（1988）认为，公司治理是解决高层管理者、股东、董事会与公司其他利益相关者相互作用产生的特定问题，核心问题是谁应该从公司的决策中获益。吴敬琏（1994）认为，公司治理结构是由所有者、董事会和高级经理人员组成的一种组织结构，要完善公司治理结构，就要明确划分股东、董事会和经理人员的权利、责任和利益，从而形成三者之间的制衡约束关系。Blair（1995）认为，公司治理是有关公司控制权和剩余索取权安排的一整套法律、文化和制度安排，Mayer Colin（1995）和钱颖一（1995）也给出了类似的定义。Shleifer 和 Vishny（1997）从投资者和所有权保护视角，研究了全球范围

[①] 亚当·斯密. 国富论[M]. 上海：世界图书出版公司，2009.

内法律体系对投资者和所有权的保护，认为公司治理是一组外部投资者借以保护自身利益不被内部人剥夺的机制。林毅夫（1997）认为，公司治理结构是指所有者对一个企业的经营管理和对绩效进行监督控制的一整套制度安排，是公司的直接控制或内部治理结构。经济合作与发展组织（OECD，1999）把公司治理定义为一种指导和控制商业公司的体系，公司治理结构明确了公司的不同参与者之间权利和义务的分配，并清楚地说明就公司事务进行决策的规则和程序。张维迎（1999）从狭义和广义视角对公司治理进行了解释，从狭义上来说，公司治理结构是指关于公司董事会的结构与功能、股东权力的制度安排；从广义上来说，公司治理结构是关于公司控制权和剩余索取权分配的一整套法律、文化和制度性安排，这些安排决定公司的目标，谁在什么状态下实施控制，如何控制，风险和收益如何在企业成员之间分配，公司治理结构实际上是公司所有权安排的具体化。Zingales（2000）把公司治理定义为一组限制企业事后交易产生的准租金的复杂的约束集，包括所有权配置、董事会、资本结构、劳动力市场竞争、经理激励计划、组织结构、机构投资者的施压、产品市场竞争和接管等。李维安（2000）认为，狭义的公司治理是指所有者对经营者的一种监督与制衡机制，主要体现为股东大会、董事会、监事会和管理层所构成的公司治理结构的内部治理；广义的公司治理是指通过一套包括正式或非正式的、内部或外部的制度或机制来协调公司与所有利益相关者（股东、债权人、供应者、雇员、政府、社区）之间的利益。Tirole（2001）认为，公司治理是用来解决逆向选择和道德风险问题。世界银行（2002）把公司治理定义为被股东用来影响管理者以实现股东价值最大化和被固定收入索取者（如银行、雇员等）用于控制股权的代理成本的一套工具和机制（如合同、法定权利和市场）。郑志刚（2010）认为，对于现代公司利益冲突的投资者与经营者，公司治理主要解决两方面的问题：一是通过产权安排向投资者提供投资激励，以解决合约不完全问题；二是通过治理机制的设计与实施向经营者提供努力工作的激励，以解决信息不对称问题，公司治理可以分为治理结构（产权安排）和治理机制（各种公司治理机制的设计和实施）两个层次。朱长春（2014）认为公司治理是构建在企业所有权层次上的一门科学，是企业所有权人科学地向职业经理人授权，并对职业经理人进行监管。

关于公司治理的模式，国内外学者从不同的视角探索公司治理模式的分类。根据企业的融资性质，公司治理可以分为市场中心治理模式和银行中心治理模式（卢昌崇，1999；Allen 和 Gale，2000；LLSV，2000）。从制度环境视角,公司治理模式可以分为外部监管模式、家族监管模式和内部监管模式(也即英美治理模式、家族治理模式和德日治理模式)。从人力资本视角,公司治理模式可以分为股东至上主义模式、双边治理模式、员工至上主义模式。从企业成长视角,公司治理模式可以分为古典治理模式、过度治理模式和现代治理模式,并通过以上宏观、中观和微观层面公司治理模式的比较研究,出现了公司治理的权变模式(郝臣和李礼,2006)。根据公司治理研究出现的三个新趋势:研究对象由欧美发达国家扩展到发展中国家(Denis 和 McConnell,2003)、研究视角由企业层面或企业内部转移到企业间层面(Morch、Wolfenzon 和 Yeung,2005;Morck,2008)、研究层面由微观和中观层面转变到宏观层面(La Porta、Lopez – de – Silanes 和 Shleifer,2008),公司治理可以分为三种类型:代理型公司治理、剥夺型公司治理和混合型公司治理(陈仕华和郑文全,2010)。从治理机制视角,公司治理可以分为内部治理和外部治理。公司治理机制(Corporate Governance System)是解决现代公司由于所有权和经营权分离所导致的代理问题的各种机制的总称(郑志刚,2004),公司治理包括内部治理机制和外部治理机制(Denis 和 McConnell,2003),促使公司控制人以股东价值最大化,内部治理机制包括股东治理、董事会治理、监事会治理和高管层治理等,外部治理机制包括公司治理的法律和政治途径、要素和产品市场竞争、债权人治理、公司控制权市场、职业经理人市场、声誉市场和职业关注等(李维安,2010)。

基于以上对公司治理起源与内涵的分析,本书认为,公司治理是一种经济关系,也是一种契约关系。公司治理是一种权力制衡机制,也是一种实现经济民主的有效形式。公司治理是伴随现代公司所有权和经营权分离而出现的,是解决由于所有权与经营权分离而产生的代理问题的一整套法律、文化和制度性安排,公司治理问题涉及经济学、管理学和法学等众多学科,是典型的跨学科的综合性问题。公司治理分为治理结构和治理机制两部分,治理结构包括外部治理和内部治理,外部治理实质上是外部环境对公司的治理,如制度环境和政治资源环境等;内部治理是指包括股东会、董事会、监事会和高管层在内的法人治理结构。治理机制主要包括用人、监督和激励机制,公司治理的本质是监督和激励。关于公司治理的量化,采用公司治理指数来测量公司治理水平已得到国内外学者的认可(Gompers et al.,2003;白重恩和刘俏等,2005;李维安和张国萍,2005;张学勇和廖理,2010;杨兴全和吴昊旻等,2015),公司内部治理指数综合反映了异质性公司的内部治理水平。本书借鉴白重恩和刘俏等

（2005）、张学勇和廖理（2010）、杨兴全和吴昊旻等（2015）的做法，从股权结构与股东权益、管理层治理以及董事、监事与其他治理三个维度选取指标，共涉及12个具体指标（见附表1），采用所有指标线性组合来综合反映公司内部治理的变化，并取主成分的综合得分来测量公司内部治理水平，并将公司内部治理虚拟化处理，当公司内部治理的主成分综合得分大于所有公司内部治理的主成分综合得分的均值时，内部治理取值为1，否则取值为0。另外，在我国转轨经济背景下，企业面临的典型外部环境主要体现在市场化制度环境和政治资源环境，因此本书将市场化程度和企业政治关联作为公司的外部治理机制。

（二）企业社会责任的起源与内涵

早期的企业社会责任思想起源于18世纪以前教会等宗教组织对商人和企业的伦理约束。Shelton（1924）提出了社会责任理念；Bowen（1953）在其《商人社会责任》一书中首次提出了企业社会责任的概念，标志着现代企业社会责任研究的开端。其后，学者们开始探寻企业社会责任的理论基础，1984年，Freeman提出的利益相关者理论为企业社会责任找到理论支撑。Freeman之后，学者们把研究的焦点从理论基础转向企业社会责任的实证研究，实证研究又进一步促进了企业社会责任理论的发展。当前企业社会责任的理论与实证研究仍是学者们关注的焦点。

关于企业社会责任的定义，不同时期，国内外学者给出了不同的界定。被誉为"企业社会责任之父"的Bowen（1953）认为商人以社会目标和价值观念为基础制定决策和经营规则的义务就是商人社会责任（Businessman Social Responsibility），并指出商人社会责任承担的主体是现代大公司，商人社会责任是由管理者自愿实施的。Davis（1960）认为商人社会责任是商人进行了有利于社会的决策和行为，而该决策和行为并非出于经济性或技术性目的，Davis于1967年又重新对商人社会责任做出了解释，他认为社会责任是商人出于道德的要求和其他人的看法而做出的一系列行为。McGuire（1963）首次提出企业社会责任是经济与法律义务之上的延伸，并指出企业除了承担经济责任和法律义务外，还应关注社会福利、员工教育、政治等问题。

1971年，美国经济发展协会出版的《商业组织的社会责任》使对社会责任的研究由个人转向了组织，并构建了企业社会责任的三个同心圆模型——内圆表示经济责任，中圆表示在执行经济职能时积极对待社会价值观和优先权的态度，外圆表示新出现的社会责任。Davis（1973）总结了企业承担社会责任的原因，并把法律责任引入企业社会责任框架，为后期的企业社会责任模型提供了依据。Sethi（1975）首次提出了企业社会责任表现的维度（Corporate Social Performance）的概念，并对其进行了测量，他认为企业社会责任应分为社会义务、社会责任与社会响应。Carroll（1979）认为企业社会责任涵盖了在一个特定的时间点，社会对企业的经济、法律、伦理和自由决定的期望，并提出了企业社会责任表现的三维模型——企业社会责任观、企业社会响应观和企业社会价值观。Jones（1980）认为企业社会责任是对除股东之外的社会团体的非经济和法律性质的责任，该责任不是以一系列社会产出和社会表现来衡量的，而是企业为社会承担相应责任和义务所做的决策。Carroll（1983）对企业社会责任的定义进行重新调整，他认为企业社会责任应包括经济、法律、伦理和自愿或慈善四部分内容。Wartick（1985）提出企业社会绩效是企业社会准则、社会响应过程和企业为解决社会问题而制定的政策三者之间相互作用的结果。Carroll（1991）重新定义企业自由发挥的社会责任为慈善责任，并提出了企业社会责任"金字塔"模型。Wood（1991）提出了包括企业社会责任原则、企业社会响应和企业行为结果的企业社会绩效（CSP）模型，并将企业社会绩效（CSP）定义为与企业社会关系有关的企业社会责任原则、企业社会责任行为过程、企业社会政策、企业社会项目、企业可观测性收入等方面的有机组合。Lantos（2001）提出了由道德性责任、战略性责任和慈善性责任共同组成的企业社会责任模型。Schwartz和Carroll（2003）在实证研究的基础上提出了企业社会责任IC模型（Intersecting Cricles Model）。Jamali（2007）提出了企业社会责任"3+2"模型，将企业社会责任分为强制性的经济责任、法律责任和道德责任与自愿性的、可自由决定的策略性责任和慈善性责任。国际标准化组织（ISO，2010）发布的《社会责任指南》（ISO26000）认为，社会责任是组织通过透明和道德行为，对其决策和活动对社会和环境造成的影响承担责任，并进一步指出社会责任的核心主题涉及人权、劳工条例、环境、经营惯例、消费者、社区及发展等方面。张兆国和梁志钢等（2012）认为企业社会责任既包括强制性的法律社会责任，又包括非强制性的道德社会责任，并在此基础上指出，企业社会责任制度分为强制性的正式制度和非强制性的非正式制度。

企业社会责任履行的测量是开展企业社会责任实证研究的基础性工作，也是理论界和实务界的一大难题。关于企业社会责任的测量，西方学者主要采用声誉指数法（Reputation Index）、内容分析法（Content Analysis）、《财富》公司声誉评级法和 KLD 公司（Kinder Lydenberg Domini Company）的 KLD 指数法这四种方法对企业社会责任履行进行测量。国内学者对企业社会责任履行测量的研究起步较晚，但也取得了一定的研究成果。2006 年，北京大学民营经济研究院发布了《中国企业社会责任调查评价体系与标准》，将企业社会责任的主要指标划分为股东权益、员工权益、社会经济、法律责任、诚信经营、公益责任和环境保护七个维度。李立清（2006）构建了包含劳工权益、社会责任管理、人权保障、商业道德和社会公益行为五个维度的评价指标体系，共包含13 个子项，下设 38 个三级指标。和讯网（2013）构建了上市公司企业社会责任专业测评体系，从股东责任、员工责任、供应商、客户和消费者权益责任、环境责任和社会责任五个维度对上市公司的企业社会责任履行水平进行评价，该测评体系共包括 13 个二级指标和 37 个三级指标（见附表 2）。孙红梅（2014）构建了企业社会责任会计体系，该体系包括经济责任、环境责任、员工责任、社区责任、利益相关者责任和社会公益活动六个维度，从会计核算视角对企业社会责任履行进行测量。

综上对企业社会责任起源与内涵的分析发现，在不同时期，国内外学者对企业的本质理解不同，对企业的定位存在一定的差异，从而导致对企业社会责任的界定以及企业社会责任履行的测量存在较大差异，但随着企业社会责任理论与实证研究的发展，特别是利益相关者理论出现以后，企业社会责任的定义和测量表现出了国际趋同性。企业社会责任的本质是指导企业行为的准则，它有别于市场行为准则和法律法规，主要是针对契约不完全部分和隐性契约部分的企业行为准则。本书在国内外现有研究的基础上，以利益相关者理论为基础，将企业社会责任界定为：企业是整个社会的一部分，必须超越把利润最大化作为唯一目标的传统理念，在创造利润、对股东承担经济和法律责任的同时，还要通过正式与非正式的制度安排，积极承担对员工、消费者、供应商、客户、社会和环境等利益相关者的责任，不能为追求经济利益而牺牲其他利益相关者的利益，即企业社会责任包括企业对股东、员工、供应商、消费者、客户、环境和社会等利益相关者的责任。在进行企业社会责任履行的测量时，本书基于利益相关者理论，借鉴贾兴平和刘益（2014）、王清刚和徐欣宇（2016）、唐鹏程和杨树旺（2016）关于企业社会责任履行测量的做法，采用和讯网上市公司企业社会责任专业测评指标体系来综合测量企业社会责任履行水平，和讯网是国内首家上市公司企业社会责任专业测评机构，从股东责任、员工责任、供应商、客户与消费者的权益责任（以下简称权益责任）、环境责任和社会责任五个维度构建企业社会责任专业测评指标体系，涉及13个二级指标，37个三级指标（见附表2），根据企业社会责任对象的多样性、层次性、协调性和对立性设置指标权重，并根据不同行业类别对指标的权重进行了适当调整，以期做到企业社会责任履行水平评价科学。① 股东责任、员工责任、供应商、权益责任、环境责任和社会责任五个分维度企业社会责任履行水平主要由指标体系中对应的二、三级指标进行测度（见附表2）。

（三）公司绩效界定及测量

公司绩效是公司在一定时期内利用其有限资源从事经营活动所取得的成果，是管理层工作效率的主要体现，综合反映了公司经营的成效。公司绩效评价是对公司在一定经营期间的经营效益做出客观、公正和准确的综合评判。公司绩效评价的方法较多，比较有代表性的有以衡量公司财务信息为基础的杜邦财务分析评价体系（The Du Pont System）、评价企业经济利润的经济增加值评价方法（Economic Value Added）、全面衡量公司绩效的平衡计分卡（Balanced Score Card）方法以及单一财务指标评价方法（如托宾Q、资产收益率、净资产收益率和主营业务利润率等），不同的公司绩效评价方法，侧重点不同，各有其优点和缺点。本书借鉴主流研究的做法，选取单一财务指标，如净资产收益率（ROE）、资产收益率（ROA）、每股股利（DPS）、每股收益（EPS）等作为公司绩效的代理变量。

五、本书可能的创新与贡献

第一，在企业社会责任履行的测量方面，本书不仅测量了企业社会责任履行的总体水平，还从股东责任、员工责任、供应商、客户和消费者权益责任、环境责任和社会责任五个分维度来测量企业社会责任履行水平。

第二，本书以利益相关者理论为基础，从新制度经济学和价值创造视角，将公司治理、企业社会责任履行与公司绩效纳入同一理论分析框架，为企业社

---

① 和讯网上市公司企业社会责任履行专业测评指标体系：http://stock.hexun.com/2013-09-10/157898839.html。

会责任履行的改善找到了公司治理的因素，为企业主动承担企业社会责任的内在动因提供了理论支撑和经验证据，并为公司治理理论和企业社会责任理论的融合提供了理论支撑和经验证据。

第三，本书以公司治理为出发点，实证检验了企业社会责任履行在公司治理与公司绩效关系链条上的中介效应，为从公司治理视角完善企业社会责任履行以提高公司绩效提供了经验证据，进一步拓展了公司治理的研究领域。

第四，研究内容与结论的贡献。

（1）本书从外部环境治理（市场化程度与政治关联）与公司内部治理视角进一步丰富了企业社会责任履行影响因素的研究文献，进一步丰富了转轨经济体中公司治理是企业社会责任履行的支柱和保障的经验证据。

（2）本书进一步丰富了企业社会责任履行经济后果的研究文献，从改善公司绩效视角丰富了公司应主动承担企业社会责任的理论支撑与经验证据。

（3）本书为公司治理（外部环境治理与公司内部治理）改善企业社会责任履行进而提升公司绩效的路径选择提供了经验证据，拓展了公司治理的研究领域。本书也为企业主动承担企业社会责任提供了理论支撑和经验证据。

第二章 文献综述

一、公司治理与企业社会责任关系的文献综述

公司治理与企业社会责任的关系问题一直是理论界和实务界关注的焦点，国内外学者从理论与实证视角对其进行了深入研究，积累了大量研究成果，但仍没得出一致的结论。

（一）公司治理与企业社会责任关系的理论研究综述

Berle（1931）认为，企业虽然以营利为目标，但可以通过某种方法将营利与履行社会责任这两个目标融合在一起，同时实现。Blair（1995）认为，公司应是有社会责任的组织，公司要为所有利益相关者的利益服务，而不仅仅为股东的利益服务。刘连煜（2001）认为，企业社会责任是较抽象的概念，要让公司真正重视企业社会责任，就必须通过公司治理的制度安排来解决，使公司的利益相关者积极参与到公司治理中，监督企业履行社会责任。卢代富（2002）认为，要从公司内部治理结构和外部治理环境两方面来促使企业社会责任的履行，让利益相关者积极参与公司治理，以打破传统的股东至上的治理结构，同时创造有利于企业社会责任履行的外部市场环境。仇书勇（2003）认为，公司外部治理环境如产品市场和资本市场等有利于改善公司的社会责任表现。Diego（2004）认为，高效的公司治理结构有利于企业社会责任的有效落实。曹素璋（2004）认为，企业应主动从改善公司治理的角度来促进企业社会责任的履行，从而提高企业的盈利能力，而不应该把企业履行社会责任当

作一种负担。祖良荣（2005）认为，在公司重组过程中，较高员工参与度的内部人治理有利于增强企业的社会责任意识。韵江和高良谋（2005）的研究发现，公司治理、组织能力与社会责任这三者的有效整合能促进企业的社会责任表现。沈维涛和陈君（2005）认为，只有在公司治理制度安排中，将企业社会责任固化为公司制度，才能彻底解决公司的社会责任问题。王长义（2007）基于历史视角的研究发现，公司治理与企业社会责任具有历史渊源性和共生性，公司治理是促使企业社会责任履行的重要途径，并指出公司治理模式、股权结构、目标和权利的差异都会对企业社会责任产生影响，企业社会责任履行有利于公司治理的有效改善和良性发展。张兆国等（2008）认为，企业应建立有利于企业社会责任履行的利益相关者共同治理模式，并从内部治理机制和外部治理机制两方面给出了相应的对策建议。刘新民（2008）认为，公司治理模式的构建要以企业社会责任理论为指导，利益相关者主要包括股东、雇员和外部主体。王竹园（2008）基于利益观的研究发现，基于企业社会责任构建的公司治理结构，不仅有利于实现股东利益，还有利于实现利益相关者的利益。王阳（2009）认为，传统的以股东至上为核心的公司治理模式存在严重不足，公司应基于企业社会责任视角重构公司治理模式，从而促使公司主动履行企业社会责任。曾小青（2009）认为，审计师和独立董事对监督公司企业社会责任履行具有重要影响。许叶枚（2009）认为，企业管理层受托于包括企业物质资本所有者在内的所有利益相关者，利益相关者应拥有相应的公司控制权和收益权，公司应为全部利益相关者履行责任，而不是仅追求股东利润最大化。曾广录和高明华（2009）从企业行为的外部性视角重新认识了企业社会责任问题，他们认为，企业行为的正外部性构成了企业天然的社会责任，企业行为的负外部效应是企业社会责任问题的突出表现，通过使产权有效解决外部性问题的外部约束机制和使外部效应内部化的内部约束机制的构建，可以提升公司的企业社会责任表现。

高汉祥和郑济孝（2010）认为，公司治理与企业社会责任共有的理论源头是现代企业的诞生，共有的理论内核是责任概念，公司治理与企业社会责任有融合的趋势，社会环境的变革与经济发展模式的转变为这种融合趋势创造了必要的外部条件。陈仕华和李维安（2011）认为，公司治理具有社会嵌入性，并指出公司治理结构的嵌入机制主要包括认知嵌入、关系嵌入、结构嵌入和宏观嵌入四个方面。易开刚（2011）认为，公司治理和企业社会责任分别是对企业经济价值和企业社会价值的承诺，两者统一于利益相关者理论与实践中，也统一于企业的可持续发展目标中，公司治理与企业社会责任相互促进。高汉祥（2012）认为，公司治理是服务于公司价值创造的制度安排，企业社会责任也是企业价值创造的重要影响因素，公司治理与企业社会责任具有严格的内在逻辑关系，公司治理应主动将企业社会责任融入其理论和实践体系中。Collins 和 Soobaroyen（2013）基于新制度经济学视角的研究发现，有效的公司治理可以显著改善企业社会责任表现。Kim 和 Low et al.（2013）认为，儒家领导艺术对企业社会责任表现具有重要影响。Filatotchev 和 Nakajima（2014）认为，不同的制度背景和公司治理目标，会影响管理者的行为，从而对企业社会责任表现具有重要影响。Manasakis 和 Mitrokostas et al.（2014）认为，消费者更愿意购买履行社会责任公司的产品或服务，为在市场竞争中获得优势，公司具有主动采取企业社会责任战略活动的激励，企业所有者也应雇佣具有社会责任感的经理人员，从而使企业更好地履行社会责任。Filatotchev 和 Stahl（2015）认为，随着公司全球化的进一步发展，公司要获得成功就必须要有更好的全球化和本土化的企业社会责任表现，公司控制系统和管理层激励对跨国公司的企业社会责任表现具有重要影响。

（二）公司治理与企业社会责任关系的实证研究综述

国内外学者从公司内部治理与外部环境治理两个方面实证检验了公司治理与企业社会责任的关系，由于不同国家或地区的制度背景存在差异，国内外学者的研究视角以及选取的研究对象和研究的时间区间不同，并没有得出一致的结论。

1. 公司内部治理与企业社会责任

Dewhirst（1992）的实证研究发现，外部董事比例与企业社会责任履行正相关，他认为外部董事会兼顾员工、客户、社区和环境等利益相关者的利益，而不是仅关注股东的利益。Zahra（1993）的研究发现，管理层持股比例与企业社会责任正相关，他认为管理层持股会促使管理层更加专注于公司的长远发展，兼顾公司各利益相关者的利益，有利于公司社会责任的履行。Johnson（1999）的实证研究发现，董事会与企业社会责任正相关，高管持股比例与公司生产环境和产品质量也正相关，但与员工和社区不相关。吕立伟（2006）基于我国上市公司的实证研究发现，国家股和法人股比例均与税收和保值等社会责任正相关，且对公司的违纪违法行为具有抑制作用，高管持股比例与企业社会责任履行显著正相关。Jaiswal（2008）基于欧洲上市公司的实证研究发现，股权集中度与企业社会责任呈正相关关系。Evans（2009）基于瑞典上市公司的实证研究发现，股权结构对企业社会责任履行有重要影响，政府或集团控股型公司的企业社会责任表现较好，家族型公司的企业社会责任表现较差。Roshima（2009）基于马来西亚上市公司的实证研究发现，政府持股比例、审计委员会设置与企业社会责任显著正相关，而股权集中度、高管层持股比例、国外机构投资者持股比例、董事会规模、独立董事比例、董事长与总经理两合性与企业社会责任履行无显著相关关系。Lopez De Foronda（2009）的实证研究发现，公司的实际控制人为个人或机构投资者时，他们会通过"隧道效应"来侵害其他利益相关者的利益，企业社会责任表现较差。Said 和 Zainuddin（2009）基于 2006 年 150 家马来西亚上市公司的实证研究发现，国有股比例、股权集中度、审计委员会设置均与企业社会责任信息披露显著正相关，董事会规模、董事会独立性、两合性、前十大股东持股比例、管理层持股比例、境外持股比例均与企业社会责任信息披露无显著相关性。

于晓谦和程浩（2010）基于 2008 年我国石化塑胶行业上市公司的实证研究发现，国有股比例、管理层激励均与企业社会责任信息披露正相关，而独立董事比例、董事长和总经理两职分离与企业社会责任信息披露无显著相关关系。Elinda 和 Ghazali（2010）基于 2005—2007 年马来西亚政府关联性公司的实证研究发现，董事会规模与企业社会责任信息披露显著正相关。宋健波和李爱华（2010）基于我国 A 股上市公司的实证研究发现，公司前五大股东持股比例、总股本、董事会规模、监事会规模以及高管人数与企业社会责任显著正相关，公司前十大股东的关联性与企业社会责任显著负相关。Saeed（2011）基于伊朗上市公司的实证研究发现，股权集中度、独立董事比例、机构投资者持股比例与企业社会责任正相关，但不显著。Post 和 Rahman（2011）基于 2006—2007 年财富 1000 公司的实证研究发现，外部董事比例与企业环境社会责任（ECSR）及企业社会责任指数（KLD）显著正相关，董事会有 3 名及以上女性董事公司的企业社会责任指数（KLD）较高，董事平均年龄接近 56 岁、西欧董事比例较高的公司更倾向于环境治理结构和过程。肖作平和杨娇（2011）基于我国上市公司的实证研究发现，股权集中度、独立董事比例、高管层激励与企业社会责任呈正相关关系。谢文武（2011）基于 2008 年我国 371 家上市公司的实证研究发现，股权集中度与公司的企业社会责任表现显著负相关。Jo 和 Harjoto（2011）的实证研究发现，公司内外部治理和监督机制与企业社会责任正相关。Tuan（2012）的实证研究发现，公司治理与企业社会责任具有显著的双向影响关系。Khan 和 Muttakin（2012）基于 2005—2009 年孟加拉国 135 家制造业上市公司的实证研究发现，管理层持股与企业社会责任信息披露负相关，但对于出口导向型公司来说，管理层持股与企业社会责任信息披露显著正相关，国家持股、境外持股、董事会独立性、审计委员会设置均与企业社会责任信息披露显著正相关，CEO 两合性与企业社会责任信息披露无相关关系。

Jizi 和 Salama et al.（2013）基于 2009—2011 年美国上市商业银行的实证研究发现，董事会独立性、董事会规模有利于保护投资者的利益，与企业社会责任信息披露显著正相关，CEO 两合性对企业社会责任信息披露正相关，CEO 出于自身利益考虑会利用其权利增加企业社会责任信息的透明度。秦琴和黄鹏（2013）基于我国上市公司的实证研究发现，股权集中度与企业社会责任履行呈显著的倒 U 型关系，股权性质与企业社会责任履行呈正相关关系，但不显著，独立董事比例与企业社会责任履行显著正相关。姚飞和王晶晶（2013）基于 2010 年我国 A 股上市公司的实证研究发现，第一大股东持股比例、第二至第十大股东持股比例之和、实际控制人类别、董事会规模、独立董事比例、董事会会议次数、高管薪酬、监事会会议次数均与企业社会责任呈正相关关系，董事会领导结构、股东大会次数与企业社会责任呈负相关关系；Ntim 和 Teerooven（2013）基于 2002—2009 年南非上市公司的实证研究发现，治理较好的公司更倾向于主动采取企业社会责任策略，大股东持股和机构投资者持股均与企业社会责任履行负相关，国家持股、董事会规模、董事会多样性、独立董事比例均与企业社会责任履行显著正相关。彭一丹和宋淑鸿（2013）基于 2009—2011 年我国 A 股房地产上市公司的实证研究发现，高管薪酬、资产负债率均与企业社会责任履行呈正相关关系，独立董事比例与企业社会责任履行负相关，并指出房地产上市公司社会责任表现较差，且个体差异性较大。Grigoris. 和 George et al.（2014）基于 2009—2012 年美国 100 家标准普尔 500 指数公司的实证研究发现，减排措施和温室气体排放均与企业社会责任信息披露（ESG Score）显著正相关，女性董事对企业社会责任信息披露（ESG Score）具有正向影响，但不显著。肖海林和薛琼（2014）基于我国 224 家上市公司 2006—2012 年数据的实证研究发现，有效的公司治理对企业社会责任表现具有正向影响，并指出公司实际控制人性质与企业社会责任无显著关系，董事会规模、独立董事比例、高管持股比例均与企业社会责任正相关，董事长与总经理两职分设对企业社会责任无显著影响。周洁和蒋卫东（2014）

基于我国上市公司2010—2012年3700个样本观测值的实证研究发现，股东大会次数与企业社会责任履行呈显著正相关关系，国有股比例、股权集中度、销售费用率、资产负债率均与企业社会责任履行呈显著负相关关系。Grigoris（2014）基于2011年财富500强公司的实证研究发现，公司规模、董事会的企业社会责任承诺、盈利能力均与企业社会责任信息披露显著正相关，公司财务杠杆与企业社会责任信息披露负相关。于晓红和武文静（2014）基于我国A股上市公司2007—2011年数据的实证研究发现，高管薪酬、董事持股比例与企业社会责任显著正相关，高管持股比例、董事长和总经理两职设置与企业社会责任显著负相关。刘想和刘银国（2014）基于2008—2013年我国沪深两市A股上市公司的实证研究发现，国有股比例、高管持股比例、董事会规模、监事会会议次数均与企业社会责任信息披露正相关，第一大股东持股比例与企业社会责任信息披露负相关。吴佳南和许群（2014）基于2012年沪深两市300指数公司的实证研究发现，股权、债权、董事会、监事会和管理层等内部治理机制对企业社会责任履行具有重要影响。Ruangviset 和 Jiraporn et al.（2014）的实证研究发现，公司治理与企业社会责任显著负相关。

李健和魏顺理（2015）基于2012年我国606家上市公司的实证研究发现，国有控股、具有境外上市经验均与企业社会责任履行显著正相关，监事会规模和审计委员会设立均与企业社会责任履行无显著相关性。Stuebs 和 Sun（2015）基于2004—2005年公司治理指数（Gov-Scores）和企业社会责任履行指数（KLD）的实证研究发现，公司治理对当期和长期企业社会责任履行都具有显著的正向影响，公司的治理机制越有效，其企业社会责任表现就越好。Jo. 和 Song et al.（2015）基于2006—2011年31个国家5000个样本观测值的实证研究发现，利益相关者治理与企业社会责任履行显著正相关。Minefee 和 Neuman et al.（2015）的实证研究发现，公司基金会及其治理对改善公司社会责任表现具有显著正向影响。Altuner 和 Çelik et al.（2015）基于2007—2011年土耳其伊斯坦布尔证券交易所制造业公司的实证研究发现，智力资本、公司治理均与企业社会责任履行显著正相关。

2. 外部环境治理与企业社会责任

Su（2006）基于2006年我国3837家民营企业的调查研究发现，政治关联的民营企业受到更多的政治压力，促进了其公益捐助行为，同时这种公益捐助行为也有利于其产权保护和盈利能力的提高。余明桂和潘洪波（2008）基于我国上市公司2003—2006年数据的实证研究发现，政治关联可以使公司更容易获得长期低利率银行贷款，且该效应在制度环境落后的地区更显著。罗党论和滕丽明（2008）的研究发现，政治关联可以降低公司的融资约束，使公司更容易获得银行贷款。Francis et al.（2009）的研究表明，在公司 IPO 进行权益融资时，政治关联降低了发行成本和抑价程度，提高了发行价格。陈云森和朱松（2009）的研究发现，政治关联可以提升公司的投资效率。贾明和张喆（2010）基于我国上市公司的研究发现，高管政治关联对公司的慈善捐赠行为有促进作用。Infante 和 Piazza（2010）基于意大利公司的实证研究发现，政治关联可以使公司更容易获得较低利率的银行贷款，当地方政府的决策自主权更大时，这种效用更显著。杜兴强和郭剑花（2010）基于我国民营上市公司的实证研究发现，高管代表委员类政治关联与公司慈善捐赠正相关，高管政府官员类政治关联与公司慈善捐赠无显著相关性。梁莱歆和冯延超（2010）的实证研究发现，政治关联加大了公司员工规模和工资成本。吴东辉（2011）的实证研究发现，政治关联在一定程度上影响了公司的投资效率，且公司所有权性质不同，政治关联对公司投资效率的影响也不同。郭剑花（2011）的实证研究发现，政治关联型企业更容易受到政府的干预，会承担更多的社会就业责任。Zhao（2012）的研究发现，在受到较强政治压力时，企业会采取基于企业社会责任的策略来处理其与政府的关系，从而达到"政治合法性"。李四海（2012）的实证研究发现，政治关联与公司慈善捐赠显著正相关。张川、娄祝坤和詹丹碧（2014）基于 2007—2011 年我国化工行业上市公司的实证研究发现，不同类型的政治关联对企业社会责任影响不同，在控制公司财务绩效影响的前提下，高管的代表委员类政治关联与企业社会责任显著正相关，而政府官员类政治关联与企业社会责任关系不显著。Lin 和 Tan et al.（2014）基于中国上市公司的调查研究发现，公司倾向于通过履行社会责任与地方政府建立良好的政治关系网络，地方主政官员的更替和腐败加重了这种倾向，积极履行社会责任的公司在短期和长期更容易受到政府的补贴。

谢文武（2011）基于 2008 年我国 371 家 A 股上市公司的实证研究发现，市场化水平、法治水平和政府干预指数均与企业社会责任呈正相关关系。陈智和徐广成（2011）基于我国上市公司的实证研究发现，市场化水平、法制水平和政府干预指数均与企业社会责任呈正相关关系。贾兴平和刘益（2014）基于我国制造业上市公司 2011—2013 年数据的实证研究发现，舆论压力与企业社会责任履行正相关，而市场环境（竞争强度）与企业社会责任履行呈倒 U 型关系。Ortas 和 Alvarez et al.（2015）基于 2005—2012 年西班牙、法国和日本公司的实证研究发现，不同国家的社会和制度背景不同，其对公司的环境、社会和治理表现影响也不同，西班牙和法国更注重社会和治理表现，日本公司更注重环境问题的改善。

（三）公司治理与企业社会责任关系的研究述评

公司治理与企业社会责任的关系问题一直是理论界和实务界关注的焦点。关于公司治理与企业社会责任关系，国内外学者从理论和实证两方面进行了深入研究，积累了丰富的研究成果，但仍存在一定的争论。

在理论研究方面，国外学者的研究起步较早，已形成比较完备的理论体系；国内学者的研究虽起步较晚，但也取得了一定的成就。从现有研究可以发现，公司治理与企业社会责任具有共同的理论源头和理论内核，具有共生性，统一于利益相关者理论和实践中。通过公司治理制度安排，构建有效的公司治理结构和完善的治理机制，同时改善公司治理的外部环境，提高公司治理的有效性，有利于改善公司的企业社会责任履行，这在国内外理论界已达成共识。

在实证研究方面，国内外学者也进行了大量研究，但由于各国或地区的制度背景存在差异，学者们选取的研究视角、研究对象、研究区域与时间区间不同，以及企业社会责任履行测量指标的差异，并未得出一致的结论，但公司治理对企业社会责任履行具有正向影响的结论占多数。在我国特殊制度背景及新兴市场经济与转轨经济背景下，在我国经济发展进入新常态的今天，公司治理与企业社会责任履行的内在逻辑关系仍需进一步的实证检验。另外，国内外学者主要研究公司治理对企业社会责任履行总体水平的影响，较少涉及公司治理对企业各利益相关者分维度企业社会责任履行影响的研究，公司治理对各分维度企业社会责任履行的影响仍需进一步的研究。

二、企业社会责任与公司绩效关系的文献综述

企业社会责任与公司绩效之间的关系问题一直是国内外学者关注的焦点。关于企业社会责任与公司绩效的关系，国内外学者主要从理论和实证两方面进行了深入研究，积累了丰富的研究文献，但仍存在一定的争论。

（一）企业社会责任与公司绩效关系的理论研究综述

关于企业社会责任与公司绩效的关系，国内外学者从理论视角进行了深入研究，形成了两种截然不同的、对立的观点，一是企业社会责任履行可以提高公司的声誉，帮助企业树立良好的外部形象，有利于企业获得稀缺资源，减少交易成本，从而提升公司绩效；二是追求股东价值最大化是企业的唯一责任，企业社会责任履行会增加公司的直接成本和代理成本，有损公司绩效。

1. 企业社会责任与公司绩效正相关

美国哈佛大学的 Dodd 教授（1932）认为，公共利益影响企业的运营，法律和社会舆论会迫使企业承认其他利益相关者的利益，管理者的权利是所有利益相关者赋予的，而不仅仅是股东赋予的，管理者应保持对员工、消费者其至社会公众的社会责任观。Narver（1971）认为，企业预期收益及其风险程度是决定企业市场价值现值的主要因素，而非当期收益，虽然企业社会责任履行会花费一定成本，从而减少当期收益，但企业主动履行社会责任，会向外界传递积极信息，在资本市场上，企业预期收益会提高，预期收益的风险也会降低，从而提升企业市场价值的现值。Cornell（1987）认为，满足除股东外其他利益相关者的隐性需求，可以提高公司声誉，帮助公司树立良好的外部形象，从而改善公司绩效。Freeman（1991）认为，商业法规要求企业履行社会责任，企业更好地履行社会责任可以提高公司绩效。Jones（1995）认为，企业社会责任履行可以提高利益相关者对企业的忠诚度与信任度，改善与利益相关者的关系，从而提升公司绩效。Sandra（1997）认为，企业社会责任履行可以降低环境成本和产品质量成本等隐性成本，同时还可以减少员工工资等显性成本，从而获得竞争优势。张维迎（2005）认为，在完备的制度下，企业的唯一责任是追求利润最大化，但实际的制度并不完善，同时还存在外部性，企业创造的利润与社会价值不一致，因此企业在创造利润的同时，还应积极履行对其他利益相关者的责任。Fisman、Hill 和 Nair（2006）认为，企业社会责任履行可以提高顾客的满意度，从而提升公司绩效。林毅夫（2007）认为，由于存在信息不对称问题与外部性，企业在经营过程中，其行为往往会超出其应有的边界，对员工、消费者、社会等其利益相关者产生不利的影响，企业作为社会公民，对社会负有道德和伦理义务，应积极主动履行对社会的责任。茅于轼（2007）认为，作为盈利组织的企业其基本功能是创造财富，但企业也应积极履行社会责任，并逐渐形成履行社会责任的企业文化，从而使企业获得核心竞争力和可持续发展。张维迎（2007）认为，在健全的市场经济体系中，企业追求利润、为顾客创造价值与履行社会责任是一致的。Anis（2011）认为，企业社会责任通过影响市场导向进而促进企业绩效的提高。卞继红（2011）认为，企业社会责任履行有利于协调各利益相关者的关系，提升资源的利用效率，从而提升公司绩效。宋煜（2011）和李恒（2014）认为，企业社会责任理念是企业经营管理理念的一部分，企业更好地履行社会责任可以使企业获得竞争优势，从而提升公司绩效。Marin（2012）认为，企业社会责任履行可以提升企业的竞争力，从而提升公司价值。Eunise（2014）认为，企业社会责任履行可以提高产品的市场占有率，从而提升公司绩效。

总之，企业社会责任的支持者认为，企业社会责任履行可以在一定程度上规避管制风险，帮助企业建立良好的声誉和外部形象，提高消费者的忠诚度，提高员工的工作积极性和工作效率，吸引更多优秀人才加入企业，减少企业的直接成本和代理成本，从而提高公司绩效。

2. 企业社会责任与公司绩效负相关

美国哥伦比亚大学 Berle 教授（1931）认为，管理者是公司股东的受托人，对股东负有受托责任，管理者应把股东的利益放在第一位，股东的利益高于其他利益相关者的利益，为股东服务是管理者行使其权利的前提，管理者不能滥用股东赋予的权利。另外，他还指出追逐利润是盈利性组织的生存之本，企业是盈利性组织，企业的首要目标是追求利润最大化。自由主义经济学派的代表人物、诺贝尔经济学奖获得者、美国经济学家 Friedman（1962、1970）认为，社会责任不是企业应该关注的，企业的唯一责任是在一定的法律框架和道德标准下追求股东价值最大化，社会责任应该由自由市场来解决，自由市场不能解决的问题应该由政府或通过立法来解决，企业社会责任履行是对资本主义的基本原则的一种削弱，是对股东不负责任和走向集体主义的行为。Aupperle 和 Carroll（1985）认为，企业社会责任履行将浪费其内部资本和资源，增加企业的运营成本，在与那些不履行社会责任的公司竞争时将处于不利地位。Navarro（1988）认为，管理者会以企业社会责任履行为手段，来提升个人声誉，表现出较严重的机会主义行为，增加企业的代理成本，从而对公司绩效产生负向影响。Barnett（2007）认为，即使企业存在闲置资源，企业社会责任履行的成本也会削弱企业的竞争优势，从而对公司绩效产生不利影响。Bammer 和 Millington（2008）认为，企业社会责任履行会减少企业的现金流量、占用企业生产和投资的资源、增加企业人力和管理的成本等等，此时股东会加强监管或收回投入的资源,公司的代理成本也会进一步上升,从而对公司绩效产生负向影响。Karnani(2010)认为,企业社会责任履行必然会损害股东的利益,不利于企业绩效的提高。Leonardo 和 Carlo(2010)认为企业社会责任履行会增加企业的成本,使企业在市场竞争中处于不利地位,从而对公司绩效造成负向影响。钟瑞庆(2013)从法律视角研究发现,由于制度的不健全,企业社会责任履行将会花费更多的成本,不利于企业的发展。

总之,企业社会责任的反对派认为,企业社会责任履行会增加企业的直接成本和代理成本,从而对企业的财务绩效具有负向影响。

(二)企业社会责任与公司绩效关系的实证研究综述

关于企业社会责任与公司绩效的关系,国内外学者进行了大量的实证研究,积累了丰富的研究成果,但由于学者们所选取的企业社会责任和公司绩效衡量指标不同,所选取的研究区域和研究时间跨度不同,并没有得出一致的结论,企业社会责任与公司绩效的关系仍存在较大争议,目前主要形成以下几种观点:

1. 企业社会责任与公司绩效呈正相关关系

Bragdon 和 Marlin(1972)开创了企业社会责任与公司绩效关系实证研究的先河,他们研究发现,积极履行社会责任、注重环境保护对公司绩效有正向影响。Moskowitz(1972)基于14家社会责任履行较好上市公司的实证研究发现,积极履行社会责任改善了这14家上市公司的股票在资本市场的收益率。Bowman(1978)基于1972—1974年46家发电公司的实证研究发现,企业社会责任与净资产收益率(ROE)正相关。Preston 和 Bannon(1997)基于1982—1992年美国67家大公司的实证研究发现,企业社会责任与公司财务绩效显著正相关。Robbins(1997)的研究发现,企业积极履行社会责任可以提高企业的声誉,帮助企业树立良好的形象,激励员工努力工作,同时还可以减少政府的干预,从改善企业的财务绩效。Porter 和 Kramer(2002)基于企业捐赠行为的研究发现,企业捐赠能提升公司价值,对企业绩效的改善具有正向影响。沈洪涛(2007)基于1999—2004年我国沪深两市石化塑胶行业公司的实证研究发现,企业社会责任信息的披露有利于改善公司财务绩效。沈洪涛和杨熠(2008)的研究发现,2002年之后,公司社会责任信息披露有利于提升公司价值。Duhé(2009)基于706家公司的实证研究发现,提高产品质量、积极履行社会责任对企业财务绩效的提高具有正向作用。田虹(2009)基于我国通信行业上市公司的实证研究发现，企业社会责任与公司利润、竞争力和成长性均呈显著的正相关关系。

Honga、Yangb 和 Rimc（2010）基于 588 名消费者的调查研究发现，企业积极履行社会责任可以提高企业在消费者中的知名度，消费者更倾向于选择其产品，从而提高公司绩效。Marcus（2010）基于 1992—2003 年标准普尔 500 公司的 2478 个样本观测值的实证研究发现，企业社会责任与 Tobin's Q 呈正相关关系。Choi et al.（2010）基于 2002—2008 年韩国公司的实证研究发现，企业社会责任与公司绩效（ROA、ROE 和 Tobin's Q）显著正相关；Jessica et al.（2010）的实证研究发现，企业社会责任对公司绩效具有显著正向影响。吴琳芳（2010）基于我国食品行业上市公司的实证研究发现，企业社会责任履行对公司绩效的改善具有正向影响。Juanita et al.（2011）基于印度尼西亚前 50 大上市公司 2003—2007 年数据的实证研究发现，企业社会责任与公司绩效正相关，但不显著。Chen 和 Wang（2011）基于 2007—2008 年中国上市公司的实证研究发现，企业社会责任与公司绩效当期值具有正相关关系，与公司绩效的滞后一期值具有显著正相关关系。Mustafa et al.（2012）基于马来西亚上市公司的实证研究发现，企业社会责任与公司绩效呈显著的正相关关系。陈德萍（2012）基于我国 A 股上市公司的实证研究发现，企业社会责任与公司财务绩效显著正相关。孙敏和张彦（2012）基于沪深两市重污染行业上市公司的实证研究发现，企业社会责任与公司价值显著正相关。Sun（2012）基于 1999—2009 年上市公司 11432 个样本观测值的实证研究发现，企业社会责任（KLD）与公司绩效（ROA）显著正相关。

张兆国和靳小翠等（2013）基于 2007—2011 我国沪市 A 股上市公司的实证研究发现，企业社会责任对公司财务绩效的影响具有滞后性，滞后一期和当期企业社会责任表现均与当期公司财务绩效显著正相关。Zhu 和 Sun et al.（2013）基于我国 199 家旅游企业的实证研究发现，公司通过履行社会责任可以提升公司声誉，从而改善公司绩效。钱瑜（2013）基于 2006—2010 年沪市石化和塑胶行业上市公司的实证研究发现，企业社会责任与公司绩效呈正相关关系。Kang 和 Liu（2013）基于 2008—2010 年台湾地区 685 家非金融类上市公司的数据，采用分位数回归法的实证研究发现，企业社会责任与公司绩效所有分位数均显著正相关，企业社会责任履行所获的收益明显高于其成本。Flammer（2013）的研究发现，企业社会责任对公司股价具有显著的正向影响。Wu 和 Shen（2013）基于 2003—2009 年台湾地区上市公司的研究发现，企业社会责任与总资产收益率、净资产收益率、利息收入和非利息收入均显著正相关。尹开国和刘小芹等（2014）基于2009—2010年我国A股非金融类上市公司的实证研究发现，在企业社会责任外生和内生假设下，企业社会责任的当期值和跨期值均与公司财务绩效的当期值和跨期值之间存在显著的正向关系。肖海林和薛琼（2014）基于2006—2012年我国224家上市公司的实证研究发现，在公司治理视角下，企业社会责任与公司总资产收益率（ROA）、净资产收益率（ROE）均显著正相关。Pätäri et al.（2014）的研究发现，企业社会责任（KLD）有利于提升公司绩效。Graham（2014）基于2006—2012年北美洲公司的实证研究发现，企业社会责任报告评价与公司的短期与长期绩效均显著正相关。Demetriades和Auret（2014）基于2004—2009年南非公司的实证研究发现，企业社会责任与公司净资产收益率（ROE）显著正相关。Wang和Lu et al.（2014）基于2004—2008年美国电信行业上市公司的实证研究发现，企业社会责任与公司绩效显著正相关。Yu et al.（2014）基于中国公司的调查研究发现，企业社会责任与公司绩效显著正相关。Taghian et al.（2014）基于澳大利亚公司的调查研究发现，企业社会责任履行有利于提升公司声誉，对公司市场价值具有显著的正向影响。Saeidi et al.（2014）基于伊朗205家制造业和消费品公司的实证研究发现，企业社会责任履行可以帮助企业获得竞争优势、提高声誉、提高消费者的满意度，进而提升公司绩效。Valmohammadi（2014）基于伊朗207家制造业和服务业公司的实证研究发现，企业社会责任表现（ISO26000）与公司绩效显著正相关。

杨楠（2015）基于2009—2013年我国A股上市公司的实证研究发现，企业社会责任与公司净资产收益率（ROE）和Tobin's Q均显著正相关。于洪彦和黄晓治等（2015）基于我国438家上市公司的实证研究发现，企业社会责任与公司总资产收益率（ROA）、净资产收益率（ROE）均显著正相关。David和Wang et al.（2015）基于台湾地区高科技公司2010—2013年数据的实证研究发现，企业社会责任与公司绩效显著正相关。Sun和Robert Yu（2015）的研究发现，企业社会责任（KLD）与员工绩效显著正相关。Benjamas et al.（2015）基于2010—2011年泰国上市公司的实证研究发现，企业社会责任与公司总资产收益率（ROA）显著正相关。Wang et al.（2015）基于台湾高新技术企业的研究发现，企业社会责任履行与公司绩效显著正相关，企业社会责任是企业的一种无形资产，企业社会责任履行是实现差异化和形成竞争优势的有效途径，从而对公司绩效产生正向影响。Janamrung和Panya（2015）基于泰国工业品和资源行业的研究发现，企业社会责任履行改善了公司绩效。冉戎和王丁等（2016）研究发现，积极型企业社会责任战略的实施可以有效缓解企业的融资约束、减弱企业与其利益相关者的信息不对称程度、降低企业的代理成本，提升公司绩效。Cheng et al.（2016）基于中国上市公司的研究发现，企业社会责任信息披露对企业当期和长期绩效具有显著的正向影响，在我国转轨经济背景下，企业社会责任是有效的商业策略。Kang et al.（2016）研究发现，企业社会责任履行具有松弛资源机制、良好管理机制、惩罚机制和保险机制的作用，企业社会责任投资有利于改善公司的财务绩效。

2. 企业社会责任与公司绩效呈负相关关系

Vance（1975）的实证研究发现，较好的企业社会责任表现（Moskowitz社会责任等级）并没有改善公司的财务绩效（股价变动率），Alexander和Buchholz（1978）的研究进一步证实了该观点。Ingram和Frazier（1983）基于金属、化学、石油等行业79家上市公司的实证研究发现，企业社会责任与公司业绩负相关，但不显著。Hillman和Keim（2001）的实证研究也得出了企业社会责任与公司绩效负相关的结论，并进一步指出，企业履行社会责任会增加企业的运营成本，从而表现出较差的财务绩效。李正（2006）基于2003年我国沪市521家上市公司的实证研究发现，企业社会责任信息披露与公司净资产收益率显著负相关。Lima et al.（2009）基于巴西公司的实证研究发现，企业社会责任与公司绩效显著负相关。Lioui和Sharma（2012）的实证研究发现，企业环境社会责任与公司净资产收益率（ROA）和Tobin's Q均显著负相关。

3. 企业社会责任与公司绩效呈非简单的线性关系

Bowman和Haire（1975）基于1969—1973年82家食品行业公司的实证研究发现，企业社会责任与公司净资产收益率（ROE）呈U型关系。McWilliams、Siegel和Wright（2006）的研究发现，公司为满足利益相关者的需求而投资于社会责任活动，在市场达到均衡时，公司社会责任投资的收益会对成本有所补偿，企业社会责任与公司绩效呈倒U型关系。沈洪涛和杨熠（2008）基于我国沪深两市石化塑胶行业公司1999—2004年数据的实证研究发现，企业社会责任信息披露与公司价值呈U型关系。温素彬和方苑（2008）的实证研究发现，企业社会责任与短期财务绩效负相关，而与长期财务绩效正相关。李伟（2012）基于2009年我国交通运输行业上市公司的实证研究发现，在考虑可持续增长的情况下，企业社会责任与公司财务绩效呈正相关关系，但不显著，而在不考虑可持续增长的情况下，企业社会责任与公司财务绩效却呈现负相关关系。刘想和刘银国（2014）基于 2008—2013 年我国沪深两市 A 股上市公司的实证研究发现，企业社会责任信息披露与当期企业价值负相关，但与滞后期的企业价值正相关，于晓红和武文静（2014）基于 2007—2011 年沪深两市 A 股公司的研究也得出了相同的结论。

4. 企业社会责任与公司绩效不相关

Folger 和 Nurt（1975）的研究发现，企业社会责任与公司股价变动率无明显相关关系。Cowen、Ferreri 和 Parker（1987）的实证研究发现，企业社会责任与公司盈利能力不相关。David 和 Markus（1996）基于新西兰 47 家上市公司的实证研究发现，企业社会责任与其盈利能力无相关关系。Aras et al.（2009）基于新兴市场国家公司 2005—2007 年数据的实证研究发现，企业社会责任与公司绩效无相关关系。Sikka（2010）的研究发现，某些企业在慈善捐赠的同时还存在严重避税或漏税行为，说明股东与其他利益相关者权益之间存在冲突，间接说明企业社会责任履行与公司绩效的无关性。杨伯坚（2012）基于我国上市公司的实证研究发现，公司社会责任履行并没有提升公司业绩，他进一步指出，只有公司社会责任履行与公司治理和公司战略结合起来才能提升公司绩效。Belu 和 Manescu（2013）基于国际主要证券交易所上市公司的研究发现，战略性企业社会责任与公司绩效关系不显著。Cristina 和 Teresa（2016）基于西班牙公司的研究发现，企业社会责任履行与公司绩效无显著性相关关系。

（三）企业社会责任与公司绩效关系的研究述评

综上可知，关于企业社会责任与公司绩效之间的关系，国外学者对该问题的研究起步较早，国内学者对该问题研究起步较晚，虽然国内外学者进行了大量的理论与实证研究，但仍存在一定的争议。

在理论研究方面，在利益相关者理论出现之前，以 Friedman 为代表的企业社会责任反对派的学者们认为，企业的唯一责任是在一定的法律框架和道德标准下追求利润最大化，企业社会责任履行会增加企业的直接成本和代理成本。然而，在利益相关者理论出现之后，以 Freeman 为代表的企业社会责任支持派的学者们认为，企业不仅要实现股东利润最大化，还要兼顾其他利益相关者的利益，企业的最终目标是追求企业价值最大化，企业社会责任履行可以提高企业声誉、市场竞争力和消费者满意度及忠诚度，减少不必要的管制，吸引更多的优秀人才加盟企业，从而提升企业绩效。

在实证研究方面，尽管国内外学者进行了大量的研究，但由于各国或地区的制度背景存在差异，学者们选取的研究视角、研究对象、研究区域与时间区间不同，企业社会责任履行及公司绩效的测量指标存在差异，并没有得出一致的结论，但企业社会责任对公司绩效具有正向影响的结论占多数。在我国特殊的制度背景以及新兴市场经济与转轨经济背景下，在我国经济发展进入新常态的今天，企业社会责任与公司绩效的逻辑关系仍需进一步的实证检验。国内外学者们主要利用企业社会责任履行的总水平来研究其对公司绩效的影响，较少涉及企业对具体利益相关者的分维度企业社会责任对公司绩效影响的研究。另外，在我国不同地区及不同行业，企业社会责任履行对公司绩效的影响仍缺少进一步的深入研究。

三、公司治理与公司绩效关系的文献综述

关于公司治理与公司绩效之间的关系，国内外学者从不同的视角进行了大量研究，积累了丰富的研究成果。有效的公司治理可以最大限度地约束代理人的道德风险和逆向选择行为，减少公司的代理问题，降低代理成本，从而提升公司绩效，这在国内外理论界已达成共识。本部分主要从公司内部治理机制和外部环境治理两方面对公司治理与公司绩效之间关系的相关实证研究文献进行综述。公司内部治理机制是指在公司资源计划范围内来设计和实施的、以实现公司治理目标的各种治理机制的总称（郑志刚，2004），内部治理机制主要包括股权结构、董事会特征、高管层激励和监事会特征等。外部治理环境对公司内部治理机制作用的发挥具有基础性的影响（夏立军和方轶强，2005），决定着公司治理的效率，同时外部治理环境的改善可以有效遏制公司的代理冲突，是重要的外部治理机制，外部治理环境主要包括市场化指数、政府干预指数、法制水平和政治关联等。

（一）股权结构与公司绩效

股东治理是重要的内部监督机制，大股东在公司治理中扮演着重要角色（Shleifer 和 Vishny，1986）。对于分散的小股东而言，监督经理人员所获得的收益不足以弥补监督经理人员所花费的成本，因此，在监督经理人方面，分散的小股东常存在"搭便车"现象。对于大股东而言，控制权收益足以弥补由

于监督经理人员而花费的成本,大股东具有监督经理人员的权力。当经理人员与所有者的利益不一致时,大股东就会通过投票权、委托投票权和接管等措施,促使经理人员与所有者的利益趋于一致。大股东既有动力和能力去监督经理人员的行为,同时也有动力和能力去侵占中小股东的利益,当控股股东与分散的中小股东出现利益冲突时,控股股东有侵占中小股东利益的动机,并表现出一定的隧道行为(Claessens,1999;Johoson,2000)。股权结构决定了公司的产权配置,是公司治理的逻辑起点。股权结构是公司内部治理机制形成的最为重要的因素(李维安,2010),股东治理主要体现在股权结构的治理作用上,关于股权结构与公司绩效的关系,国内外学者主要从股权集中度、股权制衡度、股权性质等方面进行了大量研究。

1. 股权集中度与公司绩效

股权集中度是衡量公司股权集中程度的指标,股权集中是大多数国家或地区公司股权结构的主要表现形态(LLSV,1999;Claessens、Djankov 和 Lang,2000;Faccio 和 Lang,2002;Laeven 和 Levine,2008;Holderness,2009),提高控股股东的股权比例,有利于接管市场的有效运行,可以降低管理层代理成本,从而提升公司价值(Shleifer 和 Vishny,1986)。关于股权集中度与公司绩效的关系,国内外学者选取不同时间区间、不同国家或地区的公司作为研究对象,进行了大量实证研究,主要得出以下几种结论:

一是股权集中度与公司绩效正相关。许小年(1997)的研究发现,股权集中度与公司绩效呈正相关关系。Claessens 和 Djankov et al.(1998)对东亚国家或地区上市公司的研究发现,这些国家或地区的公司股权高度集中,且其与公司价值呈正相关关系。Pedersen 和 Thomsen(1999)基于欧洲 435 家上市公司的实证研究发现,股权集中度与净资产收益率(ROE)呈显著的正相关关系。Lins(1999)基于 18 个新兴市场国家上市公司的研究发现,大股东在公司治理中扮演重要角色,其与公司价值呈现正相关关系。张红军等(2000)基于 1998 年我国 385 家上市公司的实证研究发现,公司前五大股东持股比例之和与 Tobin's Q 之间呈显著的正相关关系。陈小悦和徐晓东(2001)基于我国上市公司的研究发现,股权集中度与企业绩效正相关。Vitaliy(2004)基于 2000—2001 年乌克兰上市公司的实证研究发现,股权集中度与公司绩效呈正相关关系。Panayotis 和 Sophia(2007)基于 2000 年希腊上市公司的实证研究也得出了股权集中度与公司绩效正相关的结论。黄继忠和陈素琼(2008)基于 2006 年我国 57 家电力上市公司的实证研究发现,第一大股东持股比例、前五大股东持股比例之和均与公司绩效具有显著的正向关系。尹飘扬（2011）研究发现，第一大股东持股比例与公司绩效显著正相关。安烨和钟廷勇（2011）研究发现，股权集中度与公司绩效显著正相关。常晓岚和李学军（2013）的研究发现，股权集中度与公司绩效正相关。Zhang 和 Chen et al.（2014）基于 2007—2008 年我国 IT 行业上市公司的实证研究发现，股权集中度与公司绩效显著正相关。Nguyen 和 Locke（2015）基于 2008—2011 年新加坡和越南非金融公司的实证研究发现，股权集中度与公司绩效显著正相关。

二是股权集中度与公司绩效负相关。Lehmann 和 Weigand（2000）的实证研究发现，股权集中度对资产收益率（ROA）及净资产收益率（ROE）具有显著的负向影响。高明华和杨静（2002）的研究也得出了股权集中度与公司绩效负相关的结论。Tai（2015）基于 2011—2013 年海湾合作委员会国家国有上市银行的实证研究发现，大股东持股比例与公司绩效显著正相关。

三是股权集中度与公司绩效非线性相关。Shleifer 和 Vishny（1988）的研究发现，股权集中度与公司绩效呈倒 U 型关系。McConnell 和 Servaes（1990）基于美国纽约证券交易所 1976 年 1173 家和 1986 年 1093 家上市公司的实证研究发现，股权集中度与公司绩效并非呈现出简单的线性关系，而是呈现出倒 U 型的非线性关系。孙永祥和黄祖辉（1999）的实证研究发现，第一大股东持股比例与 Tobin's Q 呈现出显著的以 50% 为分界点的二次曲线关系。白重恩（2005）的研究发现股权集中度与公司绩效呈正 U 型曲线关系。陈德萍和陈永圣（2011）基于 2007—2009 年我国中小企业板上市公司的研究发现，股权集中度与公司绩效呈正 U 型曲线关系。

四是股权集中度与公司绩效无相关关系。Lehn（1985）基于美国 511 家大公司的研究发现，股权集中度与公司净资产收益率并不相关。Holdermess 和 Sheehan（1988）的研究也得出了股权集中度与公司绩效之间无显著相关关系的结论，特别是当最大股东持股比例小于 20% 时更为明显。朱武祥和宋勇（2001）研究发现，股权集中度与公司绩效无相关关系，Demsetz 和 Villalonga（2001）的研究也得出了相同的结论。朱武祥和张帆（2001）基于 1994—1996 年我国深沪两市 217 家 A 股公司的实证研究发现，第一大股东持股比例与净资产收益率（ROE）和主营业务利润率之间并无相关关系。Vera 和 Ugedo（2007）基于 1998—2000 年西班牙 380 家上市公司的实证研究发现，股权集中度与 Tobin's Q 之间无相关关系。Shahwan（2015）基于 2008 年埃及 150 家非金融上市公司的实证研究发现，股权集中股与公司绩效（Tobin's Q）之间无相关关系。

2. 股权制衡度与公司绩效

股权制衡是其他大股东对第一大股东或控股股东的制衡，是解决大股东与中小股东利益冲突的重要治理机制，股权制衡可以限制大股东的"隧道"行为，更好地保护外部投资者和中小股东的利益（Shleifer 和 Vishny，1986）。关于股权制衡度与公司绩效的关系，国内外学者选取不同时间区间、不同国家或地区的公司进行了大量实证研究，主要得出以下几种结论：

一是股权制衡度与公司绩效正相关。刘星和刘伟（2007）的实证研究发现，其他大股东对控股股东的制衡有利于提升公司价值。徐向艺和张立达（2008）的实证研究发现，股权制衡有利于提升公司价值。刘星和安灵（2010）基于市县级上市公司的研究发现，股权制衡有利于提高投资绩效。张良和王平等（2010）的研究发现，股权制衡内生地与公司绩效正相关，李亚辉和耿浩等（2012）、祝龙娃（2012）的研究也得出相同的结论。陈德萍和陈永圣（2011）基于我国中小企业板上市公司2007—2009年的数据研究发现，股权制衡度外生地改善了公司绩效。龚光明和张柳亮（2013）的研究发现，内生视角下，股权制衡与公司绩效显著正相关。

二是股权制衡度与公司绩效负相关。朱红军和汪辉（2004）基于我国民营上市公司的案例研究发现，股权被制衡的模式并不比"一股独大"的模式效率高。徐莉萍和辛宇等（2006）的研究发现，股权过度制衡对公司绩效具有负向影响，张光荣和曾勇（2008）的研究也得出了相同的观点。安烨和钟廷勇（2011）基于我国A股制造业上市公司的实证研究发现，股权制衡对公司绩效具有显著的负向作用。

三是股权制衡度与公司绩效无相关关系。朱武祥和宋勇（2001）研究发现，股权制衡度与公司绩效无相关关系。顾问和许纪校（2014）的研究发现，在垄断行业中，股权制衡度与公司绩效无相关关系。

此外，还有学者（黄渝祥和孙艳等，2003；毛世平，2009；阮素梅和丁忠明，2013）研究发现，股权制衡度对公司绩效的影响是条件有效的。黄建欢和杨宁等（2015）基于2003—2013年我国A股上市公司的实证研究发现，"新股权制衡度"[①] 与公司绩效呈U型关系。

---

① 新股权制衡度 =（前十大股东持股比例之和 – 实际控制人控制权比例）/实际控制人控制权比例，是相对于传统的股权制衡度 = 第二至第十大股东持股比例之和/第一大股东持股比例而言的。

3. 股权性质与公司绩效

基于不同视角可以对股权性质进行不同分类，常见的股权性质分类有国有股和非国有股、法人股和自然人股、流通股和非流通股、内部股和外部股。国外学者主要从内部持股角度研究股权性质与公司绩效的关系，国内学者主要从国有股比例、法人股比例和流通股比例等方面研究股权性质与公司绩效的关系。

关于内部持股与公司绩效的关系。Fama（1980）认为内部持股比例的多少并不对公司价值产生影响。Stulz（1988）认为内部持股比例的增加，会降低公司被接管的可能性，但增加了管理者的不思进取，从而股权效能不能充分发挥。Spiro（2000）基于捷克988家私有企业的研究发现，内部人持股比例与企业价值正相关。

关于国有股、法人股与公司绩效的关系。胡洁和胡颖（2006）基于2001年我国1050家A股上市公司的实证研究发现，法人股与公司绩效之间不存在线性相关关系。姜硕和庄新田等（2007）基于我国121家A股上市公司的实证研究发现，法人股比例与公司绩效呈倒U型关系，且法人股比例为34.95%时是拐点。黄薏舟（2011）基于2003—2007年新疆上市公司的研究发现，国有股对公司绩效产生了显著负向影响，但法人股并没有对公司绩效产生显著影响。常晓岚和李学军（2013）研究发现，国有股比例与公司绩效并非简单的线性相关，法人股比例与公司绩效正相关。Yoo和Jung（2014）基于法国和韩国公司的实证研究发现，国有股与公司绩效显著正相关。Haji和Mubaraq（2015）基于马来西亚2006年92家和2008—2010年282家公司在公司治理准则修改前后的对比研究发现，机构投资者持股与公司绩效负相关。Shahwan（2015）基于2008年埃及150家非金融上市公司的实证研究发现，机构投资者持股比例与公司绩效（Tobin's Q）之间无相关关系。

关于流通股与公司绩效的关系。许小年（1997）的研究发现，流通股比例与公司绩效无相关关系。周业安（1999）的研究发现，B股和H股比例与净资产收益率（ROE）负相关。陈小悦和徐晓东（2001）基于我国上市公司的实证研究发现，流通股比例与公司绩效负相关。杜莹和刘立国（2002）的研究发现，流通股比例与公司绩效之间不存在显著相关关系。胡洁和胡颖（2006）基于2001年我国1050家A股上市公司的实证研究发现，流通股比例与公司绩效之间呈U型关系。常晓岚和李学军（2013）的研究发现，流通股与公司绩效负相关。

综上可知，股权结构在公司内部治理中发挥着重要作用，股东监督职能的充分发挥，有利于抑制管理层的道德风险和逆向选择行为，从而降低公司的代理成本，改善公司绩效，这在国内外学界已达成共识，尽管国内外学者对股权结构治理机制与公司绩效的关系进行了大量研究，但由于研究的视角、研究对象与时间区间、研究方法的不同，以及制度背景和法制环境存在的差异，并没有得出一致的结论，仍存在较大争议，仍需进一步的研究。

（二）董事会特征与公司绩效

董事会是连接股东和经理人的纽带，是公司治理的核心和中枢（Hermalin 和 Weisbach，2001），董事会治理是重要的内部治理机制，其治理作用主要体现在指导和监督两个方面（李维安，2010）。董事会治理的有效性对公司绩效和公司可持续发展具有决定性作用。国内外学者主要从董事会规模、董事会独立性、董事会领导权结构、董事会行为等方面对董事会特征与公司绩效的关系进行了深入研究。

1. 董事会规模与公司绩效

董事会规模是指董事会董事总人数，是董事会治理的重要机制，关于董事会规模与公司绩效的关系，国内外学者基于不同的研究对象进行了深入研究，主要得出以下几种结论：

一是董事会规模与公司绩效负相关。Jensen（1993）基于组织行为理论视角的研究发现，董事会规模较大时，董事之间的内耗增加，对经理层的监督和评价作用降低，从而降低公司绩效。孙永祥和章融（2000）基于1999年沪深两市519家A股公司的实证研究发现，董事会规模与公司绩效负相关。何卫东和张嘉颖（2002）的实证研究发现，董事会规模与公司绩效呈负相关关系。Andres、Azofra 和 Lopez（2005）基于美国等10个发达国家公司的实证研究发现，董事会规模与公司绩效负相关。杨忠诚和王宗军（2008）基于2003—2006我国上市公司的实证研究发现，董事会规模与公司绩效负相关。尹飘扬（2011）基于2009年我国中小企业板上市公司的实证研究发现，董事会规模与公司绩效负相关。Dharmadasa 和 Gamag et al.（2014）基于斯里兰卡189家非金融公司2012—2013年数据的实证研究发现，董事会规模与公司绩效负相关。Mamatzakis 和 Bermpei（2015）基于美国投资银行2000—2012年数据的实证研究发现，董事会规模与公司绩效负相关。Goharl 和 Batool（2015）基于2005—2009年巴基斯坦公司的实证研究发现，董事会规模与公司绩效负相关。

二是董事会规模与公司绩效正相关。规模大的董事会，可以提供更科学的决策咨询，帮助企业获得更多的战略资源，使企业树立良好的形象，减少首席执行官（CEO）对董事会的控制，同时也可以在一定程度上避免任人唯亲，从而提高公司绩效。Dalton（1999）基于 27 项关于董事会规模与公司绩效关系的研究成果的分析发现，董事会规模与公司绩效正相关。Kiel 和 Nicholson（2003）基于澳大利亚公司的实证研究发现，董事会规模与公司绩效正相关。Wintoki、Linck 和 Netter（2010）的研究发现董事会规模与公司绩效正相关。Dedu 和 Chitan（2013）基于 2004—2011 年罗马尼亚银行的实证研究发现，董事会规模与公司绩效正相关。Guetata 和 Jarboui et al.（2015）基于 2011—2012 年突尼斯 63 家酒店企业的调查研究发现，董事会规模与公司绩效显著正相关。Nguyen 和 Locke（2015）基于 2008—2011 年新加坡和越南非金融公司的实证研究发现，董事会规模与公司绩效显著正相关。Tai（2015）基于 2011—2013 年海湾合作委员会国家国有上市银行的实证研究发现，董事会规模与公司绩效显著正相关。

三是董事会规模与公司绩效非线性相关。Lipton 和 Lorsch（1992）研究发现，规模大的董事会虽然其控制能力较强，但随着董事会规模的不断扩大，董事会的协调成本也不断增加，当协调成本大于董事会规模增加所产生的收益时，大规模的董事会就会损害公司绩效，并指出董事会的最佳规模为 8—9 人。于东智和池国华（2004）基于 2000 年我国上市公司的实证研究发现，董事会规模与公司绩效呈显著的倒 U 型关系。常晓岚和李学军（2013）研究发现，董事会规模与公司绩效呈倒 U 型关系。

四是董事会规模与公司绩效关系不显著。李斌和郜亮亮（2005）、Karims 和 Rebeiz Zeina 等（2006）、黄继忠和陈素琼（2008）、徐叶琴和宋增基（2008）、宋增基和卢溢洪等（2009）、严若森（2009）、郝云宏和周冀翔（2010）的研究均证实了该观点。周建和袁德利等（2014）基于 2005—2007 年中国 A 股上市公司的实证研究发现，董事会规模与公司绩效关系不显著。

综上所述，董事会规模与公司绩效的关系仍存在较大争议，并不存在最优的董事会规模，董事会规模的大小要视公司具体规模而定，董事会规模应与公司规模相匹配（Coles，2008）。

2. 董事会独立性与公司绩效

董事会独立性是指董事会中独立董事或外部董事占董事会全部董事的比重。国外学者主要从外部董事比例视角研究董事会独立性。2001 年开始，我国开始强制引入独立董事制度，国内学者也主要从独立董事比例视角研究董事会独立性。独立董事具有监督功能和决策咨询功能（Masulis et al.，2012），但在我国特殊的文化和制度背景下，独立董事的监督功能却被严重的削弱了（王兵，2007；黄志忠和郗群，2009；叶康涛和祝继高等，2011），独立董事更有可能发挥咨询功能（刘浩和唐松等，2012；刘春和李善民等，2015），而作为"政商旋转门"的官员独董发挥的却是资源获取与寻租便利功能（叶青和赵良玉等，2016）。关于董事会独立性与公司绩效关系的研究文献较丰富，但由于国内外学者所选取的研究对象及时间区间不同，并没有得到一致的结论，仍存在一定的争议。

关于外部董事比例与公司绩效的关系，国外学者进行了大量研究，主要形成以下几种观点：一是外部董事比例与公司绩效正相关。Rosenstein 和 Wyatt（1990）研究发现，外部董事更好地保护了股东的利益，外部董事比例与公司价值呈显著正相关关系。Pearce 和 Zahra（1992）、Daily 和 Dalton（1993）、Beasly（1996）、Millstein 和 MacAvoy（1998）的实证研究均得出了外部董事比例与公司绩效正相关的结论。Dahya 和 WcConnell（2005）的研究发现，外部董事比例增加显著改善了公司的资产利润率（ROA）。Guetata 和 Jarboui（2015）基于 2011—2012 年突尼斯 63 家酒店企业的调查研究发现，外部董事比例与公司绩效正相关。二是外部董事比例与公司绩效无明显相关关系。Hermalin 和 Weisbach（1991）、Mallette 和 Fowler（1992）、Mehran（1995）、Daily 和 Johoson（1997）、Klein（1998）、Bhagat 和 Black（1999）、Dulewicz 和 Herbert（2004）的研究均得出了外部董事比例与公司绩效无明显相关关系的结论。Karims、Rebeiz 和 Zeina（2006）的研究发现，外部董事比例与公司绩效不相关。三是外部董事比例与公司绩效呈非线性相关关系。Baysinger 和 Butler（1985）、Yermack（1996）的研究发现，外部董事比例与公司绩效呈显著性水平较低的曲线关系。Barnhart 和 Rosenstein（1998）基于 1990 年标准普尔 500 公司的实证研究发现，外部董事比例与 Tobin's Q 呈曲线相关关系。

关于独立董事比例与公司绩效的关系，国内外学者进行了大量研究，主要得出以下几种结论：一是独立董事比例与公司绩效正相关。刘忠明等（2001）基于我国上市公司的实证研究发现，非执行董事比例与公司绩效正相关。钟田丽和贾立恒等（2005）基于我国 120 家上市公司的实证研究发现，独立董事比例增加有利于提高董事会的客观性，从而有利于改善公司绩效。刘玉敏（2006）研究发现，独立董事比例与公司绩效正相关。曹伦和陈维政（2008）

的研究发现，独立董事合理的专业结构有利于提高上市公司的可持续发展能力和经营绩效。Dedu 和 Chitan（2013）基于 2004—2011 年罗马尼亚银行的实证研究发现，独立董事比例与公司绩效显著正相关。Dharmadasa 和 Gamag et al.（2014）基于斯里兰卡 189 家非金融公司 2012—2013 年数据的实证研究发现，独立董事比例与公司绩效正相关。Nguyen 和 Locke.（2015）基于 2008—2011 年新加坡和越南非金融公司的实证研究发现，独立董事比例与公司绩效显著正相关。二是独立董事比例与公司绩效关系不显著。于东智和王化成（2003）的研究发现，独立董事比例与公司绩效关系并不显著。徐叶琴和宋增基（2008）的实证研究发现，独立董事比例与经济增加值（EVA）关系不显著。严若森（2009）的实证研究发现，独立董事比例与公司绩效关系不显著。牛月营（2012）、常晓岚和李学军（2013）的研究也得出了独立董事比例与公司绩效关系并不显著的结论。周建和袁德利等（2014）基于 2005—2007 年我国 A 股上市公司的实证研究发现，独立董事比例与公司绩效正相关。此外，还有学者（兰玉杰和王春凤，2010；Chin 和 Rasli，2014）研究发现，独立董事比例与公司绩效负相关。

3. 董事会领导结构与公司绩效

董事会领导结构主要是指董事长与总经理两职设置情况。董事长与总经理两职设置主要有三种表现形态：董事长与总经理两职合一、董事长与总经理两职分离以及董事长与总经理两职部分分离。关于董事会领导结构与公司绩效的关系，国内外学者进行了大量研究，主要得出以下几种结论：

一是两职合一或分离与公司绩效无关。Moyer 和 RAO（1992）的研究发现，两职合一或分离对公司绩效的影响较小。Brickley（1994）的实证研究发现，两职合一或分离对公司绩效影响基本无差别，并指出两职分离会增加公司的代理成本、信息成本、转制成本和其他成本。常晓岚和李学军（2013）的研究发现，两职分离与公司绩效并不成明显的规律性关系。Pradeep 和 Pemarahne et al.（2014）基于斯里兰卡 189 家非金融公司 2012—2013 年数据的实证研究发现，董事长与总经理两职合一与公司绩效无显著相关关系。

二是两职分离与公司绩效正相关。Fama 和 Jensen（1983）的研究发现，两职分离有利于减少代理成本，从而改善公司绩效。Rechner 和 Dalton（1991）、Pi 和 Timme（1993）的研究也得出了两职分离与公司绩效正相关的结论。李斌（2005）基于 2001—2003 年我国民营上市公司的实证研究发现，两职合一与公司绩效负相关，董事会应该实行两职分离的领导结构。谢志锋

(2006)的实证研究发现，两职分离有利于公司绩效的提高和公司发展。严若森（2009）的实证研究发现，两职合一与公司绩效负相关，从侧面证实了两职分离对公司绩效的正向作用。Chin 和 Amran et al.（2014）基于 2003—2006 年马来西亚家族制造企业的研究发现，两职合一与公司绩效负相关，从侧面证实了两职分离与公司绩效正相关。Hazar 和 Sami et al.（2015）基于 2011—2012 年突尼斯 63 家酒店企业的调查研究发现，两职分离与公司绩效正相关。Raheel 和 Amna（2015）基于 2005—2009 年巴基斯坦公司的实证研究发现，董事长与 CEO 两职合一与公司绩效负相关，从侧面证实了两职分离对公司绩效正向影响的关系。

三是两职分离与公司绩效负相关。Brickley（1997）的研究也证实了两职合一有利于提高公司绩效，他认为两职合一减少了董事长获得公司大量专有资本的成本，从侧面证实了两职分离与公司绩效负相关。蒲自立和刘芍佳（2004）的研究发现，两职分离对经济增加值（EVA）和 Tobin's Q 有负向影响。Karims、Rebeiz 和 Zeina（2006）的研究发现，公司绩效与两职合一正相关，从侧面证实了公司绩效与两职分离负相关。兰玉杰和王春凤（2010）基于我国上市公司的实证研究发现，两职合一与公司绩效正相关，也从侧面证实了两职分离与公司绩效负相关。Nguyen 和 Locke（2015）基于 2008—2011 年新加坡和越南非金融公司的实证研究发现，董事长与总经理两职合一与公司绩效显著正相关，从侧面验证了两职分离与公司绩效负相关。

4. 董事会行为与公司绩效

董事会行为主要以董事会会议次数来衡量，董事会召开会议，是实施其指导和监督职能的重要体现，董事会会议次数体现了董事会对公司的实际控制能力。关于董事会会议次数与公司绩效之间的关系，国内外学者进行了大量研究，主要形成以下几种观点：

一是董事会会议次数与公司绩效正相关。Lipton 和 Lorsch（1992）的研究发现，董事会召开会议是董事履行其职能的表现，有利于抑制管理层的机会主义行为，从而保护股东利益，董事会会议次数与公司绩效正相关。洪卫和程剑（2007）基于 2003—2005 年我国 862 家上市公司的实证研究发现，董事会会议次数与净资产收益率（ROE）显著正相关。宋常（2008）基于行业竞争程度较低的上市公司的实证研究发现，董事会会议次数与公司绩效正相关。周建和袁德利等（2014）基于 2005—2007 年中国 A 股上市公司的实证研究发现，董事会会议次数与公司绩效正相关。Hazar 和 Sami et al.（2015）基于 2011—

2012年突尼斯63家酒店企业的调查研究发现，董事会会议次数与公司绩效正相关。

二是董事会会议次数与公司绩效无相关性。Jensen（1993）认为，董事会会议往往是流于形式，并不能积极评价管理层的行为和表现，公司绩效与董事会会议次数无相关性，Nikos和Vafeas（1999）的实证研究进一步证实了Jensen的观点。胡际莲（2004）的实证研究发现，董事会会议次数与公司绩效不相关。徐叶琴和宋增基（2008）的研究发现，董事会开会次数与经济增加值（EVA）不相关。

三是董事会会议次数与公司绩效负相关。兰玉杰和王春凤（2010）的研究发现，董事会会议次数与公司绩效负相关。

除以上研究视角外，国内外学者还从董事激励、董事会专业委员会、董事关系网络、女性董事比例以及董事长个人特征等视角研究了董事会特征与公司绩效的关系（周建和袁德利等，2014）。

综上可知，董事会是连接股东和管理层的纽带，是公司治理的核心，董事会充分发挥其指导与监督职能有利于缓解公司的代理问题，从而改善公司绩效，这在学界已达成共识，但董事会的具体治理机制与公司绩效关系的实证研究并没得出一致的结论，存在较大争议，仍需进一步的实证检验。

（三）高管层激励与公司绩效

高管层激励是公司治理的重要组成部分，高管人员在公司治理中发挥着举足轻重的作用。由于人的有限理性和逐利性，高管人员与所有者的目标函数往往不一致，同时又由于信息不对称的存在，高管人员的机会主义行为严重，高管人员直接或间接侵占股东利益的情况时有发生。为约束高管人员的机会主义行为，激励高管人员与所有者的目标函数趋于一致，高管人员的激励约束机制成为学术界研究的重点，激励机制主要包括高管薪酬和持股比例，约束机制主要包括解聘和经理人市场。高管薪酬是公司治理中重要的报酬激励机制，合理的薪酬契约设计可以激励高管人员努力工作，减少机会主义行为，缓解代理问题，降低代理成本，以实现企业价值最大化，但根据马斯洛的需求层次理论，高管薪酬并不一定能取得好的效果，股权激励是为弥补薪酬激励的不足而出现的，管理层持股或股票期权激励等，使高管人员真正成为公司的所有者，成为剩余索取权拥有者，使其主动约束其道德风险和逆向选择行为，减少公司的代理成本，为股东和公司价值最大化而努力工作。关于高管层激励与公司绩效的关系，国内外学者进行了大量实证研究，主要得出以下几种结论：

一是高管层激励与公司绩效正相关。Murphy（1985）基于1964—1981年美国73家制造业公司的实证研究发现，高管总报酬、现金报酬均与股票收益正相关。Coughlan和Schmindt（1985）基于1978—1982年149家公司的实证研究发现，高管薪酬变化与股票价格正相关。Mehran（1995）基于1979—1980年153家制造业公司的实证研究发现，高管持股比例与公司绩效正相关。Baber（1996）基于1992—1993年美国1249家上市公司的实证研究发现，CEO报酬与公司绩效显著正相关。Rosenstein和Wyatt（1997）的研究发现，高管薪酬与公司绩效的不同衡量指标之间均存在正相关关系。Conyon和Schwalbach（2000）基于英、德两国公司的实证研究发现，虽然两国高管薪酬结构不同，但两国高管现金报酬都与公司绩效显著正相关。Stephen（2001）的研究发现，CEO薪酬与公司年度收益、公司价值均呈正相关关系。于东智（2001）基于我国944家A股上市公司的实证研究发现，管理层持股比例与净资产收益率（ROE）正相关。魏刚（2001）基于1999年816家披露高管年薪的上市公司的实证研究发现，高管年薪与公司绩效正相关，但不显著。陈志广（2002）基于沪市上市公司的实证研究发现，高管薪酬与公司绩效显著正相关。张俊瑞、赵进文和张建（2003）基于2001年我国127家上市公司的实证研究发现，前三名高管薪酬之和与公司绩效呈显著正相关关系。李维安和牛建波（2004）的研究发现，高管薪酬、持股比例均与公司绩效显著正相关。于东智和徐向艺等（2007）基于沪深两市1107家A股上市公司的实证研究发现，高管持股比例与公司绩效显著正相关。曹正玉和叶金福（2007）基于2004—2006年我国159家国有控股上市公司的实证研究发现，高管年薪与公司绩效正相关。李燕萍、孙红和张银（2008）的研究发现，高管年薪报酬与公司绩效显著正相关，高管持股报酬与公司绩效正相关，但不显著。黄继忠和陈素琼（2008）基于2006年57家电力上市公司的实证研究发现，高管人员报酬与公司绩效显著正相关。王培和夏佐波（2009）的实证研究发现，高管薪酬、持股比例与公司绩效均呈正相关关系。莫冬燕和邵聪（2010）基于我国上市公司的实证研究发现，高管年薪、高管持股比例与公司绩效均显著正相关。尹飘扬（2011）基于2009年我国中小企业板上市公司的实证研究发现，高管持股和高管薪酬对公司绩效具有显著正向影响。周建等（2012）基于2009—2010年创业板51家创新型公司的实证研究发现，高管薪酬与公司绩效正相关。牛月营（2012）基于2008—2010年深交所185家中小上市公司的实证研究发现，高管薪酬与公司绩效显著正相关。Rashid（2013）基于2000—2009年孟加拉国94家非金融上市公司的实证研究发现，高管薪酬与公司绩效显著正相关。Zhang 和 Chen et al.（2014）基于2007—2008年我国IT行业上市公司的实证研究发现，高管激励与公司绩效显著正相关关。Guetata 和 Jarboui et al.（2015）基于2011—2012年突尼斯63家酒店企业的调查研究发现，管理层持股与公司绩效正相关。

二是高管层激励与公司绩效呈非线性关系。MeConnell 和 Servaes（1990）的实证研究发现，高管持股比例与公司 Tobin's Q 呈显著的曲线关系。常晓岚和李学军（2013）研究发现，高管持股比例与公司绩效并不呈明显的规律性关系。

三是高管层激励与公司绩效无显著性关系。Schmid（1975）、Loyd（1986）、Kesner（1987）的研究均证实了该观点。李增泉（2000）基于我国上市公司的实证研究发现，高管人员年度薪酬与公司绩效不相关，管理层持股与公司绩效关系不明显。魏刚（2001）基于1999年我国816家披露高管年薪的上市公司的实证研究发现，高管持股比例与公司绩效不存在显著相关关系，高管持股没有发挥应有的激励作用，更多地表现出一种福利作用。牛月营（2012）基于2008—2010年深交所185家中小上市公司的实证研究发现，高管持股比例与公司绩效关系并不显著。邹新月和李茂卿（2012）基于2001—2010年我国629家上市公司的实证研究发现，控制内生性后，高管货币薪酬、持股均与公司绩效不存在显著关系。张曦和许琦（2013）基于2007—2008年沪市部分上市公司的实证研究发现，公司绩效与高管持股比例无显著相关关系。

（四）监事会特征与公司绩效

监事会也即公司监察委员会，监事会监督功能的有效发挥，可以防止董事会和高管层职权的滥用，缓解公司代理问题，减少公司代理成本，从而保护股东的利益和提升公司价值。监事会是我国公司治理结构中特有的组织机构，国外公司对高管层的监督主要是由董事会来完成的，除德国外基本不设立独立的监事会。监事会监督功能的发挥主要由监事会规模、监事会会议次数、监事激励来体现，国内学者也主要从这几个方面进行了一定的探索性研究。

自2001年引入监事会制度以来，监事会制度和独立董事制度存在一定的冲突，关于监事会制度的有效性问题，国内学者的理论规范性研究发现，我国上市公司股权结构导致监事会治理的"空洞化",监事会是尴尬的稻草人,监事会制度是一个低效率的系统(李维安和张亚双,2002;郑浩昊和罗丽娜2003;刘名旭和喻强,2005),我国监事会制度并没有发挥应有的监督作用(王立彦、王婧和刘军霞,2002)。

此外,国内学者探索性地做了一些监事会与公司绩效的实证研究。胡铭(2001)基于我国250家A股上市公司的实证研究发现,监事会规模、监事薪酬、监事持股比例与公司绩效均不存在显著的正相关关系。刘名旭(2007)基于我国249家民营上市公司的实证研究发现,外部监事比例、监事会持股比例均与公司绩效正相关,监事会规模、监事会会议次数与公司绩效负相关,但均不显著。石水平和林斌(2007)基于我国中小企业板上市公司的实证研究发现,监事会规模对公司发展几乎无影响,监事会持股比例、年度薪酬与公司绩效正相关,但不显著。卿石松(2008)基于2000—2004年我国A股上市公司的实证研究发现,监事会规模与每股收益呈倒U型关系,监事会会议次数与每股收益呈显著负相关关系,而监事会持股比例与每股收益呈显著正相关关系。尹飘扬(2011)基于2009年我国中小企业板上市公司的实证研究发现,监事会没有对公司绩效发挥应有的作用。

(五)外部治理环境与公司绩效

我国所特有的外部治理环境对公司具有重要影响,完善的外部治理环境可以与公司层面的内部治理机制形成互补关系或替代关系(杨兴全和吴昊旻,2015),从而约束高管层的道德风险与逆向选择行为,缓解公司的代理问题,降低代理成本,改善公司绩效。关于外部治理环境与公司绩效的关系,国内外学者主要从市场化程度、政府干预程度和法制水平等方面展开研究,另外,在我国转轨经济背景下,政治关联是正式制度的有益补充与替代机制,政治关联也是公司重要的外部治理环境。

1. 市场化程度与公司绩效

市场是资源配置的一种形式,市场化程度决定了资源配置效率,市场化程度越高,越能为企业营造一个公平竞争的环境,从而有利于企业发展,提升公司绩效。关于市场化程度与公司绩效的关系,国内外学者进行了一些探索性研究,取得了一定的研究成果。Neusser、Klaus、Kugler和Mauriee(1998)基于美国、日本和德国等国家制造业企业的研究发现,市场化进程加速了制造业的发展。宋常和黄蕾等(2008)基于我国上市公司的实证研究发现,产品市场竞争强度越大，市场监督作用就越容易发挥，代理成本就越低，从而改善公司绩效。林勇、连洪泉和谢军（2009）基于2001—2005年我国沪深两市1039家上市公司的实证研究发现，市场化程度与公司价值关系不显著。方军雄（2009）基于我国工业企业的研究发现，市场化进程加速了我国工业企业的发展，对公司绩效具有正向促进作用。吴晓慧和叶瑛（2009）基于我国工业企业的研究，得出了与方军雄相同的结论。万丽梅（2010）基于我国上市公司的实证研究发现，市场化进程与多元化绩效正相关。杨蓉（2011）基于我国不同区域上市公司的研究发现，市场化进程与公司绩效显著正相关。周建和袁德利等（2014）研究发现，市场化进程与公司绩效正相关。Obembe 和 Soetan（2015）基于1997—2007年尼日利亚76家非金融上市公司的实证研究发现，外部竞争对生产力增长具有正向影响，外部竞争与公司治理的交互作用对生产力增长具有显著正向影响。

2. 政府干预程度与公司绩效

政府和市场是两种配置资源的形式，政府和市场的关系一直是学界争论的焦点，政府对企业的干预会影响到企业的方方面面，从而影响公司绩效（肖浩，2011）。关于政府干预程度与公司绩效的关系，国内外学者进行了深入研究，取得了一定的研究成果。LLSV（La Porta、Lopez – De – Silanes、Shleiler 和 Vishny，1998）基于1983—1991年墨西哥民营化后的国有企业的实证研究发现，政府干预与民营化后的国有企业的产出和利润增长显著正相关。夏立军和方轶强（2005）基于我国上市公司的实证研究发现，地方政府的干预减少了公司价值，地方政府配置资源的效率低于市场。陈信元（2007）的研究发现，政府控股的公司由于受到政府其他非经济目标的影响，其公司绩效水平较低，政府干预程度越高对公司绩效的影响越严重。林勇、连洪泉和谢军（2009）基于2001—2005年我国沪深两市1039家上市公司的实证研究发现，政府干预程度与公司价值关系不显著。

3. 法制水平与公司绩效

投资者的法律保护对公司融资行为和公司绩效具有重要影响，增强外部投资者法律保护，可以更好地维护中小股东的利益，减少内部人控制问题，降低代理成本，从而提升公司绩效。关于法制水平与公司绩效的关系，国内外学者进行了深入研究，取得了一定的成果。LLSV（La Porta、Lopez – De – Silanes、Shleiler 和 Vishny，2002）的研究发现，健全外部投资者的法律保护体系，可以减少公司内部人对外部投资者利益的侵占，更好地监督和约束内部人的机会主义行为，从而提升公司绩效。Shleifer 和 Wolfenzon（2002）的研究发现，公司所在区域的法制水平的提高可以减少代理成本，从而提升公司绩效。Bris 和 Cabolis（2008）的研究发现，法制水平的提高有利于投资者的法律保护，从而直接提高公司绩效，此外，法制水平的提高还有利于公司内部治理机制的完善，从而间接提高公司绩效。林勇、连洪泉和谢军（2009）基于 2001—2005 年我国沪深两市 1039 家上市公司的实证研究发现，法制化水平与公司价值显著正相关。Ge、Kim 和 Song（2012）认为，法律保护等外部制度环境与公司治理存在互补关系，投资者法律保护程度越高，高管层和大股东侵占中小股东的行为越少，代理成本越低，从而改善公司绩效表现。李延喜、陈克兢和刘伶等（2013）的研究发现，法制水平的提高可以限制企业的过度投资行为。Siddiqui（2014）的研究发现，不同法律体系对股东的保护不同，对公司绩效具有不同的影响，反收购条款对公司绩效具有负向影响。

4. 政治关联与公司绩效

政治关联是指公司通过各种途径与政府建立良好关系，公司董事长和总经理拥有较大的经营决策权，更容易成为政府干预的代理人，因此现有研究政治关联的文献中，也主要是从公司关键高管，如董事长和总经理，是人大代表、政协委员或曾在政府部门、军队任职等视角进行研究的。关于政治关联与公司绩效的关系，国内外学者进行了大量实证研究，积累了丰富的研究成果，但并没有得出一致的结论，截至目前主要形成两种观点：一是政治关联与公司绩效正相关。政治关联可以帮助企业获得融资便利（如银行贷款等）、税收优惠、政府补贴以及较高的市场影响力，政治关联对企业来说是一种价值资源（Fisman，2001；Johnson 和 Mitton，2003；Li 和 Meng et al，2008；Goldman 和 Rocholl，2009）。Faccio（2006）的研究发现，企业主动融入政治圈子对提升公司价值具有正向影响。罗党论和黄琼宇（2008）基于我国民营上市公司的实证研究发现，高管政治关联与公司价值显著正相关。王庆文和吴世农（2008）基于我国上市公司的实证研究发现，在法律制度不健全的背景下，政治关联可以帮助企业获得稀缺资源，从而更好地实现经营目标。徐晋、贾馥华和张祥建（2011）基于我国民营上市公司的实证研究发现，政治关联减少了企业的经营成本，还可以帮助企业获得稀缺资源，从而对公司绩效具有正向影响。张川、娄祝坤和詹丹碧（2014）基于 2007—2011 年我国化工行业上市公司的实证研究发现，高管代表委员会类政治关联与公司财务绩效显著正相关。二是政治关联与公司绩效负相关（Faccio、Masulis 和 Mcconnell，2006；Fan，

Wong 和 Zhang，2007；Boubakri et al.，2008；邓建平和曾勇，2009）。杜兴强、郭剑花和雷宇（2009）基于我国民营上市公司的实证研究发现，政治关联是政府干预企业的一种方式，过多的政府干预不利于公司绩效的提高。李维安和邱艾超（2010）基于我国民营上市公司的研究发现，政治关联程度与公司财务绩效、经营效果和资产周转率负相关。张川、娄祝坤和詹丹碧（2014）基于2007—2011年我国化工行业上市公司的实证研究发现，政府官员类政治关联与公司财务绩效显著负相关。

（六）公司治理与公司绩效关系的研究述评

综上可知，关于公司治理与公司绩效的关系，国外学者对该问题的研究起步较早，国内学者的研究起步较晚。虽然国内外学者进行了大量研究，但仍存在一定的争议。

在理论研究方面，完善公司内部治理机制和改善公司外部治理环境可以减少管理层的道德风险和逆向选择行为，使管理层与股东的目标函数趋于一致，缓解公司的代理问题，降低公司的代理成本，从而提升公司绩效，这在国内外理论界已达成共识。

在实证研究方面，尽管国内外学者进行了大量的研究，但由于各国或地区的制度背景存在差异，学者们选取的研究视角、研究对象、研究区域与时间区间不同，公司治理与公司绩效的测量指标存在差异，并未得出一致的结论，但公司内部治理、外部治理环境对公司绩效具有正向影响的结论占多数。在我国特殊的制度背景以及新兴市场经济与转轨经济背景下，在我国经济发展进入新常态的今天，公司治理与公司绩效的关系仍需进一步的实证检验。另外，现有文献关于企业社会责任履行对公司治理与公司绩效的中介效应研究仍鲜有涉及，企业社会责任履行对公司治理与公司绩效的中介效应仍需进一步的实证检验。

四、本章小结

本章主要对国内外学者关于公司治理与企业社会责任的关系、企业社会责任与公司绩效的关系、公司治理与公司绩效的关系的相关研究文献进行综述，国内外学者对公司治理、企业社会责任和公司绩效两两之间的关系进行了大量深入的理论与实证研究，但由于各国或地区的制度背景存在差异，同时国内外学者选取的研究视角、研究对象、研究区域与时间区间不同，公司治理、企业社会责任履行与公司绩效的测量指标存在差异，并没有得出一致的结论。在我国特殊的制度背景以及新兴市场经济与转轨经济背景下，在我国经济发展进入新常态的今天，公司治理、企业社会责任履行与公司绩效之间的内在逻辑关系仍需进一步的实证研究。同时，通过对现有研究文献的梳理，也为下文理论基础及其适用性分析，以及公司治理、企业社会责任履行与公司绩效之间的影响机理分析奠定了一定的基础。

第三章 理论基础与理论框架构建

一、理论基础及其适用性分析

（一）产权理论及其适用性分析

产权理论是经济学的重要理论之一，也是现代经济学研究的热点，产权理论是 20 世纪 30 年代至 60 年代由 Coase 在对正统微观经济学和福利经济学批判性思考的基础上产生和发展起来的，Coase 的产权理论思想蕴含于其经典论文《企业的性质》（1937）和《社会成本问题》（1960）中，也即著名的科斯定理，Coase 认为，产权安排是一切经济活动的前提，产权的清晰界定，可以有效地降低交易费用和减少社会成本，从而达到资源的有效配置，提高经济绩效。20 世纪 60 年代以来，Williamson、Stigler、Alchian、Demsetz、张五常、Barzel 和 Hart 等产权经济学家与新制度经济学家在科斯定理的基础上对产权理论进行了补充与完善，逐渐形成了现代产权理论体系。

产权是经济所有制的法律表现形式，产权内涵的界定是产权理论的核心问题，产权经济学家与新制度经济学家基于不同视角对产权内涵进行了不同界定。Coase 认为：产权是人们由于财产的存在和使用所引起的相互认可的行为规范以及相应的权利、义务和责任。① 张五常继承了科斯产权理论的研究范式，对私有产权的结构进行了划分，他认为，产权是一种权利束，包括使用权、收入权和转让权，并指出产权具有可分割性。② Furubotn 和 Pejovich 认为，产权是由于物的使用而引起的人们的行为关系，产权分配具体规定了人们与物相关的行为规范，人们在交往过程中要遵守此规范，或为违反这些规范而付出代价。③ Alchian 认为，产权是人们在资源稀缺条件下使用资源的条件和规则，是一个社会所强制实施的选择一种经济品使用的权利。④ Demsetz 从社会整体的视角考察了产权关系，他认为，产权是一种社会工具，能帮助人们形成与他人打交道时合理持有的预期，产权具体规定了如何使人们受益，如何使人们受损，以及调整人们的行为，谁必须对谁付费。⑤ 另外，Demsetz 还根据产权主体的类型和性质，将产权分为私人产权、国有产权和共有产权三类。⑥ 综上产权经济学家和新制度经济学家对产权内涵的分析可以看出，产权是一种排他性权利，可以平等地交易，产权是市场交易的前提，它规定了人们之间的行为规则；产权是一种权利束，它包括所有权、占有权、支配权、使用权、收益权和处置权，产权具有可分割性，并可以组合成复杂的产权结构。

  企业产权清晰界定可以有效降低企业的交易成本，是决定企业运行效率的关键因素（Coase，1960）。企业产权界定不清容易造成企业交易过程受阻或存在摩擦，从而对企业行为和资源配置产生严重负面影响，最终降低企业的效率和经营绩效。现代公司与古典企业最大的区别就是所有权与经营权的分离，并表现出较复杂的产权结构，产权结构也即公司的产权安排决定了公司的治理结构，因此，产权界定是现代公司治理的起点，特别是在我国特殊的制度背景下，国有企业的产权界定是国有企业有效治理的关键。公司产权安排决定公司的激励结构，激励结构决定决策者的行为，从而影响公司行为。现代公司生存和发展的物质基础不仅包括股东投入的股权资本，还包括债权人投入的债权资

---

① R. 科斯，A. 阿尔钦，D. 诺斯. 等. 财产权利与制度变迁——产权学派与新制度学派译文集. 刘守英等译. 上海：上海人民出版社，2003.
② 张五常. 经济解释. 北京：中信出版社，2015.
③ R. 科斯，A. 阿尔钦，D. 诺斯等. 财产权利与制度变迁——产权学派与新制度学派译文集. 刘守英等译. 上海：上海人民出版社，2003.
④ R. 科斯，A. 阿尔钦，D. 诺斯等. 财产权利与制度变迁——产权学派与新制度学派译文集. 刘守英等译. 上海：上海人民出版社，2003.
⑤ 哈罗德·德姆塞茨. 所有权、控制与企业. 段毅才等译. 北京：经济科学出版社，1999.
⑥ Harold Demsets. 1967. Toward A Theory Rights. American Economic Review，Vol. 57：347-359.

本、高管人员投入的专用性智力资本、员工投入的人力资本、消费者、供应商和客户投入的市场资本、政府投入的公共环境资本和社区投入的经营环境资本等等，公司的产权安排要公平对待各利益相关者，而不是仅仅把公司的所有权集中配置给股东（杨瑞龙和周业安，2000；张兆国等，2007、2012、2013）。公司产权界定就是合理地对公司股东、债权人、高管人员、员工等利益相关者的权、责、利进行安排，将公司剩余索取权和控制权尽可能地在公司利益相关者之间进行对应配置（Milgorm 和 Roberts，1992），实现公司所有权在利益相关者之间的合理多元配置，从而形成有效的治理结构和利益激励机制，充分发挥公司各利益相关者的积极性、主动性和创造性，以提升公司绩效。同时，公司产权的合理界定也为企业社会责任的履行从产权视角提供了合法性依据，公司产权的清晰界定有利于厘清企业和社会的边界，避免落入"企业办社会"的误区，因此，公司产权的清晰界定也是公司履行社会责任的基础。关于公司产权界定的方式，周翔和吴能全等（2014）认为，依据组织的类型，可以通过契约设计和架构设计的方式进行产权界定。随着公司的发展，公司的产权结构也要进行调整，适时进行公司产权制度改革，不断优化公司现有的产权安排，从而优化公司的治理结构和治理机制，如上市公司近年来实行的管理层股权激励和员工持股计划等，就是充分发挥产权的激励功能，以减少管理层的机会主义行为，从而提升公司绩效。综上可知，公司产权清晰界定是实现公司有效治理的基础，也是公司履行企业社会责任的基础。

（二）交易成本理论及其适用性分析

1934 年，Commons 首次从经济学意义上提出了交易的范畴，他认为，交易是人与人之间对物品未来所有权的让与和取得，而不是实际交货意义上的那种物品的交易，交易实际上是所有权的转移。[①] Commons 关于交易的性质和范围的界定对交易成本理论的形成具有重要影响。1937 年，Coase 在其经典论文《企业的性质》中，首次提出了交易成本的范畴，并于 1960 年在其另一经典论文《社会成本问题》中对交易成本的内容进行了界定，交易成本理论的思想开始出现。20 世纪 70 年代以来，新制度经济学家 Williamson、Klein 和张五常等在 Coase 交易成本理论思想的基础上对交易成本的内涵及其决定因素进行了深入研究，逐渐形成了较系统的交易成本理论。1985 年，Williamson 的经典

[①] 康芒斯. 制度经济学（上册）. 北京：商务印书馆，1967.

著作《资本主义经济制度》被称为交易成本理论的集大成之作（杨瑞龙和杨其静，2005），标志着交易成本理论的正式形成。

交易成本理论是组织经济学的核心理论，是现代企业理论的重要分支（张维迎，1999），也是现代经济学的重要理论之一。交易成本内涵的界定是交易成本理论的基础，新制度经济学家关于交易成本的内涵给出了不同的界定。Coase 认为，交易成本是运用市场机制产生的费用，主要包括获得准确市场信息的费用、谈判和签约的费用、契约履行的费用以及企业组织内部运行产生的费用。[1] Arrow 认为，交易成本对市场的形成具有阻碍作用，他将交易成本界定为经济制度运行的费用。[2] Williamson 认为交易成本是经济系统运转所要付出的代价或费用，将交易成本的研究范围扩展到所有经济组织，并在此基础上将交易成本细分为事前交易成本和事后交易成本。[3] Pejovich 认为，交易成本是在产权从一个经济主体转移到另一个经济主体的过程中所需要花费的资源的成本，包括一次交易的成本（如发现交易机会、洽谈交易和监督的成本）和保护制度结构的成本。[4]

市场和企业是两种不同但具有互替性的配置稀缺资源的方式或手段，市场通过价格机制来实现稀缺资源的配置，存在一定的风险和费用，企业作为市场的替代，主要通过权威（如企业家或职业经理人）的行政命令来实现稀缺资源的配置，将原本属于市场交易的成本"内部化"了，从而可以提高经济效率和节约交易成本（苏冬蔚和贺星星，2011）。企业的出现使各要素所有者之间的一系列短期契约被企业与生产要素所有者之间的一个长期契约所取代，从而使在企业内部进行交易的成本比通过市场进行同样交易的成本低，节约了交易成本（Coase，1937）。另外，在市场和企业之间仍存在大量的中间状态，也即企业间网络（张五常，2002），企业间网络也是配置稀缺资源的形式，可以有效地节约交易成本，提高经济效率。与市场、企业和企业间网络这三种资源配置方式对应的治理结构分别为市场治理、企业治理和企业间网络治理，每种

---

[1] R. 科斯，A. 阿尔钦，D. 诺斯等. 财产权利与制度变迁——产权学派与新制度学派译文集. 刘守英等译. 上海：上海人民出版社，2003.

[2] Arrow, K. J. The Organization of Economic Activity: Issues Pertinent to the Choice of Market Versus No Market Allocation. In: Joint Eeonomic Committee, The Analysis and Evaluation of Public Expenditure: The PPB System, Government Printing Office, 1969 (1): 59–73.

[3] 威廉姆森. 资本主义经济制度. 段毅才和王伟译. 北京：商务印书馆，2002.

[4] 斯韦托扎尔·平乔维奇. 蒋琳琦译. 产权经济学——一种关于比较体制的理论. 北京：经济科学出版社，2001.

治理结构都与相应的交易成本相对应。

由于人的有限理性和机会主义行为倾向，以及特定交易中的资产专用性、不确定性、交易频率的存在，现实世界中交易成本永远不能消除，而只能使交易成本最小化（Williamson，1985）。交易是交易成本理论的基本分析单位，交易成本理论将每一次交易都视为一种合同或契约，不同性质的交易或契约与不同性质的治理结构也即制度安排相对应，不同性质的治理结构对与其相应的投资关系具有保护或补偿作用。而治理结构和治理机制选择的标准能最大限度地节约事前和事后交易成本，使交易成本最小化（杨瑞龙和杨其静，2005）。因此，基于交易成本理论，有效的公司治理应能最大限度地降低交易成本，从而提升公司治理效率和公司绩效。

股东、债权人、高管层、员工、消费者、客户、供应商、政府、社区等企业的利益相关者为企业的生存和发展投入了大量的专用性资本，企业是与各利益相关者缔结的一系列契约的集合，企业与各利益相关者契约关系的维护是要花费成本的。公司履行企业社会责任，积极维护企业各利益相关者的合法权益，有利于企业与各利益相关者保持良好的长期契约关系，有利于减少企业与各利益相关者的谈判、签约和履约成本，降低内耗，最大限度地节约交易成本，从而提高经济效率和实现企业价值最大化。同时，企业社会责任履行可以有效解决由于企业的逐利行为而造成的"市场失灵"和"政府失灵"问题，有利于维持企业间网络良好的长期契约关系，从而实现全社会资源配置的帕累托效率和全社会福利最大化。

（三）信息不对称理论及其适用性分析

信息不对称理论作为微观信息经济学的一个重要分支，一直以来都受到经济学界的广泛关注。传统经济学基于"经济人"拥有完全信息的假设，对市场经济中的交易活动进行研究，认为交易的双方拥有对称的、完全的信息，交易双方的地位是平等的。然而，现实经济生活中，要掌握完全信息是不可能的，传统经济学的这种假设并不成立。传统经济学理论成熟以后，经济学家们开始质疑传统经济理论的假设，并进行了一系列研究。如 Hayek 认为市场中的信息具有分散性，而非完全的和对称的。Baumol 把信息区分为对称信息和不对称信息。Simon 认为，市场参与者的有限理性是造成信息不完全的原因，市场参与者的决策过程就是信息的搜集、评价与选择过程。Morris 和 Vickrey 研究了信息不对称条件下的激励理论。Stigler 和 Mohr 对因信息不对称而产生问题的解决做出了一定的贡献，但经济学家们都没有对信息不对称问题进行深入系统的研究。① 直到20世纪70年代，美国经济学家Akerlof在其经典论文《柠檬市场：不确定性和市场机制》中系统分析了商品市场因交易双方信息不对称而产生的逆向选择问题后，信息不对称问题才引起经济学界的重视。之后Spence和Stiglitz基于Akerlof的逻辑框架分别对劳动力市场和资本市场的信息不对称问题进行了系统研究，信息不对称理论最终得以形成。

信息不对称理论认为，在市场交易中，由于受不确定性、获取信息的能力、劳动分工和专业化等因素的影响，交易双方所掌握的有关交易的信息是不对称的和不完全的，交易的一方掌握较多的信息，而另一方却掌握较少的信息。通常情况下，掌握较多信息的一方处于优势地位，拥有较少信息的一方处于劣势地位。信息像土地和资本一样是一种重要的生产要素，在交易中因拥有信息而获得的优势，实际上是一种信息租金。掌握信息较多的一方通过向掌握信息较少的一方准确传递信息而获益，掌握信息较少的一方采取激励措施来从掌握较多信息的一方来获取信息，从而缓解或消除信息劣势对自己造成的不利影响，交易双方因掌握信息的不同而获得不同的收益和承担不同的风险。根据不对称信息发生的时间，信息不对称分为事前信息不对称和事后信息不对称，事前信息不对称称为逆向选择模型，事后信息不对称称为道德风险模型。根据不对称信息的内容，信息不对称又可以分为隐藏行动模型和隐藏信息模型。信息不对称还可以进一步细分为逆向选择模型、信号传递模型、信息甄别模型、隐藏行动的道德风险模型和隐藏信息的道德风险模型。② 在现实经济生活中，信息不对称客观存在，且无法根本消除，因此信息不对称理论得到了广泛应用。

在现代公司中，信息不对称问题广泛存在，对公司治理造成不利影响。在公司高管人员的选聘过程中，股东或董事会与应聘者之间存在信息不对称，由于应聘者的管理能力和生产率不能被直接观察到，股东或董事会并不清楚应聘者真实的管理能力和生产率，而应聘者对自己的管理能力和生产率却十分清楚，管理能力和生产率低的应聘者为取得较高职位和较丰厚的报酬，往往会夸大自己的管理能力和生产率，造成管理能力和生产率较低的应聘者得到聘用，而管理能力和生产率真正较高的应聘者得不到聘用，公司股东或董事会与应聘

---

①② 张维迎. 博弈论与信息经济学. 上海：格致出版社，2012.

者之间的信息不对称而造成的逆向选择问题严重阻碍了公司雇佣到合格的高管人员。公司股东与高管人员之间存在信息不对称，高管人员具有经营管理公司的专用性人力资本，直接参与公司的经营管理，对公司的情况如公司的财务状况和盈利能力等最为了解，公司股东特别是小股东不直接参与公司经营管理而处于信息弱势地位。此外，有关公司高管人员努力程度的信息，公司股东不能直接观察到，而高管人员却对自己的努力程度一清二楚，因此存在较严重的信息不对称问题。由于公司高管人员与股东的目标函数不一致，公司高管人员会采取个人效用最大化而非股东利益最大化的行为或策略，公司股东与高管人员之间的信息不对称造成的道德风险问题严重损害了股东的利益。公司大股东与中小股东也存在一定的信息不对称问题，大股东持股比例较高，具有搜寻信息的能力和激励，掌握公司相对较多的信息，而中小股东持股比例相对较少，在搜寻信息方面往往存在"搭便车"现象，掌握公司较少的信息，在公司内部控制问题较严重时，大股东会侵占中小股东的利益。公司与其他利益相关者也存在一定的信息不对称问题，如公司对其提供的产品或服务的信息处于优势地位，而客户和消费者则处于弱势地位。公司对其自身的环保信息处于优势地位，而社区对其环保信息则处于弱势地位。

降低公司的信息不对称程度是实现公司有效治理的重要保障，有效的制度设计和安排是降低公司信息不对称的有效途径。我国《公司法》和《上市公司治理准则》明确规定上市公司要定期进行公司信息披露，我国证券监督管理委员会、深圳证券交易所和上海证券交易所也明确要求上市公司要定期进行公司信息披露，另外，深圳证券交易所和上海证券交易所也分别于2006年和2009年明确规定上市公司要定期发布年度《上市公司社会责任报告》，以解决上市公司与股东以及其他利益相关者的信息不对称问题。同时，公司还应积极履行企业社会责任，主动向外界发布企业社会责任信息，从而建立良好的声誉，最大限度降低公司与股东及各利益相关者的信息不对称程度。公司股东和高管人员之间的信息不对称问题，可以通过满足参与约束和激励相容约束的激励合约的设计得到有效解决。另外，完善的职业经理人市场的建立也是解决公司股东与高管人员信息不对称问题的有效途径。[①]

---

① 张维迎. 理解公司：产权、激励与治理. 上海：上海人民出版社，2014.

(四) 外部性理论及其适用性分析

自 1890 年，英国经济学家 Marshall 在其经典著作《经济学原理》中首次提出并论述了外部经济的概念后，外部性问题开始受到经济学界的普遍关注。外部性问题是经济学中最重要、最复杂的问题之一，同时也是经济学界颇受争议的问题，经济学界对外部性问题的争议与经济福利、市场失灵、政府管制等问题密切相关。1920 年，英国经济学家 Pigou 在其经典著作《福利经济学》一书中系统分析了外部性问题，形成了相对较完整的外部性理论框架。Pigou 之后，Coase、Meade、Young、Bator、Buchanan、Baumol、Oates、Samuelson、North、Nordhaus 和 Stiglitz 等著名经济学家又对外部性问题进行了深入精辟的分析，外部性理论进一步丰富和完备。外部性理论是经济学界在对自由市场经济运行机制存在的缺陷进行反思的基础上产生的，是现代经济学的重要理论之一，关于外部性在经济学中的地位和作用，我国著名经济学家盛洪认为，经济学曾经和正在面临的问题都是外部性问题，有的是已经解决的外部性问题，有的是正在解决的外部性问题。[①]

外部性又称为外部效应或外部经济，在《新帕尔格雷夫经济学大辞典》中，外部性又称为外在性或外在经济。外部性概念是外部性理论的基础和起点，外部性的概念自从其出现以来就颇受争议。美国经济学家 Scitovsky 认为，外在经济概念是经济学文献中最令人费解的概念之一。[②] 我国著名经济学家张五常认为，外部性概念过于空泛，是一个模糊不清的理念。[③] 虽然经济学界从不同视角对外部性概念给出了不同的界定，但仍没能形成一个统一的界定，目前经济学文献中比较流行的是 Buchanan 等关于外部性概念的界定。1962 年，Buchanan 在其与 Stubblebine 合著的《外部效应》一文中将外部性定义为：只要某人的效用函数或某厂商的生产函数所包含的某些变量在另一个人或厂商的控制之下，就表明该经济中存在外部性。外部性问题的实质是社会成本与私人成本的不一致，或私人效用与社会效用的不一致。外部性分为正外部性和负外部性，正外部性是指私人成本大于社会成本或私人效用小于社会效用，负外部性是指私人成本小于社会成本或私人效用大于社会效用。

[①] 盛洪. 盛洪集哈尔滨：黑龙江人民出版社，1993.
[②] Tibor Scitovsky. Two Concepts of External Economies. The Journal of Political Economy, 1954 (2)：143–151.
[③] 张五常. 经济解释. 北京：中信出版社，2015.

外部性降低了资源配置的效率，影响了经济绩效。外部性问题的解决是经济学界比较关注的问题，目前经济学文献中关于外部性问题解决的途径主要有两种，一种是以 Pigou 为代表的新古典经济学派，主张采用政府规制（包括行政管制和经济规制）的方法来解决外部性问题，如政府可以向产生负外部性的经济主体征收"庇古税"，而给予产生正外部性的经济主体一定的补贴等；另一种是以 Coase 为代表的新制度学派，主张在产权界定清晰的前提下，通过市场中经济主体之间的协商、谈判来解决外部性问题，也即市场调节。政府规制解决外部性的交易成本高昂，而市场中的经济主体通过协商、谈判来解决外部性，由于外部性的复杂性，协商、谈判的成本也会很高，因此，在解决经济主体的外部性问题时，要根据经济主体外部性的具体情况，合理选择市场调节、政府规制或两种相结合的方法。另外，张运生（2012）认为，外部性理论是产权边界理论的根源，外部性产生的根本原因是产权界定不清或交易费用过高，政府的职责应是清晰界定产权、引导制度创新以降低交易费用和促成市场私有合约达成交易，而不是直接实施"庇古税"等政府规制措施。①

现代公司的外部性问题普遍存在，既有正外部性，也有负外部性。公司的有效治理可以使公司产生正外部性，如为股东等投资人创造丰厚的投资回报、为国家提供税收和出口创汇、为社会提供就业机会、提高员工的福利待遇、为消费者提供优质的产品或服务、积极参与所在社区基础设施建设、社会捐赠等等。同时，古典经济学认为，企业是盈利性组织，企业的目标是追求股东利益最大化而非企业价值最大化，企业为追求股东利益最大化甚至会损害其他利益相关者的利益。企业的逐利性行为存在严重的负外部性，如财务造假、偷税漏税、侵害员工的合法权益、为消费者提供假冒伪劣产品、环境污染、资源浪费等等。企业行为的正外部效应构成了企业天然的社会责任，企业行为的负外部效应是企业社会责任问题的突出表现（曾广录和高明华，2009），企业社会责任正是基于企业的负外部性而产生的，企业积极履行企业社会责任，保护股东、债权人、高管层、员工、消费者、客户、供应商、政府、社区等企业利益相关者的合法权益，正是为了减少企业的负外部性，提升企业的社会责任表现。因此，现代公司应通过有效的治理鼓励其正外部性，同时还应积极履行企业社会责任减少其负外部性，通过使产权有效解决外部性问题的外部约束机制和使外部性内部化的内部约束机制的构建，从而实现企业价值最大化和全社会

---

① 张运生. 内生外部性理论新进展. 经济学动态，2012（12）：115 – 123.

福利最大化。

(五) 不完全契约理论及其适用性分析

不完全契约理论是现代契约理论的一个重要分支,是现代经济学和组织理论的重要组成部分,不完全契约理论是经济学界在对完全契约理论批判性思考的基础上逐渐形成的（杨瑞龙和杨其静,2005）。不完全契约的思想最早可追溯至 1937 年 Coase 的经典论文《企业的性质》一文中,Coase 认为:"由于预测的困难,有关物品或劳务供给的契约期限越长,实现的可能性就越小,因此买方也就越不愿意规定对方该干什么"。[①] 1951 年,Simon 在研究雇主与雇员之间的权威关系时,首次提出了不完全契约的模型（徐细雄,2012）。20 世纪 70 年代以来,Williamson、Kelin、Shavell、Grossman、Hart、Moore、Holmstrom、Milgrom 和 Segal 等著名经济学家又对契约的不完全性进行了深入研究,GHM 理论模型（Grossman 和 Hart,1986；Hart 和 Moore,1990；Hart,1995）的建立标志着不完全契约理论的正式形成。2006 年以来,Hart 和 Moore 引入行为经济学的分析范式和实验方法来考察契约关系,并提出了参照点契约理论,明确了不完全契约理论的未来发展方向,不完全契约理论进一步完善。[②]

契约又称合约、合同或协议,契约分为法律、法规和市场合约等正式的显性契约,以及伦理、道德和一般行为规范、习惯等非正式的隐性契约（North,1994）。契约对缔约双方的权、责、利进行了规定与安排,对缔约双方的行为具有规范和约束作用。[③] 由于缔约人的有限理性、外部环境的复杂性和不确定性、信息的不对称性和不完全性以及交易成本的存在,契约的缔约人或契约仲裁者（如法院）无法证实或观察一切,造成了契约的不完全性（Williamson,1979；Grossman 和 Hart,1986；Hart 和 Moore,1990；Segal,1999）。Tirole（1999）和 Maskin（2002）进一步指出造成契约不完全的成本主要包括预见成本、缔约成本和证实成本。契约不完全将造成事前最优契约的失效,契约缔约方在面临"敲竹杠"或攫取"可占用性准租金"的风险时会做出无效率的专用性投资（杨瑞龙和聂辉华,2006）。契约不完全性给缔约人违约提供了空间,契约当事人通过比较履约带来的边际收益和违约造成的边际成本的大小来

[①] Ronald Coase. The Nature of The Firm. Economica, 1937 (4): 386 – 405.

[②] Oliver Hart and John Moore. Contracts as Reference Points. The Quarterly Journal Economics, Vol. 123. 2008 (1): 1 – 48.

[③] 科斯,哈特和斯蒂格利茨等. 李风圣译. 契约经济学. 北京: 经济科学出版社, 2003.

决定其是否履行契约，当履约带来的边际收益大于违约造成的边际成本时，契约当事人就会履行契约，否则就会违约。不完全契约是交易费用产生的重要原因，易导致缔约方的机会主义行为，从而造成资源配置效率损失。

不完全契约理论认为，不完全契约不能把各种或然状态下缔约双方的权利、责任和利益规定清楚，主张在自然状态出现后通过再谈判来解决，因此，重点是事前权利安排和机制设计（杨瑞龙和聂辉华，2006）。通过对由于契约不完全而形成的剩余权利（包括剩余索取权和剩余控制权）进行适当配置可以避免因契约不完全而造成的资源配置低效率。不完全契约为代理人的机会主义行为提供了空间，不完全契约理论是公司治理的基础工具之一，公司治理理论与不完全契约范式的出现和演化密切相关（苏启林和申明浩，2005）。

企业的本质是一种制度结构，是各要素投入者之间组成的"契约联合体"（Coase，1937；Williamson，1975；Jensen 和 Meckling，1976；Freeman 和 Evan，1990；Margaret，1999）。企业生存和发展的物质基础不仅包括股东投入的股权资本，还包括债权人投入的债权资本、高管人员投入的专用性智力资本、员工投入的人力资本、消费者、供应商和客户投入的市场资本、政府投入的公共环境资本和社区投入的经营环境资本等等（杨瑞龙和周业安，2000；张兆国等，2007、2012、2013），企业与投入一定专用性资本的各利益相关者之间存在一系列契约，包括显性契约和隐性契约，而这些契约往往是不完全的，不能对企业的所有行为做出明确规定，契约的不完全性凸显了公司治理存在的必要性（Zingales，1997）。在契约不完全的前提下，可以利用市场机制和持股机制来构建一种混合治理机制，从而有效解决因契约不完全而造成的效率损失问题（Bratton 和 McCaherg，2001）。此外，还可以通过建立企业伦理行为规范来约束控制权的滥用，从而解决契约不完全造成的问题（Sacconi，2001）。企业社会责任是一种企业伦理行为规范，是一种正式或非正式的契约或制度，企业社会责任的本质是指导企业行为的准则，它有别于市场行为准则和法律法规，主要是针对契约不完全部分和隐性契约部分的企业行为准则。企业社会责任可以促使企业更好地履行其与各利益相关者的契约，有效弥补契约不完全和隐性契约对企业行为约束的不足，维护各利益相关者的合法权益，从而维护企业合法性和企业宪政（Donaldson 和 Dunfee，1999；Matten 和 Moon，2008）。通过公司的有效治理和企业社会责任履行使公司与其利益相关者之间的不完全契约"完全化"，从而促使公司更好地履行契约责任，提高资源配置效率和提升公司绩效。

（六）委托代理理论及其适用性分析

委托代理理论是现代企业理论的一个重要分支（张维迎，1999），是现代公司治理的基础理论，也是现代经济学研究的热点话题。委托代理理论的思想最早可追溯至 Smith 的经典著作《国富论》中，Smith 认为，企业的经营管理者就像富人的管家，他们经常关心一些小事而不是全心全意地对主人忠诚，极易把主人的东西占为己有。[①] 1932 年，Berle 和 Means 在其经典著作《现代公司与私有产权》中首次提出了所有权与控制权分离的观点，委托代理问题开始受到学界关注。20 世纪 60—70 年代，Wilson（1968）、Spence 和 Zeckhauser（1971）、Ross（1973）、Mirrlees（1974、1976）、Rubbinstein（1979）和 Holmstrom（1979）等著名经济学家对委托代理关系及其产生的代理问题进行了深入研究，委托代理理论正式形成。之后 Radner（1981）、Lazear 和 Rosen（1981）、Holmstrom（1982）、Roberts（1982）、Townsend（1982）、Grossman 和 Hart（1983）、Malcomson（1984）、Stigliz（1985）、Rogerson（1985）、McAee 和 McMillan（1991）、Itoh（1991）、Holmstrom and Milgrom（1991）、张维迎（1994、1995）和杨瑞龙（1999）等经济学家对委托代理理论进行了扩展研究，形成了多代理人理论、共同代理理论和多任务代理理论，委托代理理论进一步丰富和完善。

委托代理理论的假设前提是委托人和代理人都是"经济人"，都具有追求自身效用最大化和机会主义行为倾向。委托代理理论形成的条件是委托人与代理人之间存在利益冲突和信息不对称。委托代理理论研究的是委托人与代理人之间的委托代理关系及由此产生的代理问题。[②] 委托代理理论的一般逻辑框架是：委托人为追求自身利益最大化，而将其拥有的资源（或资本）委托给代理人进行经营管理，并要求代理人以委托人的利益最大化为目标进行决策与行动，委托人与代理人之间建立委托代理关系，代理人是"经济人"，有追求自身效用最大化和机会主义行为倾向，委托人与代理人之间存在利益冲突、信息不对称、风险偏好差异、责任不对等以及契约的不完全性，代理人往往会采取自利的决策与行动而损害委托人的利益，产生代理问题（陈敏和杜才明，2006）。代理问题产生的直接后果是造成包括委托人的激励监督成本、代理人

[①] 亚当·斯密. 国富论. 上海：世界图书出版公司，2009.
[②] 马克·格尔根. 公司治理. 王世权、杨倩和侯君等译. 北京：机械工业出版社，2014.

的担保成本和剩余损失在内的代理成本的增加，从而影响经济绩效。因此，委托人必须建立一套满足参与约束和激励相容约束的制衡机制（契约）来激励、规范和约束代理人的行为，缓解委托人和代理人之间的代理问题，降低代理成本，从而改善资源配置效率，提升经济绩效。①

随着生产力的发展、公司经营规模化和专业化水平的提高，公司的所有权与经营权出现分离，公司所有者将公司委托给管理者进行经营，公司所有者与管理者之间建立委托代理关系，公司所有者是委托人，公司管理者是代理人，委托代理关系实质上是公司所有者与管理者之间的一种契约关系（Jensen 和 Meckling，1976）。在公司所有权与经营权分离的情况下，公司所有者与管理者的目标函数不一致，公司所有者追求的是资本的保值增值和股东价值最大化，最终体现为公司利润最大化，而管理者追求的是自身效用最大化，如追求物质报酬、社会地位、在职消费、工作闲暇以及规避风险等等，公司所有者与管理者之间存在较严重的利益冲突。管理者直接参与公司的经营管理，掌握公司较多的内部信息，而公司所有者并不直接参与公司经营管理，掌握公司较少的内部信息。另外，公司所有者对管理者的行为信息也知之甚少，主要通过公司的业绩表现来衡量管理者的努力程度，当外部风险增大和不确定性增多时，公司业绩并不能准确反映管理者的努力程度，公司所有者与管理者之间存在严重的信息不对称。同时，由于公司所有者与管理者的风险偏好不同、责任不对等（Jensen 和 Meckling，1976），公司所有者与管理者之间的委托代理契约不完备，管理者为满足自身效用最大化会采取道德风险和逆向选择行为，从而损害公司所有者的利益，造成公司所有者与管理者之间的代理问题，增加了公司的代理成本，降低了公司绩效。因此，公司所有者必须建立一套满足参与约束和激励相容约束的制衡机制（契约）来激励、规范和约束管理者的行为，缓解公司所有者与管理者之间的代理问题，降低代理成本，从而提升公司绩效。

现代公司的所有者通过股东会与董事会形成信任托管关系，董事会雇佣管理层并与管理层形成委托代理关系，所有者通过股东会授权监事会对董事会和管理层进行监督，股东会、董事会、管理层和监事会构成了基本的公司治理结构。公司治理是处理公司所有者与管理者之间代理关系的有效途径，有效的公司治理机制设计和制度安排，如满足参与约束和激励相容约束的激励契约安排、管理者缴纳保证金制度和管理者剩余索取权配置制度等等，可以缓解公司

---

① 张维迎. 理解公司：产权、激励与治理. 上海：上海人民出版社，2014.

所有者与管理者之间的代理问题,从而降低公司的代理成本(Fama 和 Jensen,1983)。然而,由于人的有限理性和信息的不对称性,正式的公司治理机制和制度安排往往是不完备的,公司所有者与管理者之间的代理问题不能根本消除,这就要求非正式的企业伦理和道德行为规范作为正式的公司治理机制和制度的补充来约束管理者的道德风险和逆向选择行为,从而缓解公司所有者与管理者之间的代理问题。企业社会责任就是一种正式或非正式的制度安排和企业伦理行为规范,可以有效约束管理者的机会主义行为,企业社会责任履行可以缓解公司所有者与管理者之间的代理问题,降低公司的代理成本,提升公司绩效。此外,产品市场的竞争机制、资本市场的控制权接管机制、职业经理人市场的声誉机制也可以有效制约管理者的道德风险和逆向选择行为,缓解公司所有者与管理者的代理问题。[①] 公司的有效治理和企业社会责任履行可以缓解公司内部人控制问题,减少大股东对中小股东的剥夺。综上可知,公司治理和企业社会责任履行都可以缓解公司所有者与管理者、大股东与中小股之间的代理问题,降低公司的代理成本,从而提升公司绩效。

(七)利益相关者理论及其适用性分析

利益相关者理论是在对"股东至上"企业理论质疑和反思的基础上逐渐形成的(贾生华和陈宏辉,2002)。利益相关者理论的思想最早可追溯至 Dodd(1932)提出的观点"公司董事不仅要对股东负责,还要对其他利益主体负责,"[②] 利益相关者理论的萌芽出现。Penrose(1959)在其经典著作《企业成长理论》中提出了"企业是人力资本和人际关系集合"的观点,[③] 为利益相关者理论的形成奠定了一定的"知识基础"。美国斯坦福研究院(1963)首次提出了利益相关者的理论概念,并把与企业关系密切的人称为"利益相关者",传统的"股东至上"理论开始受到挑战。Ansoff(1965)首次将"利益相关者"一词引入企业管理和经济研究中,并指出平衡企业各利益相关者之间相互冲突的索取权是制定企业战略目标的前提,理论界和实务界开始关注利益相

[①] 凯文·基西,史蒂夫·汤普森和迈克·莱特. 刘宵伦和朱晓辉译. 公司治理——受托责任、企业和国际比较. 北京:人民邮电出版社,2013.

[②] Adolph Berle. For Whom Are Corporate Managers Trustees: A Note. Harward Law Review., 1932(68): 1365-1367.

[③] 伊迪丝·彭罗斯. 赵晓译. 企业成长理论. 上海:上海人民出版社,2007.

关者理论。① 美国沃顿学院（1977）开设利益相关者管理课程，并将利益相关者引入企业战略管理，西方理论界和实务界开始重视利益相关者理论。Freeman（1984）在其经典著作《战略管理：利益相关者方法》中首次对利益相关者的涵义进行了论述，并基于所有权、经济依赖性和社会利益三个维度对利益相关者进行了基本的分类，确立了利益相关者分析的理论框架，提出了系统完整的利益相关者战略管理框架模型，首次系统化了利益相关者理论，该著作被称为利益相关者理论的开山之作，利益相关者理论成为理论界和实务界研究的热点问题。Freeman 之后，Stigliz（1985）、Frederick（1988）、Charkham（1992）、Clarkson（1994、1995）、Blair（1995、1999）、Donaldson（1995）、Mitchell（1997）、Wood（1997）、Rowley（1997）、Wheeler（1998）、杨瑞龙（1997、1998、2000、2001）和李维安（1998、2001）等经济学家基于 Freeman 的研究范式进一步完善了利益相关者理论的整体框架，并拓展了利益相关者理论的实际应用及研究领域，如基于利益相关者理论的企业绩效评价和利益相关者之间的网络关系等等，利益相关者理论进一步丰富和完善。利益相关者理论从产生到形成比较完备的理论框架大致经历了三个发展阶段：影响企业生存阶段、实施战略管理阶段和参与权力分配阶段（李洋和王辉，2004）。

利益相关者的界定和分类是利益相关者理论的基础。国内外学者从不同视角对利益相关者进行了界定，最具代表性和典型性的是 Freeman（1984）和 Clarkson（1994）对利益相关者的界定（Mitchell 和 Wood，1997）。Freeman（1984）认为利益相关者是能够影响一个组织目标的实现，或者受到一个组织实现其目标过程影响的所有个体和群体，并将利益相关者分为所有权利益相关者（如股东、董事和高管人员等）、经济依赖性利益相关者（如员工、债权人、消费者、供应商、竞争者和社区等）和社会利益相关者（如政府和媒体等）。② Clarkson（1994）认为，利益相关者在企业中投入实物资本、人力资本、财务资本或一些有价值的东西，并由此承担了某些形式的风险，或他们因企业活动而承担风险。③ 另外，我国学者贾生华和陈宏辉（2002）结合 Freeman 和 Clarkson 的观点，对利益相关者的界定也具有一定代表性，他们认为利益相关者是那些在企业中进行了一定的专用性投资，并承担了一定风险的个体

---

① 贾生华，陈宏辉. 利益相关者的界定方法述评. 外国经济与管理，2002（5）：13-18.
② 弗里曼. 战略管理：利益相关者方法. 王彦华和梁豪译. 上海：上海译文出版社，2006.
③ Clarkson. M. E.. A Stakeholder Framework for Analyzing and Evaluating Corporate Social Performance. Academy of Management Review，1995，20（1）：92-117.

和群体,其活动能够影响企业目标的实现,或受到企业实现其目标过程的影响。[①] 理论界基于 Freeman（1984）的研究范式,采用多维细分法和米切尔评分法,从不同视角对利益相关者进行了分类（贾生华和陈宏辉,2002）。如 Frederick（1988）根据利益相关者对企业的影响方式,将利益相关者分为直接利益相关者（如股东、管理者、员工、债权人、供应商、消费者和竞争者等）和间接利益相关者（政府部门和媒体等）。Charkham（1992）根据利益相关者与企业之间是否存在交易性合同,将利益相关者分为契约型利益相关者（如股东、债权人、员工、供应商、分销商和顾客等）和公众型利益相关者（如消费者、政府、社区和媒体等）。Clarkson（1995）根据利益相关者与企业联系的紧密程度,将利益相关者分为主要利益相关者（如股东、员工、供应商和消费者等）和次要利益相关者（如政府、社区和媒体等）。Carroll（1996）根据利益相关者与企业关系的正式性和重要性,将利益相关者分为直接利益相关者和间接利益相关者,并进一步将利益相关者区分为核心利益相关者、战略利益相关者和环境利益相关者。Mitchell 和 Wood（1997）根据利益相关者的合法性、权力性和紧迫性,将利益相关者分为确定型利益相关者（如股东、雇员和顾客等）、预期型利益相关者（如投资者、雇员、政府、社会组织和媒体等）和潜在型利益相关者。Wheeler（1998）根据利益相关者的社会维度的紧密程度,将利益相关者分为一级社会利益相关者（如投资者、雇员、供应商、顾客和社区等）、二级社会利益相关者（如居民和社会团体等）、一级非社会利益相关者（如自然环境等）和二级非社会利益相关者（如人类物种等）。[②] 科学合理的利益相关者界定和分类提高了利益相关者理论的可操作性,促进了利益相关者理论的应用和发展。

利益相关者理论认为,企业生存与发展的物质基础是企业各利益相关者投入的专用性资本,不仅包括股东投入的股权资本,还包括债权人投入的债权资本、高管人员投入的专用性智力资本、员工投入的人力资本、消费者、供应商和客户投入的市场资本、政府投入的公共环境资本和社区投入的经营环境资本等等（杨瑞龙和周业安,2000；张兆国等,2007、2012、2013）,企业受到其包括资本投资者在内的所有利益相关者的委托（许叶枚,2009）。企业各利益

[①] 贾生华,陈宏辉. 利益相关者的界定方法述评. 外国经济与管理,2002（5）：13-18.
[②] 弗里曼,哈里森等. 盛亚,李靖华等译. 利益相关者理论：现状与展望. 北京：知识产权出版社,2013.

相关者的积极参与和投入是企业稳健发展的保障，企业的各利益相关者从企业发展中获益的同时也承担了企业的剩余风险或付出了一定的代价（Blair，1995）。企业在本质上是投入专用性资本的各利益相关者缔结的"一组契约"（Coase，1937；Williamson，1975；Jensen 和 Meckling，1976；Freeman 和 Evan，1990；Margaret，1999），Donaldson 和 Dunfee（1994）把企业与其各利益相关者之间所有的显性和隐性契约称为综合性社会契约。企业不仅肩负着实现股东利益最大化的契约责任，同时还肩负着对其他利益相关者的伦理责任（Goodpaster，1991），企业要平衡各利益相关者的利益诉求，妥善解决各利益相关者的利益冲突，满足各利益相关者的合法权益，企业追求的目标应该是包括所有利益相关者在内的企业价值最大化和综合社会福利最大化，而不仅仅是股东价值最大化（Freeman，1984；Blair，1995）。利益相关者理论的基本出发点是企业社会责任，其基本要求和思想精华是伦理管理（刘利，2009），利益相关者理论指明了企业社会责任履行的动因，对企业社会责任履行的对象做出了科学合理的界定，为企业社会责任履行的定量评价提供了一个独特的视角和可操作的方法（赵建梅，2010；陈昕，2011）。总之，利益相关者理论为企业社会责任研究提供了一种基础理论框架，促进了企业社会责任研究的发展。

随着知识经济和网络经济的深入发展，人力资本及其他专用性资本的重要性日益凸显。在现代公司中，股东承担有限责任，并可以通过资产投资组合或选择退出等分散或规避其风险，员工和债权人等利益相关者承担了一定的剩余风险，因此，在企业管理中要考虑利益相关者的利益，注重利益相关者的分析方法（Freeman，1984）。利益相关者理论认为，企业各利益相关者之间的利益具有平等性，不存在实现利益相关者利益的优先顺序，在公司治理中不仅要强调股东的权益和管理者的权威，还要强调利益相关者的参与和对管理者的监督（杨瑞龙和周业安，1998）。利益相关者理论对"股东至上"的治理理论提出了挑战，为企业利益相关者参与公司治理提供了理论依据，促进了公司治理理论的发展，并逐渐形成了利益相关者参与公司治理的典型模式：共同治理和相机治理。国内外学者（Freeman 和 Evan，1990；Blair，1995、1999；杨瑞龙，1997、1998、2000、2001；李维安，1998、2001 等）也从人力资本、资产专用性和公司治理机制等视角论证了利益相关者参与公司治理的重要性，指出了利益相关者"共享治理"的优势。利益相关者参与公司治理有利于维护企业与各利益相关者之间的长期稳定关系，有利于减少企业经营的不确定性和代理成本，从而提升公司绩效（陈茜，2007），利益相关者参与公司治理还有利于企业的长远发展和持续发展。经济合作与发展组织（OECD，1999）在其发布的《公司治理结构原则》中，明确指出了利益相关者在公司治理结构中重要性，中国证监会（2002）在其发布的《上市公司治理准则》中，明确规定了利益相关者参与公司治理的相关内容，从制度层面凸显了利益相关者参与公司治理的重要性。在实践中，欧洲大陆法系国家（如德国）的员工参与制、日本的主银行制以及英美推行的外部董事制度，都是利益相关者参与公司治理的有益探索（卢代富，2002）。此外，利益相关者也可以通过非正式方式（如游说、隐性代理人、动员集体行动和路径等策略）参与公司治理（赵晶和王明，2016）。企业的生存和发展与各利益相关者专用性资本的投入和积极参与密切相关，企业各利益相关者应分享企业的剩余索取权和控制权（王涛，2005）。在公司治理制度安排中，通过剩余索取权的合理配置以实现各利益相关者的合法权益，通过控制权的合理配置以实现各利益相关者的制衡和约束，从而实现各利益相关者的动态均衡。由于企业的利益相关者众多，全体利益相关者直接参与公司治理会造成诸多问题，如全体利益相关者的识别和协调成本过高、全体利益相关者直接参与决策会造成效率损失和企业创造性降低等等，全体利益相关者直接参与公司治理的可行性和可操作性并不高（张维迎，1996；Wilkinson，1999；杨瑞龙，2001；张爱国，2004；王涛，2005；王新磊，2007；刘利，2009），而企业的核心利益相关者（股东、管理者和员工）是股东利益最大化与兼顾所有利益相关者利益之间的一个平衡（陈宏辉，2004），企业的核心利益相关者直接参与公司治理具有可行性和可操作性（张茜，2007）。因此，在公司的治理结构中，公司的核心利益相关者直接参与公司治理，非核心利益相关者为维护自身的合法权益，通过市场机制、行政立法和中介组织等途径积极对公司管理层进行监督，从而规范公司管理层的行为。同时，公司的管理者要不断提升自身素质和道德修养，培养感恩情怀，在战略制定和日常决策中充分考虑各利益相关者的利益，积极履行公司各利益相关者的受托责任，切实保障各利益相关者的合法权益。[①] 公司治理的最终目标是非核心利益相关者合法权益得到保障下的核心利益相关者利益最大化和企业价值最大化（Jensen，2005；冯根福，2006；徐向艺和徐宁，2011）。

[①] 凯文·基西，史蒂夫·汤普森和迈克·莱特. 刘宵伦和朱晓辉译. 公司治理——受托责任、企业和国际比较. 北京：人民邮电出版社，2013.

（八）资源基础理论及其适用性分析

资源基础理论是战略管理的一个重要理论，是关于企业持续竞争优势的来源和企业绩效存在差异的理论，为战略管理研究开辟了新的视角。资源基础理论的思想最早可追溯至 Smith（1776）在其经典著作《国富论》中提出的劳动分工理论，Smith 认为，企业内部分工的性质和程度是影响企业规模经济效益的主要因素，决定着企业的规模界限。[1] 基于 Smith 的劳动分工理论，Marshall（1920）提出了企业内在成长理论，Penrose（1959）又从企业内部知识积累方面对其进一步完善。Wernerfelt（1984）的经典著作《企业的资源基础论》的发表标志着资源基础理论的正式形成，资源基础理论开始受到理论界和实务界的重视。Wernerfelt 之后，Rumelt（1982、1984、1991）、Hrebinniak（1985）、Barney（1986、1991、2002）、Peteraf（1993）和 Grant（1996）等又对资源基础理论进行了深入研究，并对其进一步完善。特别是 20 世纪 90 年代以来，资源基础理论被广泛应用于人力资源管理（Wright，1994、2001；Lado 和 Wilson，1994）、经济学和企业理论（Combs 和 Ketchen，1999；Lockett 和 Thompson，2001）、企业家（Alvarez 和 Busenitz，2001）、营销（Srivastava、Fahey 和 Christensen，2001）以及国际企业（Peng，2001）等研究领域，并逐渐形成了企业能力理论（Prahalad 和 Hamel，1990；Foss，1993；Teece，1996）和企业知识理论（Kogut 和 Zander，1992、1996；Spender，1996），资源基础理论的理论框架体系进一步丰富和完善。

资源的异质性是资源基础理论的基础（Wernerfelt，1984），资源基础理论认为，企业是企业各利益相关者投入的异质性资源（包括能力）的集合体，企业拥有和控制资源的异质性决定了企业的异质性（Wernerfelt，1984；Hrebinniak，1985；Barney，1986、1991、2002）。企业拥有和控制的异质性资源分为有形资源、无形资源和组织能力（Barney，1991），如股东投入的股权资本、债权人投入的债权资本、高管人员投入的专用性智力资本、员工投入的人力资本、消费者、供应商和客户投入的市场资本、政府投入的公共环境资本和社区投入的经营环境资本（杨瑞龙和周业安，2000；张兆国等，2007、2012、2013），以及企业的能力、信息、组织流程等等。现实中各企业拥有和控制的资源是不同质的，而且企业的不同质资源也不可能无成本地在企业间自由流动

---

[1] 亚当·斯密. 国富论. 上海：世界图书出版公司，2009.

（Barney，1986、1991）。尽管企业外部的市场机会和竞争关系对企业的竞争优势和竞争能力有一定的影响，但企业可持续的竞争优势是由企业所拥有和控制的稀缺的、有价值的、不可完全被竞争对手模仿的和组织的异质性资源决定的（Wernerfelt，1984；Hrebinniak，1985；Barney，1986、1991、2002）。企业拥有或控制的异质性资源及其配置效率决定了企业的战略选择，企业战略决定企业绩效，企业拥有和控制的异质性资源的差异造成了企业间绩效的差异（Wernerfelt，1984；Barney，1986、1991；Peteraf，1993），企业拥有和控制的资源最终决定了企业绩效。资源基础理论与以 Porter 为代表的企业竞争优势外生论不同，更强调企业内生增长的创建与积累，强调企业内部资源、知识和能力的创建和积累是企业获取持续竞争优势的关键。与委托代理理论相比，资源基础理论也更强调人力资本（高管层）在公司治理中的作用（Castanias 和 Helfat，2001）。

公司治理和企业社会责任履行是企业在"不完全"的要素市场中获取异质性资源的保障。公司治理与企业社会责任履行是企业持续发展的战略选择，是将企业的资源优势转化为竞争优势的有效途径。公司的有效治理本身就是公司获取持续竞争优势的异质性资源，公司的有效治理可以缓解公司的代理问题，降低代理成本。公司的有效治理可以给投资者带来丰厚的回报，提高公司的声誉，从而增强投资者信心，提升公司的融资便利性和融资能力，降低公司的融资成本。企业社会责任是维护企业与各利益相关者关系基础的无形资产（权小锋、吴世农和尹洪英，2015），企业社会责任履行可以吸引具有较强责任感的消费者（Hillman 和 Keim，2001），可以从具有强烈社会责任感的投资者手中获取财务资本（Kapstein，2001），从而提高公司的融资便利性和融资能力（Ioannou 和 Serafeim，2014），甚至可以帮助遭遇财务困难的公司迅速度过财务危机（Chio 和 Wang，2009）。企业社会责任履行切实维护了企业各利益相关者的合法权益，因此企业各利益相关者也会更关注企业的发展，从而可以降低企业的激励成本和减少企业的机会主义行为，最大限度地降低企业的代理成本。企业社会责任履行可以提高企业声誉，企业各利益相关者也会基于信任与企业建立长期稳定的关系，降低企业的交易成本，提升企业绩效（Freeman et al.，2007）。企业社会责任履行可以提高企业的合规性和政治合法性，可以降低政府及监管部门的管制，获取较宽松的经营环境，获取政府的政策性补贴和税收优惠。例如企业为消费者提供高质量的产品或高品质的服务，可以提高公司的品牌知名度和影响力，还可以提高消费者对公司产品或服务的忠诚度，从而提高公司的可持续盈利能力。再如企业保护员工的合法权益，采取有效的激励，如舒适的工作条件、有竞争力的薪酬以及成长和晋升机会等等，可以提高员工的归属感和认同度，激发员工的工作积极性、主动性和创造性，同时吸引更多的优秀人才加入企业。

企业良好的声誉、独特的企业社会责任文化、与客户及供应商之间长期稳定的合作关系、较宽松的经营环境、投资者信心、消费者忠诚、员工归属感和认同度等等都是企业无形的、不易被竞争对手模仿或获得的、有价值的异质性资源，是企业核心竞争力培育的关键资源（王唤明和江若尘，2007）。随着经济全球化、知识经济和网络经济的深入发展，管理者的专用性人力资本、创新与企业家精神，企业的声誉、商誉以及先进的组织文化越来越成为企业超越竞争对手获得持续竞争优势的异质性资源，而这些资源获取的关键是公司的有效治理和企业社会责任的真正履行。同时，通过公司治理和企业社会责任履行可以将企业的资源优势真正转化为企业持续性的竞争优势，从而提升企业绩效。

（九）可持续发展理论及其适用性分析

20世纪后半叶以来，随着人口增长压力不断加大、能源资源短缺不断严重、生态环境恶化进一步加剧，人类开始对传统的发展理论和发展模式进行反思，可持续发展作为一种全新的发展观应运而生，但可持续发展思想和理念的形成也经历了一个漫长的过程。1962年的《寂静的春天》、20世纪70年代的《只有一个地球》、《增长的极限》和《濒临失衡的地球》的相继问世，引起了人们对传统发展模式的重视，可持续发展的思想开始出现。1980年，国际自然保护同盟制定了《世界自然保护大纲》，"可持续发展"一词首次在国际性文件中被提出。1987年，世界环境与发展委员会发布了题为《我们共同的未来》报告，首次正式提出了可持续发展的概念和模式，奠定了可持续发展理论的基本框架，可持续发展的思想和理念得以形成。1992年，联合国在里约召开世界环境与发展大会，共同签署了《21世纪议程》，可持续发展的理念和行动得到了世界各国或地区的共识和普遍认同。1992年之后，国内外学者开始深入研究可持续发展问题，并将可持续发展理论从最初的生态学领域扩展到经济学、社会学等领域，形成了比较完备的可持续发展理论体系。[①]

关于可持续发展的内涵，目前比较有代表性的、已被世界各国普遍接受的

---

① 中国可持续发展研究会. 可持续发展的回顾与展望. 北京：社会科学文献出版社，2010.

是世界环境与发展委员会给出的界定：可持续发展是既满足当代人的需要，又不对后代满足其需要的能力构成威胁的发展。[①] 此外，国内外学者和国际组织还从自然属性、社会属性、经济属性和科技属性等视角对可持续发展的内涵进行了界定。[②] 可持续发展注重人与自然关系的平衡（外部响应）、人与人之间关系的协调（内部响应）（牛文元，2012）。可持续发展体现在经济可持续、生态可持续和社会可持续的协调统一，经济可持续是基础和前提，生态可持续是条件，社会可持续是最终目标。人类在发展过程中不仅要注重经济效率，同时还要关注生态和谐与社会公平，最终实现人的全面发展。可持续发展揭示了"发展、协调、持续"的系统本质、反映了"动力、质量、公平"的有机统一、创建了"和谐、稳定、安全"的人文环境、体现了"速度、数量、质量"的绿色运行（牛文元，2012）。可持续发展的理念和思想被全球认同之后，国内外学者和国际组织对可持续发展理论进行了深入研究，可持续发展理论得到迅速发展，并逐渐完备，目前主要形成了资源永续利用理论流派、外部性理论流派、财富代际公平分配理论流派和三种生产理论流派等。[③] 可持续发展理论也形成了强可持续性和弱可持续性两种研究范式（刘鸿明和邓久根，2010）。近年来，可持续发展理论和实践又取得新的进展，突出表现在地球系统观、生态文明思想、低碳经济概念（齐晔和蔡琴，2010）和科学发展观（常江和王忠民，2010）等方面。

企业作为重要的微观经济行为主体，其行为对经济、社会和生态环境具有重要影响。企业可持续发展是实现经济、社会可持续发展的重要途径和保障，是经济、社会可持续发展的微观基础（孙海刚，2008）。随着全球环境、生态、资源及劳工保护问题凸显，特别是在企业实际经营过程中，出现的环境污染、员工工作条件恶化、假冒伪劣产品、虚假宣传、拖欠员工工资和供应商货款、偷税漏税、恶意收购以及财务造假丑闻等等问题，对企业的可持续发展构成严重威胁，造成大量企业破产倒闭，如美国的安然、世通公司破产、中国的三鹿乳业破产等等，企业的可持续发展问题开始受到理论界和实务界重视，学者们（Porter，1985；Senge，1990；Hammer 和 Champy，1993；Hart，1997；Geus，1998；Robinson，2000；等等）开始把宏观的可持续发展理论运用到企

---

① 世界环境与发展委员会．王之佳和柯金良等译．我们共同的未来．长春：吉林人民出版社，1997．

②③ 中国可持续发展研究会．可持续发展的回顾与展望．北京：社会科学文献出版社，2010．

业发展的微观领域，逐步形成了较完备的企业可持续发展理论体系，同时还形成了一些关于企业可持续发展的非政府组织，比较有影响力的如世界可持续发展工商理事会（WBCSD，1995）等。企业可持续发展是一个系统工程，企业要实现可持续发展必须综合考虑生态效益、经济效益和社会效益的有机统一，不能为片面追求经济效益而牺牲生态效益和社会效益。企业要通过持续的理念创新、管理创新和产品创新来保持其持续的竞争能力，改变其经营、产品、服务和活动的方式，不断突破企业外部限制（如资源和环境等）和自身瓶颈（如增长不足、增长过度和产品生命周期等），获得持续健康发展，从而实现企业利益相关者利益最大化和全社会福利最大化。如果企业仅以追求股东利益最大化为目标，就容易造成企业管理层的短视行为和机会主义行为，更有甚者会出现以损害其他利益相关者的利益为代价来实现股东利益最大化的现象，不利于企业的健康持续发展。

公司治理和企业社会责任履行是企业可持续发展的重要影响因素（吴磊，2015），公司治理与企业社会责任履行分别是对企业的经济价值承诺和社会价值承诺，二者统一于企业的可持续发展目标（易开刚，2011）。公司治理的改善和积极主动地企业社会责任履行也是实现企业可持续发展的战略选择和有效途径，通过有效的内部治理机制设计与安排以及外部治理环境的改善，来约束管理层的短视行为和机会主义行为，从而缓解公司的代理问题，降低公司的代理成本，实现公司的健康持续发展。企业社会责任履行可以切实维护企业各利益相关者的合法权益，有利于公司声誉和商誉的建立，有利于维护企业与各利益相关者长期稳定的合作关系，从而降低公司的交易成本，提高企业发展的可持续性。企业社会责任履行有利于企业与其利益相关者利益共同体战略关系的构建，有利于优质资源集聚于企业，从而促进企业全面、协调和可持续发展（易开刚，2008）。企业通过不断提高企业社会责任意识和加强企业社会责任管理，如制定企业社会责任战略和培育企业社会责任文化等，更积极主动地履行企业社会责任，可以获得企业各利益相关者持续的专用性资本的投入或积极参与，从而提升企业的核心竞争能力和可持续发展能力（张兆国和梁志钢等，2012）。

二、机理分析及理论框架构建

基于以上理论分析和前文的文献梳理，本部分进一步对公司治理、企业社会责任履行与公司绩效之间的内在逻辑关系进行分析，并在此基础上构建本书的理论框架。

（一）公司治理对企业社会责任履行的影响机理分析

公司治理产生于现代公司所有权与经营权的分离，企业社会责任源于"权力—责任"模型下公司所拥有的社会权力（沈洪涛，2007），公司治理和企业社会责任具有同源性、共生性（王长义，2007；高汉祥和郑济孝，2010；高汉祥，2012）和整合性（Marsiglia 和 Falautano，2005；韵江和高良谋，2005；Clarke，2007；易开刚，2011），企业社会责任履行是公司治理的一个维度（Kendall、OECD，1999；Ho，2005），有效的公司治理是促进企业社会责任履行的基础和途径（Hancock，2005；Barney，2007）。公司治理解决的主要是效率问题，公司治理制度与治理机制的合理安排可以提升公司的运行效率。企业社会责任履行解决的是公平问题，企业社会责任履行是公平对待所有利益相关者的体现，注重效率兼顾公平，才能充分调动企业各利益相关者的积极性、主动性和创造性，实现公司价值最大化。企业社会责任是相对较抽象的概念，企业社会责任履行必须通过公司治理的制度安排来解决（刘连煜，2001；沈维涛和陈君，2005；Collins，G. N. 和 Soobaroyen，S.，2013），通过有效的内部治理结构和治理机制的设计与安排以及外部治理环境的改善来促使企业更好地履行企业社会责任（卢代富，2002；张兆国，2008），特别是基于企业社会责任理念对公司治理结构和公司治理机制进行重构，有利于调动公司利益相关者参与公司治理的积极性和主动性，从而有利于促进企业社会责任履行（王竹园，2008；王阳，2009）。

公司外部治理环境和公司内部治理构成了现代公司治理的两个方面（Young 和 Thyil，2008）。公司内部治理结构和治理机制决定着公司利益在公司不同产权所有者之间的分配、协调与制衡，在很大程度上影响着公司决策者及高管人员针对企业发展的战略决策、投资行为及基本经营行为的形成与演进，从而对企业社会责任履行具有重要影响（何杰和曾朝夕，2010）。公司的有效治理可以有效抑制管理层的机会主义行为和大股东或控股股东的"隧道行为",公司各利益相关者的合法权益得到有效保护(白重恩和刘俏等,2005),从而促进企业社会责任履行。外部治理环境是公司生存与发展的宏观制度基础,外部治理环境对公司内部治理机制具有基础性影响(夏立军和方轶强,2005),市场化水平的提高、产品市场和要素市场(特别是职业经理人市场)的完善均有利于公司治理的改进,从而改善公司的企业社会责任履行。此外,外部治理环境的压力与制约,如资源短缺和自然环境的不断恶化所形成的资源环境约束、社会文化和伦理道德的约束、政府法律法规制度的制约、非政府组织和国际组织的压力、消费者互动的压力、社会公众与新闻媒体的舆论压力等等,都对公司的企业社会责任履行具有正向促进作用(谢文武,2011;陈智和徐广成,2011;汪海菲,2013)。在我国特殊的制度背景及转轨经济背景下,政治关联是正式制度的有益补充或替代,政治关联也构成了特殊的外部治理环境,政治关联型企业更容易受到政府的直接干预,会承担更多的企业社会责任,特别是在受到较强政治压力时,企业会采取基于企业社会责任的策略来处理其与政府的关系,从而达到其"政治合法性"(郭剑花,2011;Zhao,2012)。外部治理环境构成了企业社会责任履行的外在压力,外在压力激活了企业社会责任履行的内生动力,从而促进了企业社会责任履行。

(二)企业社会责任履行对公司绩效的影响机理分析

企业社会责任履行与公司绩效之间的关系,一直以来都是国内外学术界关注和争论的焦点。厘清企业社会责任履行对公司绩效的影响机理,有助于深化对企业社会责任本质与理论的理解,从而促进企业社会责任理论的发展,同时还有助于促进企业在实践中提高企业社会责任意识,并积极主动地履行企业社会责任。

现代企业是各利益相关者组成的利益共同体(张兆国和靳小翠等,2013),在本质上是投入专用性资本的各利益相关者缔结的"一组契约"(Coase,1937;Williamson,1975;Jensen 和 Meckling,1976;Freeman 和 Evan,1990;Margaret,1999),在契约履行过程中,形成了股东与管理层之间、债权人、员工、客户、供应商、消费者、政府社区等与管理层或股东之间的多种委托代理关系,由于信息不对称的存在而形成了多种代理问题(Hill 和 Jones,1992;张兆国和靳小翠等,2013)。企业社会责任履行作为一种信号传递机制,可以降低各类委托人与代理人之间的信息不对称程度,缓解企业的代理问题,从而降低企业的代理成本,提升公司绩效。同时,企业社会责任履行还可以向社会公众传递企业遵纪守法、经营良好、关注环境等信息,从而产生价值效应(李姝和谢晓嫣,2014)。企业社会责任履行可以更好地满足企业各利益相关者的利益诉求,使企业与各利益相关者保持长期稳定的契约关系和良好的交易关系,较易获得企业生存与发展的各种资本和良好的经营环境,从而降低企业经营风险,最终降低企业的交易成本,提升公司绩效。企业社会责任履行可以提高企业的合法性,特别是重污染行业的企业,企业社会责任履行可以改善其与政府监管部门的关系,减少政府监管部门的规制,降低企业的规制成本和经营风险,从而提升公司绩效。企业社会责任履行,特别是对股东和债权人责任的履行可以提高企业的融资便利性,降低企业的融资成本。企业社会责任履行可以提高企业声誉,提高消费者或客户的品牌忠诚度,形成企业难以被竞争对手模仿的无形资源,积累更多企业社会资本,从而培养企业的核心竞争力,使企业在市场竞争中处于优势地位。企业社会责任履行可以提高员工的工作积极性、主动性和创造性,提升员工的工作效率,吸引更多优秀人才加入企业,提高企业的人力资本存量和质量,从而提升企业的劳动生产率。企业社会责任履行还可以有效解决市场失灵问题,从而对企业绩效产生正向影响。总之,企业社会责任履行是一种价值创造机制(张兆国和靳小翠等,2013),对企业来说是"互利双赢"的机制,而不仅仅是一种简单的利他主义,企业社会责任履行有利于实现企业价值最大化和利润最大化的战略目标(Wild et al.,2001)。

(三)公司治理与公司绩效:企业社会责任履行的中介效应机理分析

关于公司治理与公司绩效之间的关系,国内外学者进行了深入研究,已形成了大量的研究成果,国内外学术界和实务界也已形成共识——有效的公司治理可以提升公司绩效,但企业社会责任履行对公司治理与公司绩效中介效应的研究相对较少。有效的公司治理可以抑制管理层的机会主义行为和短期行为,有利于缓解公司的代理问题和实现公司决策的科学化,使管理层与股东的目标函数最大限度地趋于一致,从而降低公司的代理成本和交易成本,提升公司绩效,最终实现企业的健康持续发展。企业是在一定的经济和社会制度背景下运行的,外部经济和社会制度环境对企业运行具有重要影响。我国所特有的外部治理环境对公司治理具有重要影响,完善的外部治理环境与公司内部治理形成互补关系,从而有效约束管理层的机会主义行为和短期行为,缓解企业的代理问题和实现决策的科学化，降低企业的代理成本和交易成本，提升公司绩效。市场是资源配置的一种形式，市场化程度决定了资源的配置效率，市场化程度越高越能为企业营造一个公平竞争的环境和降低企业的信息不对称程度，降低公司的代理成本和交易成本，从而提升公司绩效，最终有利于企业的健康持续发展。在我国特殊的制度背景及转轨经济背景下，政治关联是正式制度的有益补充和替代，政治关联也是重要的外部环境，政治关联可以帮助企业获得融资便利（如国有银行贷款等）、税收优惠、政府补贴和较高的市场地位和影响力，因此，政治关联对企业来说是一种价值资源（Fisman.，2001；Johnson 和 Mitton，2003；Li 和 Meng et al.，2008；Goldman 和 Rochl，2009；徐晋和贾馥华等，2011；张川和娄祝坤等，2014）。

经济行为者的行为受到习惯、惯例和道德规范等的非正式约束和国家强制执行的法律、法规和经济制度等的正式约束（North，1990）。法律法规和公司制度（如《公司法》、《上市公司治理准则》和公司制度等）构成了我国公司治理的正式的制度安排，企业社会责任由一系列正式制度（如我国《公司法》第五条明确规定企业要履行社会责任）和非正式的习惯、惯例和道德行为规范等构成，公司治理和企业社会责任可以有效约束管理层的机会主义行为和短期行为，从而可以缓解企业代理问题和促进企业决策的科学化，产生价值创造效应，有利于企业绩效提升和健康持续发展。公司治理是服务于企业价值创造的一系列制度安排，企业社会责任履行也是企业价值创造的重要影响因素，公司治理与企业社会责任分别是对企业经济价值和社会价值的承诺，二者均对公司绩效具有显著影响。

在以委托代理关系为基础的现代公司中，公司内部治理结构和治理机制决定着公司利益在公司不同产权所有者之间的分配、协调与制衡，在很大程度上影响着公司决策者及高管人员针对企业发展的战略决策、投资行为及基本经营行为的形成与演进，从而对企业社会责任履行具有重要影响（何杰和曾朝夕，2010）。公司的有效治理可以有效抑制管理层的机会主义行为和大股东或控股股东的"隧道行为"，公司各利益相关者的合法权益得到有效保护（白重恩和刘俏等，2005）。有效的公司治理是促进企业社会责任履行的基础和途径（Hancock，2005；Barney，2007）。企业社会责任履行可以提高公司的创新能力、增强公司的市场竞争能力和降低公司的非系统性风险（Sun 和 Cui，2014），企业社会责任履行作为信号传递机制、交易实现机制和价值创造机制可以有效提升公司绩效（张兆国和靳小翠等，2013）。从企业的长远持续性发展视角来看，企业社会责任属于企业的战略范畴，融入企业社会责任理念的企业战略，必将对企业组织架构的设计理念、公司治理结构和层次、治理机制的安排产生深刻影响（易开刚，2011），在公司治理中融入企业社会责任理念可以促进公司治理的改善和良性发展（王长义，2007；买生和杨英英等，2015）。因此，企业社会责任履行对公司治理与公司绩效具有中介效应，公司治理可以促进企业社会责任履行进而提升公司绩效。

基于以上公司治理、企业社会责任履行与公司绩效影响机理分析，构建本书的理论框架如下：

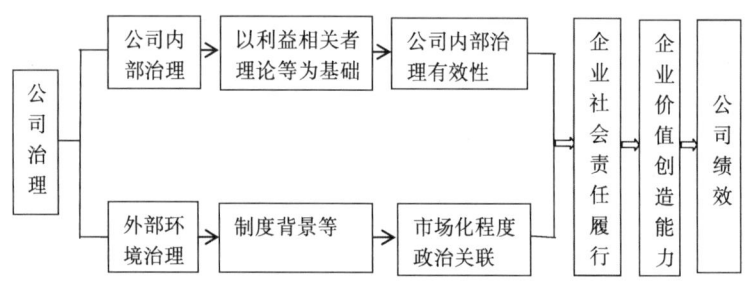

图 3-1 理论框架

三、本章小结

本章具体分析了产权理论、交易成本理论、信息不对称理论、外部性理论、不完全契约理论、委托代理理论、利益相关者理论、资源基础理论和可持续发展理论及其对本书的适用性，构建了本书的理论基础。本章进一步分析了公司治理、企业社会责任履行与公司绩效的影响机理，构建了本书的理论框架。理论研究是实证研究的基础和前提，本章为后续实证研究奠定了理论基础，形成了后续实证研究的逻辑框架。

第四章 公司治理与企业社会责任履行实证研究

一、引言

企业作为重要的微观经济行为主体,其行为对经济增长、社会发展以及生态环境均具有重要影响。中国经济持续了30多年的高速增长,企业发挥了举足轻重的作用,但一些落入"利润陷阱"企业的"唯利是图"行为,如虚假广告、假冒伪劣、过度压榨员工、偷税漏税、资源浪费、污染环境等,造成了一系列"外部不经济"事件。[①] 企业社会责任的缺失,损害了企业利益相关者的切身利益,增加了企业的运营风险,造成了严重的社会问题。20世纪90年代全球性企业社会责任运动的兴起和企业社会责任理念的广泛传播,企业社会责任履行逐渐深入人心。随着新媒体等信息传播技术的发展与进步,大量的企业社会责任问题被披露出来,加大了企业面临的企业社会责任履行压力(Wang et al.,2015),企业社会责任履行问题越来越成为国内外理论界、实务界、政府部门、国际组织乃至全社会关注的焦点。特别是利益相关者理论的提出为企业社会责任履行奠定了理论基础,企业社会责任逐渐被证明是实践中有价值的"真命题",企业社会责任履行是弥补"市场失灵""政府失灵"和"社会失灵"的重要机制(肖红军和李伟阳等,2015)。企业嵌套于社会网络

[①] 如我国接连发生的环境污染和生态破坏事件,以及"矿难事件""三鹿奶粉事件""瘦肉精事件""富士康员工跳楼"事件、"魏则西"事件等等。

之中，企业与外部利益相关者的关系越来越紧密，企业的生存与发展离不开其与各利益相关者的紧密协作与资源整合，企业要兼顾其诸多利益相关者的利益诉求，平衡"利润最大化"与"企业社会责任履行"。越来越多的企业逐渐认识到企业社会责任履行的重要性，① 将企业社会责任提升到企业战略高度，通过设立企业社会责任委员会、制定企业社会责任战略、培育企业社会责任文化等途径，积极主动地履行企业社会责任。Baskin 和 Gordon（2005）研究发现，在《财富》世界 250 强公司中，超过半数的公司主动披露企业社会责任履行报告。张蒽和王梦娟等（2016）研究发现，中国企业也越来越重视企业社会责任履行，2015 年中国有 1703 家企业发布了年度企业社会责任报告。政府部门通过制定或修改相应的法律法规和政策，② 国际组织和行业协会也通过制定相应的企业社会责任标准，③ 来促使企业社会责任履行。社会公众通过制造舆论压力（贾兴平和刘益，2014），消费者通过"货币投票权"等途径来抵制企业社会责任缺失的行为。随着经济全球化进一步深化，企业社会责任已成为企业必须面对的重要的全球市场发展要素（Zilberg，2010），企业社会责任越来越成为企业管理创新的重要方向（张振刚和李云健等，2016），企业要获得健康持续发展，必须切实维护企业各利益相关者的合法权益，积极履行企业社会责任。在我国经济步入由规模数量型向质量效益型转变、宏观经济温和换挡的新常态以及全球经济复苏乏力的背景下，如何促使企业社会责任履行的问题仍

---

① 如英特尔公司为农村信息化建设提供免费培训，以改善农村生活；恒大地产集团自成立至今的 20 年间，已累计捐款超过 30 亿元，2015 年 12 月 1 日又与贵州省毕节市大方县签订精准扶贫协议，计划三年内无偿投入 30 亿元支持大方县 18 万贫困人口脱贫。万科集团在其《企业社会责任绿皮书中》明确提出其企业社会责任行为：(1) 从自身出发、从行业出发、从经营出发，通过自己努力，减少对社会的冲击和破坏；(2) 通过自我完善，满足相关利益群体的需求；(3) 追求企业与自然、社会的和谐。TCL 集团近十年来已累计超过亿元进行捐资助学，并多次荣获"中华慈善奖"与"中国最受尊敬企业奖"等奖项。加多宝自 2001 年启动"加多宝·学子情"爱心助学行动以来，累计捐款超过 7000 万元，帮助 14000 多名贫困学生圆梦大学。等等。

② 如英国《公司法》修正案（1980）明确规定，公司董事必须充分考虑雇员的利益；美国《公司治理原则》（1984）明确指出，公司要对社会承担一定的责任；我国《上市公司治理准则》（2002）、《公司法》（2005）、深证证券交易所《上市公司企业社会责任指引》（2006）和《关于中央企业履行社会责任的指导意见》（2008）等也明确规定，公司要切实维护其各利益相关者的利益，积极履行社会责任。另外，党的十八届三中和四中全会明确指出，国有企业改革要以承担社会责任为重点，要加强企业社会责任履行立法。等等。

③ 如联合国《全球契约》、经济合作与发展组织（OECD）《跨国公司指南》、国际社会问责制组织《企业社会责任国际标准》（SA8000）、国际标准化组织（ISO）ISO26000《社会责任指南》、国际认证联盟（IQNet）SR10《社会责任管理体系》和中国工业经济联合会等发布的《中国工业企业及工业协会社会责任指南》等。

值得进一步深入探讨。

企业社会责任履行的动因和影响因素一直是理论界关注的重点,国内外学者对此进行了深入研究。现有文献主要从合法性动机、经济动机、利他主义和管理层自利主义等视角来探讨企业社会责任履行的动因(Campbell et al.,2002;Zhang et al.,2010)。合法性动机认为,企业行为受到其所在外部环境的约束,尤其要受到其所在制度环境的强制性制约。政府也会出于增加就业、社会稳定及政治晋升等目的,对企业社会责任履行具有一定的鼓励导向和心理预期,并表现出一定的行政指令性(张振刚和李云健等,2016),通过制定法律法规强制企业社会责任履行,而企业社会责任履行可以提升企业的合法性,从而缓解制度"硬约束"和政府管制,帮助企业获得其生存和发展所需的资源(Campbell et al.,2007)。经济动机认为,企业的生存与发展,离不开其利益相关者的积极参与和资源整合,企业与其利益相关者博弈的水平最终决定了企业行为的方向和尺度,企业社会责任履行是企业实现利润最大化目标的一种市场竞争策略和逐利行为(Baron,2001),企业社会责任履行可以提高其知名度和树立良好的品牌形象,从而改善其经营业绩(Minor et al.,2011)。利他性观点认为,企业家的道德修养和企业伦理文化对企业社会责任履行具有重要影响(Bansal et al.,2003),企业为了其他利益相关者的利益会自愿牺牲自身利润(Elhauge,2005),企业社会责任履行是股东对企业利益相关者的"捐赠"(Friedman,1970)。管理层自利观点认为,企业管理者出于个人在职业经理人市场上的声誉动机往往会加大企业社会责任履行力度,甚至过度投资企业社会责任活动(Jensen,2001)。

关于公司治理对企业社会责任履行影响的研究,现有研究主要从公司治理的某一具体治理机制研究公司治理对企业社会责任履行的影响。Young 和 Thyi(2008)认为,外部环境治理和公司内部治理构成了现代公司治理的两个层面,外部环境和内部治理对公司行为具有有效的约束作用。外部环境的改善可以有效缓解大股东或控股股东与中小股之间的利益冲突,减少大股东或控股股东的"隧道行为"。公司内部治理的优化可以有效缓解股东与管理层的利益冲突,减少管理层的机会主义行为(白重恩和刘俏等,2005)。鲜有研究从外部环境治理和内部治理水平视角深入探讨公司治理对企业社会责任履行及各分维度企业社会责任履行的影响。

我国经历了 30 多年的渐进性制度变革,外部制度环境得到有效改善,但仍存在一定的不足,如法律和司法体系仍不健全,金融体系仍较落后,产权保护仍较缺乏，政府随意侵害企业产权的问题仍较严重（Allen et al., 2005），我国弱法律保护和强政府干预的外部制度环境是否促进了企业社会责任履行及各分维度企业社会责任履行仍需进一步地深入研究。另外，我国公司治理历经30多年的改革与发展，虽制定了相应的治理规则，形成了相应的治理结构，并配套了相应的治理机制，但上市公司自身独立性不足、治理结构独立性较差、参与治理的各行为主体的独立性缺失以及公司决策的独立性不够等问题仍较突出，公司内部治理的有效性仍显不足（李维安，2016），公司内部治理是否促进了企业社会责任履行及各分维度企业社会责任履行仍需进一步地深入研究。

基于此，本章基于制度理论、委托代理理论、利益相关者理论和资源基础理论等从外部环境治理（市场化程度和政治关联）与公司内部治理两方面深入分析了公司治理对企业社会责任履行的影响机理，并基于2010—2015年中国A股上市公司的数据进行了实证检验。研究发现，公司治理对企业社会责任履行具有显著的正向影响，公司治理显著改善了企业社会责任履行，且公司治理对企业社会责任履行的显著正向影响具有滞后性和长期性。具体地，市场化程度显著改善了企业社会责任履行，且显著改善了员工责任、权益责任和环境责任履行，但并未促进股东责任和社会责任履行。政治关联显著改善了企业社会责任履行，且对股东责任、员工责任、权益责任、环境责任和社会责任履行均具有促进作用。公司内部治理显著改善了企业社会责任履行，且对股东责任、员工责任、权益责任、环境责任和社会责任均具有促进作用。

本章重点研究了如下问题：（1）从股东责任、员工责任、权益责任、环境责任和社会责任五个维度综合测量企业社会责任履行水平，而不是基于财务数据使用会计指标对企业社会责任履行水平或企业社会责任某一维度，如员工责任、企业慈善捐赠等进行测量，企业社会责任履行测量结果更科学合理。（2）从外部环境治理（市场化程度与政治关联）视角检验了宏观外部环境与微观企业社会责任履行之间的关系，进一步丰富了外部环境治理对企业社会责任履行影响的研究文献。（3）从微观异质性企业视角检验了公司内部治理指数与企业社会责任履行之间的关系，进一步丰富了公司内部治理对企业社会责任履行影响的研究文献。（4）进一步丰富了新兴市场经济及转轨经济体中公司治理（外部环境治理和公司内部治理）是企业社会责任履行的支柱与保障的经验证据。

本章后续结构安排如下：第二部分是理论分析与研究假设；第三部分是研

究设计,包括样本选择与数据来源、变量定义与测量以及回归模型的构建;第四部分是回归结果与分析,主要包括变量描述性统计分析和相关性分析、一般回归结果及分析、内生性问题的处理、进一步研究的回归结果及分析和稳健性检验;第五部分是本章的研究结论与启示。

二、理论分析与研究假设

外部环境治理和公司内部治理构成了现代公司治理的两个层面(Young 和 Thyil,2008)。在我国转轨经济背景下,企业面临的典型外部环境主要体现在市场化制度环境和政治资源环境。因此,本章主要从外部环境治理(市场化程度、政治关联)和公司内部治理两个方面深入分析公司治理对企业社会责任履行的影响机理。

(一)外部环境治理对企业社会责任履行影响的理论分析与研究假设

外部环境是国家层面上的宏观制度在微观企业层面的具体体现,企业都是在一定的环境中生存与发展的,企业不可能置身特定的环境之外而"独善其身",外部环境为企业的生存与发展创造了条件,提供了机遇,同时企业的行为也受其制约。外部环境对企业的投资和交易决策、资源在企业间的配置效率以及企业经营绩效具有重要影响(马光荣和樊纲等,2015),外部环境的改善可以有效缓解公司的代理冲突,外部环境是企业社会责任履行的重要影响因素。

1. 市场化程度对企业社会责任履行影响的理论分析与研究假设

制度是经济效率与经济增长的重要影响因素,制度包括国家强制执行的法律、法规和经济制度等正式制度以及习惯、惯例和道德规范等非正式制度(North,1990),正式与非正式制度可以有效约束企业行为。制度理论认为,外部制度环境对企业社会责任履行具有重要影响,合理的外部制度安排可以有效缓解企业的机会主义行为,保护企业各利益相关者的合法权益,从而促进企业社会责任履行。正式的法律和政治制度可以塑造良好的利益相关者关系,非正式的文化观念和规范对企业社会责任履行的方式和程度具有重要影响(Matten et al.,2008)。特定国家或地区的政治、法律和法规等正式制度以及文化价值观和道德行为规范等非正式制度对管理自由裁量权具有重要影响(Jain 和

Jamali, 2016), 可以有效约束管理者的机会主义行为, 在一定程度上保护了公司利益相关者的利益。Husted 和 Allen (2006) 研究发现, 外部制度压力对跨国公司的企业社会责任管理决策具有重要影响。Ortas et al. (2015) 认为, 制度环境对企业的组织模式、运营与治理实践具有重要影响, 从而对企业社会责任履行产生显著影响。

我国是一个发展中大国, 也是一个从计划经济体制向市场经济体制转轨的国家, 东、中、西部地区资源禀赋存在显著差异、经济社会发展不平衡。在转轨经济背景下, 我国法律和司法体系仍需进一步健全, 金融体系仍相对较落后, 产权保护仍需进一步加强, 政府侵害企业产权的问题仍时有发生, 行业壁垒仍有待进一步被打破等等。虽然我国有统一的政治制度和法律制度, 但不同地区政府对制度的影响不同, 制度的事前规则和事后执行存在显著差异, 形成了我国各地区特有的企业外部制度环境。Wang 和 Juslin (2009) 研究发现, 社会制度环境对中国企业社会责任履行具有重要影响。周中胜和何德阳等 (2012) 基于我国上市公司的研究发现, 外部制度环境对企业社会责任履行具有重要影响, 较低的政府干预程度、完善的法制环境和发达的要素市场对企业社会责任履行具有显著的促进作用。贾兴平和刘益 (2014) 基于中国制造业上市公司的研究发现, 制度环境 (舆论压力) 与企业社会责任履行显著正相关。

我国 30 多年的渐进式市场化改革是我国宏观制度变迁的主要方式, 市场化程度是我国宏观制度环境的重要体现, 也无疑是反映企业外部环境的一个重要指标。市场化程度在一定程度上能反映一个国家或地区的经济发展水平和资源自由流动的程度, 在市场化程度较高的国家或地区, 法制较为健全、政府干预程度较低、要素市场和产品市场的流动性较强, 经济资源的配置主要在正式制度框架内由市场来完成, 企业资源获取的便利性较高, 经济资源在企业间的配置效率也较高, 从而有利于企业在对股东承担经济责任同时, 承担对债权人、客户、供应商、消费者、环境、社会等利益相关者的责任, 企业各利益相关者的合法权益得到有效保护, 有利于促进股东责任、员工责任、权益责任、环境责任和社会责任。我国不同地区的市场化程度存在显著差异 (樊纲和王小鲁等, 2011), 差异化的市场化程度对企业社会责任履行的影响也存在差异, 市场化程度越高越有利于企业社会责任履行, 市场化程度越低越不利于企业社会责任履行。随着我国市场化改革的进一步深化, 企业所面临的外部制度环境也在不断发生变化, 企业外部制度环境进一步改善, 市场化程度进一步提高, 企业为获得合法性, 会实施企业社会责任战略, 积极投入企业社会责任活动，以适应外部制度环境。

基于以上理论分析，本书提出如下研究假设：

H1：制度环境对企业社会责任履行具有重要影响，市场化程度对企业社会责任履行具有显著的正向影响。

H1a：制度环境对股东责任履行具有重要影响，市场化程度对股东责任履行具有显著的正向影响。

H1b：制度环境对员工责任履行具有重要影响，市场化程度对员工责任履行具有显著的正向影响。

H1c：制度环境对权益责任履行具有重要影响，市场化程度对权益责任履行具有显著的正向影响。

H1d：制度环境对环境责任履行具有重要影响，市场化程度对环境责任履行具有显著的正向影响。

H1e：制度环境对社会责任履行具有重要影响，市场化程度对社会责任履行具有显著的正向影响。

2. 政治关联对企业社会责任履行影响的理论分析与研究假设

在转轨经济中，由于制度不完善，企业面临更多的外部不确定性，政府官员的更替，市场化改革的深化，宏观政策也表现出一定的不确定性，企业必须在政府的动态性制度安排中寻找市场机会和商业机会（陈德球和金雅玲等，2016）。政府是经济政策的制定者，在经济中处于主导地位，控制着企业生存与发展所需的重要资源（Siegel et al.，2008），与政府具有关联性的企业在政府政策及重要资源的信息获取具有较高的便利性（Hillman et al.，1999）。同时政府通过制定相应的政策来促使企业社会责任履行（Steurer，2010；Shin et al.，2015）。Knudsen et al.（2015）研究发现，政府出于增进社会福利、提升国内企业的国际竞争力及适应经济全球化进程等目的制定相应的企业社会责任政策，促进企业社会责任履行。在我国特殊制度和转轨经济背景下，不仅中观层面不同地区之间的政治资源禀赋存在显著差异，而且微观层面不同企业之间的政治资源禀赋也存在显著差异（袁建国和后青松等，2015），差异化的政治资源成为企业面临的重要外部环境。当前，我国仍缺乏一套有效地将商业与政府分开的机制（Detomasi，2008），政府行政命令与市场机制两种配置资源的方式共存，且政府在经济中仍处于强势地位，政治权力掌控了大量重要的社会资源（孙立平，2002），且在企业设立的审批以及企业运营的监管过程中，政府都扮演了重要角色。为实现财税增收、就业增加、社会稳定和政治晋升等目的，政府会对经济活动进行直接干预，通过大量的政策工具来影响经济资源的配置，同时在商业行为的审批与管制方面，政府还拥有大量的自由裁量权，从而对企业的生存与发展产生直接影响。在我国转轨经济背景下，政府对经济的干预仍普遍存在，"关系为王"的现象仍屡见不鲜。企业经营深受政府政策的影响，同时政府掌控了企业生存与可持续发展的大量关键要素资源（Fan et al.，2007），企业对政府具有较强的依赖性（李姝和谢晓嫣，2014），政治资源成为企业生存与发展的重要资源之一（Boubakri et al.，2008），现有研究发现，政治资源可以帮助企业提前获得政策动态和商业信息（巫景飞和何大军等，2008），还可以有效降低企业的融资成本，促进企业更快地发展（Boubakri et al.，2012；Liu et al.，2013）。

政治关联是企业通过各种途径与政府建立的良好关系，是获取政治资源的有效途径，将影响企业竞争战略的选择（李健和陈传明等，2012），直接影响企业的成本，并最终影响企业的决策行为。在产权保护薄弱和市场机制不健全的转轨经济中，政治关联对企业运营具有重要价值（Lin et al.，2015）。现有研究发现，政治关联能帮助企业获得更多的政府补助（潘越和戴亦一等，2009；余明桂和回雅甫等，2010）、规避企业的违规处罚（许年行和江轩宇等，2013）、改善企业经营与契约履行环境（王永进和盛丹，2012）、缓解企业的融资约束（邓建平和曾勇，2011；于蔚和汪淼军等，2012；李姝和谢晓嫣，2014）、帮助企业获取企业生存与发展所需的多种资源（张敏和黄继承，2009），从而提升企业绩效（李健和陈传明等，2012），政治关联是企业重要的社会资本，对企业社会责任履行产生正向影响。但政治关联也易导致企业的过度投资行为（罗党论和应千伟等，2012）、扭曲企业信贷资源的配置效率（张敏和张胜等，2010）、增加企业的道德成本（Fisman和Wang，2013），从而降低企业绩效（邓建平和曾勇，2009），对企业社会责任履行产生不利影响。综上可知，在我国转轨经济背景下，政治关联是企业重要的社会资本和价值资源，有利于提升公司绩效，从而更好地履行对股东的责任，同时企业绩效的提升为员工责任、权益责任、环境责任与社会责任的履行积累了一定的物质资本，有利于促进其他分维度企业社会责任的履行，从而提升企业社会责任履行总体水平。

政治关联是政府对企业监督、激励的纽带，在制度不完善的转轨经济背景下，政府通过政治关联对企业的监督、激励弥补了制度缺失的不足，可以有效约束企业行为，特别是管理层的机会主义行为，缓解企业的代理问题，创造更高的经营绩效与价值，从而促进股东责任、员工责任、权益责任、环境责任和社会责任的履行，提升企业社会责任履行的总体水平。政府通过政治关联与企业进行良性互动与合作，可以有效激励企业对其利益相关者履行更多的责任，如加强员工、供应商、客户等权益的保护、加大环境保护投入力度、积极进行慈善捐赠等社会责任活动等等，提升企业社会责任履行的总体水平。此外，政治关联在发挥其"资本"功能的同时，还要承担对政府的回报责任（李健和陈传明等，2012），如政府会出于职位晋升、增加就业和社会稳定等目的，摊派给政治关联企业更多的社会责任（巫景飞和何大军，2008）。同时，企业为构建和谐的政企关系，获得"政治合法性"和管制租金，也会主动调整企业行为，积极履行企业社会责任。梁建和陈爽英等（2010）基于中国民营企业的研究发现，民营企业家政治关联与慈善捐赠显著正相关。张敏和马黎珺等（2013）基于中国上市公司的研究发现，在地震等重大灾害发生后，基于维护社会稳定和职位晋升的目的，政府会鼓励甚至直接干预本地企业的捐赠行为，且对国有企业的影响更为显著。张川和娄祝坤等（2014）基于中国化工行业上市公的研究发现，高管的代表委员类政治关联对企业社会责任履行具有显著的正向影响，且财务绩效对两者之间的关系具有部分中介作用；政府官员类政治关联对企业社会责任履行影响不显著，且财务绩效对两之间的关系具有完全中介作用。因此，企业政治关联对企业社会责任履行具有重要影响。Lin et al.（2015）研究发现，企业社会责任履行可以改善企业与政府的关系，有利于构建企业的政治网络，从而获得税收优惠、提高债务融资的便利性和减少政府监管部门的管制。

基于以上理论分析，本书提出如下研究假设：

H2：政治资源环境对企业社会责任履行具有重要影响，政治关联对企业社会责任履行具有显著的正向影响。

H2a：政治资源环境对股东责任履行具有重要影响，政治关联对股东责任履行具有显著的正向影响。

H2b：政治资源环境对员工责任履行具有重要影响，政治关联对员工责任履行具有显著的正向影响。

H2c：政治资源环境对权益责任履行具有重要影响，政治关联对权益责任履行具有显著的正向影响。

H2d：政治资源环境对环境责任履行具有重要影响，政治关联对环境责任履行具有显著的正向影响。

H2e：政治资源环境对社会责任履行具有重要影响，政治关联对社会责任履行具有显著的正向影响。

(二) 公司内部治理对企业社会责任履行影响的理论分析与研究假设

委托代理理论认为，公司治理①可以有效缓解经营者与所有者之间的代理问题，降低公司的代理成本（Jensen et al.，1976）。所有权结构是现代公司治理的逻辑起点，所有权结构决定了公司控制权的分布与配置，决定了所有者与经营者之间委托代理关系的性质，对公司治理的组织形式、模式选择以及公司治理的有效性均具有重要影响。公司所有权较分散时，公司治理解决的主要问题是管理层与股东之间的代理冲突，由于缺乏有效的监督约束机制，管理层基于自利动机往往采取机会主义行为，从而实现其私人收益最大化。公司所有权较集中时，管理层与股东之间、大股东与中小股东之间的代理冲突同时存在，且大股东与中小股东的代理冲突更为严重，因为主导公司决策的大股东为满足其控制权私欲，获得更多的控制权收益，往往会"垄断"股东大会和董事会，采取"隧道行为"对中小股东等利益相关者进行剥夺。

公司治理的实质是协调公司各利益相关者之间权责利的关系，企业社会责任履行的实质是公司各利益相关者的合法利益得以实现的过程（易开刚，2011）。关于公司治理与企业社会责任履行的关系，现有研究认为，公司治理与企业社会责任具有同源性和共生性（王长义，2007；高汉祥和郑济孝，2010），公司治理与企业社会责任具有相互促进的作用。企业社会责任是公司治理的一个维度（Kendall，1999；Ho，2005；Young et al.，2014），在公司治理中融入企业社会责任理念可以促进公司治理的改善和良性发展（王长义，2007；买生和杨英英等，2015），公司治理是促进企业社会责任履行的有效途径和支柱（Hancock，2005；Barney，2007；王长义，2007；Jamali et al.，2008），有效的公司治理可以显著改善企业社会责任履行水平（肖海林和薛琼，2014）。在以委托代理关系为基础的现代公司中，公司治理是有效协调公司各利益相关者利益的一系列制度安排，公司内部治理结构和治理机制决定着公司利益在公司不同产权所有者之间的分配、协调与制衡，在很大程度上影响着公司决策者及管理层针对企业发展的战略决策、投资行为及基本经营行为的形成与演进，从而对企业社会责任履行具有重要影响（周健和方刚等，2009；何杰和曾朝夕，2010）。刘连煜（2001）认为，公司治理是促进企业社会责任履行的重要机制，公司内部治理制度的合理安排和治理机制的优化可以有效监

---

① 本部分公司治理是指基于公司内部治理结构的内部治理。

督企业社会责任履行。白重恩和刘俏等（2005）认为，公司的有效治理可以有效抑制管理层基于自利动机的机会主义行为和大股东对中小股东等利益相关者的"隧道行为"，公司各利益相关主体的合法权益得到有效保护。Huse（2005）研究发现，成熟有效的公司治理是企业领导力、指导、控制、透明和责任属性的基础。Jamali et al.（2008）研究发现，公司治理促使企业在其商业活动中注重商业伦理、公平、透明和责任。肖作平和杨娇（2011）认为，公司治理的改善可以有效抑制控股股东、内部人等对公司利益的侵占，从而对公司利益相关者履行更多的企业社会责任。Sabbaghi（2016）研究发现，公司治理对公司绩效、欺诈、资本保留、金融约束、机构投资者、审计和财务信息披露质量等具有重要影响，公司的有效治理可以改善企业社会责任履行。

公司治理是企业社会责任战略决策的重要前提，企业社会责任履行并非偶然事件，而是由一系列特定的公司治理因素决定的，公司监控系统、管理层激励机制和注重公平且具有责任心的管理者等对企业社会责任履行具有显著的正向影响（Filatotchev et al.，2014）。在经济转轨国家，由于司法体系不健全、法律不能有效执行、违约现象频发，公司治理就成为企业社会责任履行的基础（McCarthy et al.，2008），良好的公司治理可以提高公司对短期和长期投资工具的吸引力（Shi et al.，2015）。Gompers et al.（2003）、Arora et al.（2011）、Harjoto et al.（2011）、Jo et al.（2012）、Cai et al.（2012）、Ntim et al.（2013）和 Altuner et al.（2015）的实证研究发现，有效的公司内部治理对企业社会责任履行具有显著的正向影响。

公司内部治理机制是公司治理结构的核心，对公司治理效率和水平具有重要影响，从而决定了公司各利益相关者的利益保护，促进了股东责任、员工责任、权益责任、环境责任和社会责任履行，提升企业社会责任履行总体水平。所有权结构（Cox et al.，2008）、董事会结构特征（Capezio et al.，2011）和具有所有权与管理激励效应的高管层薪酬契约（Cordeiro et al.，2008；Deckop et al.，2006）对企业社会责任履行具有重要影响。代理理论认为，公司股权集中度较高时，拥有公司决策主导权的大股东为满足其控制权私欲，往往会控制公司管理层，加剧公司内部人控制问题，并采取"隧道行为"对中小股东等利益相关者进行剥夺，不利于中小股东等利益相关者利益的保护。利益相关者理论认为，企业的目标不仅是实现股东利益最大化，而是实现包括股东在内的所有利益相关者利益的最大化，企业社会责任履行可以提升公司的长期价值，大股东会积极支持企业社会责任投资决策（Barnett，2007；Harjoto 和 Jo，2011）。张峰和杨建君（2016）研究发现，大股东的战略共享参与行为对管理层的风险承担以及企业创新绩效具有显著的正向影响。公司股权制衡机制可以缓解内部人控制问题，有效约束大股东对中小股东等利益相关者的剥夺，从而保护中小股东等利益相关者的利益。董事会是公司内部治理的核心，董事会规模、独立性、领导权结构、会议频率、专业委员会以及董事激励等治理机制的优化与完善可以有效发挥董事会的战略决策和监督功能，约束管理层基于自利目的机会主义行为，缓解的公司的代理问题，并实现公司决策科学化，切实维护公司各利益相关者的利益。Jizi et al.（2014）基于次贷危机后美国大型国有上市商业银行的研究发现，有效的董事会治理有利于公司利益相关者利益的保护，董事会独立性、董事会规模和董事长兼任总经理对企业社会责任信息披露具有显著的正向影响。Fernandez（2016）研究发现，有效的董事会治理有利于企业社会责任战略的制定、企业社会责任文化的培育和企业社会责任活动的投资，从而对企业社会责任履行具有直接的正向影响。Lone et al.（2016）基于巴基斯坦公司的研究发现，独立董事、女性董事以及董事会规模对企业社会责任信息披露具有显著的正向影响。有效的公司治理可以促使管理层切实履行与股东等各利益相关者的显性契约与隐性契约（Ducassy et al.，2015），自觉遵守法律法规和商业道德，提高公司管理决策的透明度，切实保护公司各利益相关者的利益，积极承担各利益相关的受托责任，主动履行股东责任、员工责任、权益责任、环境责任和社会责任，提升企业社会责任表现（Johnson et al.，1999）。Manasakis et al.（2014）认为，雇佣具有社会责任感的高管人员，并授权其进行企业社会责任履行决策，可以有效促进企业社会责任履行。兼顾公司绩效和可持续发展的管理层薪酬激励体系可以激励管理层实施企业社会责任战略，显著改善企业社会责任履行水平。Filatotchev et al.（2015）研究发现，管理层激励机制对跨国公司企业社会责任履行具有显著的正向影响。Hong et al.（2016）基于美国公司的实证研究发现，有效的管理层薪酬激励改善了企业社会责任表现。职业经理人市场的培育和成熟，可以有效发挥声誉机制对管理层机会主义行为的约束，从而有利于企业各利益相关者利益的保护。监事会、独立的外部审计机构和政府监管机构等监督机制的优化可以有效约束管理层的自利性机会主义行为，实现企业利益相关者利益最大化和全社会福利最大化，从而改善企业社会责任履行。特别是在转轨经济国家，由于司法体系不健全、法律不能有效执行、违约现象频发，公司治理成为企业社会责任履行的基础和有效保障。另外，持续增长的金融和社会活动家的压力（Goranova et al.，2014），董事和管理者的人口统计特征和社会心理经历（Borghesi et al., 2014）也对企业社会责任履行具有重要影响。公司基金会在企业社会责任理念付诸实施的过程中具有重要治理效应，可以显著改善企业社会责任表现（Minefee et al., 2015）。

在我国新兴转轨市场经济背景下，我国资本市场发育还不成熟，投资者法律保护还较薄弱，上市公司多为国有企业改制而来，股权仍较集中且国有股占比较高，股权流动性也较差，管理层侵害投资者利益、大股东侵害中小股东利益的双重代理冲突仍较普遍（杨兴全和吴昊旻等，2015），双重代理冲突严重降低了公司的治理效率和运营效率（祝继高和叶康涛等，2015），损害了公司各利益相关者的合法权益，不利于企业社会责任履行。宋建波和李爱华（2010）基于中国A股上市公司的实证研究发现，总股本、高管人数与监事会规模均对企业社会责任履行具有显著的正向影响，前十大股东关联性和前五大股东持股比例对企业社会责任履行具有显著的负向影响，公司内部治理结构的完善可以有效促进企业社会责任履行。陈智和徐广成（2011）基于中国A股上市公司的实证研究发现，法人股比例、独立董事比例与高管薪酬均对企业社会责任履行具有显著的正向影响，但董事会规模对企业社会责任履行具有显著的负向影响。冯丽丽和林芳等（2011）基于中国沪深两市上市公司的实证研究发现，股权集中度和国有产权性质对企业社会责任履行具有显著的正向影响。肖海林和薛琼（2014）基于224家上市公司的研究发现，董事会规模、独立董事比例和高管持股比例对企业社会责任履行具有显著的正向影响，但实际控制人性质、董事长与总经理两职设置对企业社会责任履行影响不显著。于晓红和武文静（2014）基于中国A股上市公司的研究发现，高管薪酬、董事持股比例对企业社会责任履行具有显著的正向影响，但高管持股比例、董事长与总经理两职设置对企业社会责任履行具有显著的负向影响。刘想和刘银国（2014）基于中国A股上市公司的实证研究发现，国有股比例、董事会规模、高管持股比例和监事会会议次数均对企业社会责任履行具有显著的正向影响，第一大股东持股比例对企业社会责任履行具有负向影响。Lau et al.（2016）基于中国上市公司的研究发现，公司治理显著改善了企业社会责任表现，董事会独立性、董事和高管的国外求学或工作经历、公司财务绩效、公司规模和国有产权性质均对企业社会责任表现具有显著的正向作用，股权集中度对企业社会责任表现具有负向影响，但不显著。Jo et al.（2016）研究发现，利益相关者治理可以显著改善企业社会责任履行，在董事会治理和外部投资者保护相对较弱时，利益相关者对企业社会责任履行的影响更显著，企业社会责任是缓解管理层与公司多元利益相关者利益冲突的重要机制。

基于以上理论分析，本书提出如下研究假设：

H3：在我国转轨经济背景下，有效的公司内部治理是促进企业社会责任履行的重要途径和保障，公司内部治理水平对企业社会责任履行具有显著的正向影响。

H3a：在我国转轨经济背景下，有效的公司内部治理是促进股东责任履行的重要途径和保障，公司内部治理水平对股东责任履行具有显著的正向影响。

H3b：在我国转轨经济背景下，有效的公司内部治理是促进员工责任履行的重要途径和保障，公司内部治理水平对员工责任履行具有显著的正向影响。

H3c：在我国转轨经济背景下，有效的公司内部治理是促进权益责任履行的重要途径和保障，公司内部治理水平对权益责任履行具有显著的正向影响。

H3d：在我国转轨经济背景下，有效的公司内部治理是促进环境责任履行的重要途径和保障，公司内部治理水平对环境责任履行具有显著的正向影响。

H3e：在我国转轨经济背景下，有效的公司内部治理是促进社会责任履行的重要途径和保障，公司内部治理水平对社会责任履行具有显著的正向影响。

三、研究设计

（一）样本选择与数据来源

1. 样本选取与数据来源

本章选取2010—2015年中国A股上市公司为研究对象，由于深圳证券交易所和上海证券交易所分别于2006年和2009年出台相应政策鼓励上市公司披露企业社会责任履行信息，其后上市公司才陆续发布年度企业社会责任报告，考虑到样本数据的可获得性，本章选取2010年作为研究起点。遵循主流研究的做法，研究样本剔除金融行业上市公司；剔除在境外上市的公司；剔除ST、*ST和PT等经过特殊处理的公司；剔除研究区间内样本观测值少于三年的公司；剔除数据无法获取的公司；最终得到1302家公司7718个样本观测值。研究样本涵盖上市公司最新行业分类除金融行业外的所有行业大类，研究样本遍布全国除港、澳、台外的31个省、自治区和直辖市。

2. 数据来源与数据初步处理

公司治理结构（股东、董事会、高管层和监事会）和公司财务数据主要来自 CSMAR、CCER 和 WIND 数据库，对于数据库中部分缺失的数据通过查阅公司年报和公司网站获得。政治关联数据主要来自 CSMAR 数据库，对于数据库中部分缺失的数据通过查阅公司年报、公司网站和巨潮资讯网站获得。企业社会责任履行数据来自和讯网上市公司企业社会责任履行专业测评数据库，[①] 对部分缺失的数据通过查阅公司年度社会责任报告和公司网站获得。为消除极端值对回归结果稳健性的影响，本章对所有最终进入回归模型的连续变量进行1%—99%分位数缩尾处理（winsorize）。本章基于Stata14.1统计分析软件进行实证分析。

（二）变量选择与测量

1. 被解释变量

（1）企业社会责任履行。学界关于企业社会责任内涵的界定仍存在一定的争议，如 Wood（1991）认为企业社会责任是企业从事对社会负责任的活动或行为。Clarkson（1995）和 Carroll（1996）基于企业利益相关者视角将企业社会责任定义为，企业在创造利润承担对股东经济责任的同时还要积极承担对员工、客户、供应商、消费者、环境和社区等利益相关者的责任。关于企业社会责任履行的测量，现有研究主要采用衡量单一维度企业社会责任水平的指标和反映企业社会责任综合水平的指标进行测量（Wood，2010），本章基于利益相关者理论的企业社会责任定义，借鉴贾兴平和刘益（2014）、王清刚和徐欣宇（2016）、唐鹏程和杨树旺（2016）关于企业社会责任履行测量的做法，采用和讯网上市公司企业社会责任专业测评指标体系来综合测量企业社会责任履行，和讯网是国内首家上市公司企业社会责任专业测评机构，从股东责任、员工责任、供应商、客户与消费者的权益责任（以下简称权益责任）、环境责任和社会责任五个维度构建企业社会责任专业测评指标体系，涉及13个二级指标，37个三级指标（如表4-1），根据企业社会责任对象的多样性、层次性、协调性和对立性设置指标权重，并根据不同行业类别对指标的权重进行了适当调整，以期做到企业社会责任履行评价科学。[②] 本章用 CSR 作为企业社会责任履行总水平的变量符号，用 SHR、ER、SCCRR、ENR 和 SR 分别作为股东责任、员工责任、权益责任、环境责任和社会责任的变量符号。

---

① 和讯网上市公司企业社会责任履行专业测评数据库：http://stockdata.stock.hexun.com/zrbg/plate.aspx.

② 和讯网上市公司企业社会责任履行专业测评指标体系 http://stock.hexun.com/2013-09-10/157898839.html.

表 4-1　和讯网上市公司企业社会责任专业测评指标体系

目标层	一级指标	二级指标	三级指标
企业社会责任履行	A 股东责任	A1 盈利水平	A11 总资产收益率
			A12 净资产收益率
			A13 主营业务利润率
			A14 成本费用利润率
			A15 每股未分配利润
			A16 每股收益
		A2 偿债能力	A21 现金比率
			A22 股东权益比率
			A23 流动比率
			A24 速动比率
			A25 资产负债率
		A3 投资回报	A31 股息率
			A32 分红融资比
			A33 分红占可分配利润的比例
		A4 信批状况	A41 交易所对公司和相关责任人处罚的次数
		A5 企业创新	A51 产品开发支出总额
			A52 是否具有技术创新理念
			A53 技术创新项目数
	B 员工责任	B1 员工收入与培训	B11 员工人均收入
			B12 是否进行员工技能培训
		B2 安全生产	B21 是否进行安全检查
			B22 是否进行安全培训
		B3 员工关怀	B31 是否具有慰问意识
			B32 是否慰问员工
			B33 是否发放慰问金
	C 供应商、客户与消费者的权益责任	C1 产品质量	C11 是否具有质量管理意识
			C12 是否具有质量管理体系证书
		C2 售后服务	C21 是否进行客户满意度调查
		C3 诚信与公平竞争	C31 是否与供应商公平竞争
			C32 是否进行反商业贿赂培训
	D 环境责任	D1 环境保护与治理	D11 是否具有环境保护意识
			D12 是否进行环境管理体系认证
			D13 环境保护投入金额
			D14 排放污染物种类数
			D15 节约能源种类数
	E 社会责任	E1 社会贡献度	E11 所得税占利润总额之比
			E12 社会捐赠总额

2. 解释变量

（1）市场化程度。① 市场化程度是反映我国市场化改革深度与广度的指标，由于我国市场化改革是自东向西逐步推进的，我国东中西部地区市场化程度存在显著差异，市场化程度东部地区较高，中部地区次之，西部地区最低（樊纲和王小鲁等，2011）。② 关于市场化程度的测量，本章进行虚拟化处理，当公司所在地是东部地区时，市场化程度取值为1，当公司所在地是中西部地区时，市场化程度取值为0。本章用 MD 作为市场化程度的变量符号。

（2）政治关联。政治关联是指企业通过各种途径与政府建立的联系，政治关联在一定程度上能反映企业获取政治资源的便利性，关于政治关联的测量，借鉴国内主流研究的做法，选取公司董事长、副董事长或关键高管人员的政治背景作为政治关联的测量指标，如果公司董事长、副董事长或关键高管人员是人大代表、政协委员或曾在政府、军队等部门任职则政治关联取值为1，否则取值为0。本章用 PC 作为政治关联的变量符号。

（3）公司内部治理。采用公司治理指数来测量公司治理水平已得到国内外学者（Gompers et al.，2003；白重恩和刘俏等，2005；李维安和张国萍，2005；张学勇和廖理，2010；杨兴全和吴昊旻等，2015）的认可，公司内部治理指数综合反映了异质性公司的内部治理水平。本章借鉴白重恩和刘俏等（2005）、张学勇和廖理（2010）、杨兴全和吴昊旻等（2015）的做法，从股权结构与股东权益、管理层治理以及董事、监事与其他治理三个维度选取指标，共涉及12个具体指标（如表4-2），采用所有指标线性组合来综合反映公司内部治理的变化，并取主成分的综合得分来测量公司内部治理水平，并将公司内部治理虚拟化处理，当公司内部治理的主成分综合得分大于所有公司内部治理的主成分综合得分的均值时，内部治理取值为1，否则取值为0。本章用 CGI 作为内部治理的变量符号。

---

① 关于市场化程度的测量，国内比较权威的研究是樊纲和王小鲁等从政府与市场的关系、非国有经济的发展、产品市场的发育程度、要素市场的发育程度、金融业的市场化和市场中介组织的发育五个层面构建的市场化指数评价指标体系对市场化程度进行的综合评价，国内学者也较多采用了其研究成果，但樊纲和王小鲁等编制的中国各省市市场化指数报告的数据只更新到2009年，本书研究区间是2010—2015年，为避免不必要的测量误差，故本书不再采用该数据。

② 根据国发［2000］33号文件我国东部、中部和西部地区的划分方法，东部地区包括北京、天津、河北、辽宁、上海、江苏、浙江、福建、山东、广东和海南；中部地区包括山西、吉林、黑龙江、安徽、江西、河南、湖北和湖南；西部地区包括：内蒙古、广西、重庆、四川、贵州、云南、西藏、陕西、甘肃、青海、宁夏和新疆。

表 4-2　　　　　　　　　公司内部治理指标

治理维度	变量名称	变量定义
股权结构与股东权益	大股东持股比例	第1大股东持股比例
	股权制衡度	第2至5大股东持股之和与第1大股东持股之比
	股东大会次数	年度召开股东大会次数
	流通股比例	流通股所占比例
	国有股比例	国有股所占比例
管理层治理	两职合一	董事长是否兼任CEO
	管理层持股	管理层持股比例
董事、监事与其他治理	董事会规模	董事会人数
	董事会独立性	董事会中独立董事所占比例
	董事会会议次数	年度召开董事会会议次数
	监事会会议次数	年度召开监事会会议次数
	专业委员会个数	战略决策委员会、薪酬委员会、审计委员会、社会责任委员会等专业委员会个数

3. 控制变量

（1）企业规模。企业规模是企业社会责任履行重要影响因素，规模越大的企业越注重企业社会责任行为，越有利于企业社会责任履行（高敬忠和周晓苏，2008；田虹和姜雨峰，2014；张川和娄祝坤等，2014）。本章借鉴现有研究的通常做法，采用公司年末资产总额的自然对数来测量企业规模。本章用 $Size$ 作为企业规模的变量符号。

（2）所有权性质。国有企业与民营企业在企业慈善捐赠方面存在显著差异（山立威等，2008；Zhang et al., 2010），国有企业比民营企业的最优企业捐赠要多，且垄断性国有企业的最优企业捐赠更多（潘奇和朱一鸣等，2015），所有权性质是影响企业社会责任履行的一个重要因素（唐鹏程和杨树旺，2016）。本书借鉴现有研究的做法，选取公司控股股东或实际控制人的性质作为产权性质的测量指标，当控股股东或实际控制人是国有属性时，产权性质取值为1，否则取值为0。本章用 $State$ 作为所有权性质的变量符号。

（3）企业年龄。企业年龄对企业社会责任履行具有重要影响（高勇强等，2012），本章借鉴现有研究的通常做法，选取公司上市年限的自然对数作为企业年龄的测量指标。本章用 Age 作为企业年龄的变量符号。

（4）资产负债率。资产负债率反映了企业的债务压力，债务压力对企业社会责任履行具有一定的影响（陈智和徐广成，2011）。借鉴现有研究的通常做法，本章选取年末负债总额与资产总额之比测量资产负债率。本章用 $Levera$ 作为资产负债率的变量符号。

（5）财务绩效。公司财务绩效在一定程度上反映了企业社会责任履行的能力，财务绩效对企业社会责任履行具有重要影响（高敬忠和周晓苏，2008；张川和娄祝坤等，2014；Ruangviset et al.，2014）。本章借鉴现有研究的通常做法，选取净资产收益率作为公司财务绩效的代理变量。本章用 Roe 作为财务绩效的变量符号。

（6）公司成长性。公司成长性在一定程度上反映了企业社会责任履行的可持续能力，公司成长性对企业社会责任履行具有重要影响。本章借鉴现有研究的通常做法，选取主营收入增长率作为公司成长性的代理变量。本章用 $Growth$ 作为公司成长性的变量符号。

（7）行业和年度虚拟变量。为控制公司所属行业和年份差异对研究结论的影响，借鉴现有研究的做法，引入行业虚拟变量和年度虚拟变量。本章用 $Industry$ 和 $Year$ 作为行业虚拟变量、省份虚拟变量和年度虚拟变量的变量符号。

（三）模型构建

为检验公司治理（外部环境治理与公司内部治理）对企业社会责任履行的影响机理及相应的研究假设，本章借鉴 Ntim et al.（2013）等的做法，构建如下回归模型：

$$CSR_{i,t} = \alpha_0 + \alpha_1 MD_{i,t} + \alpha_2 PC_{i,t} + \alpha_3 CGI_{i,t} + \sum Control + u_i + \varepsilon_{i,t}$$

其中，下标 i 和 t 分别代表公司和年份，$u_i + \varepsilon_{i,t}$ 为复合扰动项，u_i 为个体异质性扰动项，$\varepsilon_{i,t}$ 为随个体与时间而变的扰动项。在实证检验中，根据具体研究假设检验的需要，适当选取所构建的回归模型中的自变量，构成不同的检验模型。

四、实证结果与分析

（一）变量描述性统计分析

主要变量的描述性统计分析结果如表4-3所示。

表 4-3　　主要变量描述性统计分析

变量	样本观测值数	最大值	最小值	中位数	均值	标准差
CSR	7718	73.1600	-2.1700	22.1600	28.4292	19.3394
SHR	7718	19.5300	-0.9900	12.6350	12.2141	4.5932
ER	7718	15	0.0100	2.6050	3.9588	3.9944
SCCRR	7718	19	0	0	3.2219	5.8803
ENR	7718	23	0	0	3.4530	6.5806
SR	7718	21.0900	-7.9500	5	5.5814	5.0430
MD	7718	1	0	1	0.6046	0.4890
PC	7718	1	0	0	0.3555	0.4787
CGI	7718	1	0	0	0.3779	0.4849
Size	7718	26.2718	18.6407	22.2317	22.3296	1.4315
State	7718	1	0	1	0.6271	0.4836
Age	7718	3.1355	0	2.7081	2.5970	0.51478
Levera	7718	12.2781	0.8602	1.8800	2.4696	1.8284
Roe	7718	0.6208	-0.9637	0.0716	0.0682	0.1765
Growth	7718	2.3678	-0.6713	0.0801	0.1253	0.3808

由表 4-3 可知，CSR 的最大值为 73.1600，最小值为 -2.1700，均值为 28.4292，标准差为 19.3394，表明样本上市公司的企业社会责任履行水平存在较显著差异。SHR 的最大值为 19.5300，最小值为 -0.9900，均值为 12.2141，标准差为 4.5932，表明样本上市公司的股东责任履行水平存在显著差异。ER 的最大值为 15，最小值为 0.0100，均值为 3.9588，标准差为 3.9944，表明样本上市公司的员工责任履行水平存在显著差异。SCCRR 的最大值为 19，最小值为 0，均值为 3.2219，标准差为 5.8803，表明样本上市公司的权益责任履行水平存在显著差异。ENR 的最大值为 23，最小值为 0，均值为 3.4530，标准差为 6.5806，表明样本上市公司的环境责任履行水平存在显著差异。SR 的最大值为 21.0900，最小值为 -7.9500，均值为 5.5814，标准差为 5.0430，表明样本上市公司的社会责任履行水平存在显著差异。MD 的均值为 0.6046，标准差为 0.4890，表明样本上市公司 60.46% 来自东部地区，市场化程度与实际情况相符。PC 的均值为 0.3555，标准差为 0.4787，表明样本上市公司 35.55% 存在政治关联性，政治关联与实际情况相符。CGI 的均值为 0.3779，标准差为 0.4849，表明样本上市公司内部治理水平相对较差，公司

内部治理与实际情况相符。

从控制变量来看，$Size$ 的最大值为 26.2718，最小值为 18.6407，均值为 22.3296，标准差为 1.4315，样本上市公司规模较大，且不同上市公司的规模存在一定的差异。$State$ 的均值为 0.6271，表明样本上市公司中国有产权属性占比 62.71%，与实际情况相符。Age 的最大值为 3.1355，最小值为 0，均值为 2.5970，标准差为 0.5148，表明样本上市公司的上市年限较长。$Levera$ 的最大值为 12.2781，最小值为 0.8602，均值为 2.4696，标准差为 1.8284，表明样本上市公司的资产负债率较高，且不同上市公司的资产负债率存在较显著的差异。Roe 的最大值为 0.6208，最小值为 -0.9637，均值为 0.0682，标准差为 0.1765，表明样本上市公司的财务绩效有待进一步提升，与实际情况相符。$Growth$ 的最大值为 2.3678，最小值为 0.6713，均值为 0.1253，标准差为 0.3808，表明样本上市公司的成长性较好。

（二）变量相关性分析

为初步检验公司治理（外部环境治理与公司内部治理）对企业社会责任履行的影响机理，对主要变量进行了 $Pearson$ 相关性分析，分析结果如表 4-4 所示。

表 4-4　　　　　　　主要变量间 $Pearson$ 相关性分析表

变量	CSR	MD	PC	CGI	Size	State	Age	Levera	Roe	Growth
CSR	1.0000									
MD	0.0215*	1.0000								
PC	0.1080***	-0.0060	1.0000							
CGI	0.0348***	-0.0287**	0.0195*	1.0000						
Size	0.4038***	-0.0131	0.1202***	0.0163	1.0000					
State	0.1213***	-0.0368***	-0.0514***	-0.0101	0.2456***	1.0000				
Age	-0.1113***	0.0415***	-0.1160***	-0.0506***	-0.1394***	0.0496***	1.0000			
Levera	-0.0195*	0.0187	-0.0135	-0.0278**	-0.2678***	-0.0919***	-0.0790***	1.0000		
Roe	0.3227***	0.0066	0.0676***	0.0152	0.1445***	-0.0426***	-0.0572***	0.0561***	1.0000	
Growth	0.0985***	0.0164	0.0289**	0.0024	-0.0066	-0.0624***	-0.0311***	-0.0355***	0.1954***	1.0000

注：*、**和***分别表示 $p<0.1$、$p<0.05$ 和 $p<0.01$，即在 10%、5% 和 1% 水平上显著。

由表 4-4 可知，MD、PC、CGI 与 CSR 显著正相关，表明市场化程度、政治关联、公司内部治理对企业社会责任履行具有显著的正向影响，初步验证了研究假设 H1、H2 和 H3 成立。所选控制变量 *Size*、*State*、*Age*、*Levera*、*Roe* 和 *Growth* 与 *CSR* 均具有显著的相关性，表明公司规模、产权性质、上市年限、资产负债率、财务绩效和成长性对企业社会责任履行具有显著影响，在实证研究中对其进行控制，进一步提升了研究的科学性。为进一步考察回归模型的多重共线性问题，对所有解释变量和控制变量的方差膨胀因子（*VIF*）进行检验，检验结果如表 4 – 5 所示。

表 4 – 5　　　　　　　变量方差膨胀因子（*VIF*）检验

变量	MD	PC	CGI	Size	State	Age	Levera	Roe	Growth	mean
VIF	1.00	1.03	1.00	1.23	1.09	1.06	1.11	1.08	1.05	1.07

由表 4 – 5 可知，解释变量和控制变量的方差膨胀因子的最大值为 1.23，均值为 1.07，模型不存在多重共线性问题。

（三）回归结果与分析

1. 一般回归结果及分析

为检验公司治理（外部环境治理与公司内部治理）对企业社会责任履行的影响机理及相应研究假设，基于上述构建的实证研究模型，采用混合多元回归方法进行实证检验，检验结果如表 4 – 6 所示：

表 4 – 6　　外部环境治理、公司内部治理与企业社会责任履行实证检验

	OLS（1）	OLS（2）	OLS（3）	OLS（4）	OLS（5）
变量	CSR	CSR	CSR	CSR	CSR
MD		1.0385*			1.0721*
		(1.70)			(1.76)
PC			1.8382***		1.8303***
			(2.77)		(2.76)
CGI				1.0087**	1.0163**
				(2.21)	(2.24)
Size	4.9513***	4.9483***	4.8771***	4.9511***	4.8742***
	(23.57)	(23.62)	(23.18)	(23.57)	(23.24)
State	2.1560***	2.1960***	2.2898***	2.1664***	2.3411***
	(3.06)	(3.12)	(3.26)	(3.08)	(3.34)

续表

变量	OLS（1） CSR	OLS（2） CSR	OLS（3） CSR	OLS（4） CSR	OLS（5） CSR
Age	-1.5488**	-1.5950**	-1.3905**	-1.4994**	-1.3891**
	(-2.46)	(-2.53)	(-2.20)	(-2.38)	(-2.20)
Levera	0.7193***	0.7133***	0.7178***	0.7283***	0.7207***
	(4.47)	(4.46)	(4.44)	(4.53)	(4.50)
Roe	27.9342***	27.9281***	27.7415***	27.8946***	27.6960***
	(17.78)	(17.74)	(17.76)	(17.79)	(17.73)
Growth	2.8268***	2.8056***	2.7925***	2.8317***	2.7757***
	(5.84)	(5.80)	(5.79)	(5.84)	(5.75)
Constant	-83.4979***	-83.9468***	-82.9691***	-84.0230***	-83.9708***
	(-15.84)	(-15.90)	(-15.77)	(-15.95)	(-15.94)
Industry	yes	yes	yes	yes	yes
Year	yes	yes	yes	yes	yes
N	7718	7718	7718	7718	7718
R-sq	0.2456	0.2462	0.2476	0.2462	0.2489
F-statistics	213.61***	183.82***	183.64***	184.16***	144.38***

注：括号中的数据为 t 值，*、**和***分别表示 $p<0.1$、$p<0.05$ 和 $p<0.01$，即在10%、5%和1%水平上显著。

由表4-6可知，公司治理（外部环境治理与公司内部治理）对企业社会责任履行水平具有显著的正向影响，公司治理显著改善了企业社会责任履行。具体而言，市场化程度与企业社会责任履行显著正相关，市场化程度提升显著改善了企业社会责任履行，研究假设H1得到验证。这表明，经过30多年的渐进式市场化制度改革，市场化程度得到有效提升，企业契约履行环境和运营环境显著改善，从而有利于企业社会责任履行，但回归结果仅通过了10%的统计显著性检验，说明我国市场化程度有待进一步提高，市场化改革有待进一步深入推进。政治关联与企业社会责任履行显著正相关，且通过了1%的统计显著性检验，研究假设H2得到验证。这表明，在当前我国转轨经济背景下，在促进企业社会责任履行的相关制度不完备的情况下，政府通过政治关联对企业的激励、监督作用弥补了相关制度缺失的不足，政府通过政治关联与企业的良性互动与合作可以有效提升企业社会责任履行水平，政府通过政治关联在企业社会责任履行中发挥了主导性的推动作用。另外，政府基于社会稳定、增加就业与政治晋升等目标也会促使政治关联型企业履行更多的企业社会责任，政治关联在促进企业社会责任履行中发挥了政企纽带作用。公司内部治理与企社会责任履行显著正相关，公司内部治理显著改善了企业社会责任履行，研究假设 H3 得到验证。这表明公司的有效治理可以优化公司权责利的配置，有利于调动公司各利益相关者参与公司治理的积极性，缓解公司的代理问题，从而保护公司各利益相关者的合法权益，促进企业社会责任履行，回归结果通过 5% 的统计显著性检验，说明当前我国上市公司治理还有待进一步改善，要进一步提升上市公司自身、治理结构、参与治理的各行为主体以及公司决策的独立性，进一步完善上市公司治理制度。综上可知，公司治理（外部环境治理与公司内部治理）对企业社会责任履行具有显著的正向影响，公司治理（外部环境治理与公司内部治理）对企业社会责任履行的影响机理及相应研究假设 H1、H2 和 H3 均得到验证。

从控制变量来看，企业规模与企业社会责任履行显著正相关，且通过 1% 的统计显著性检验，这表明上市公司规模越大有注重企业社会责任履行，规模在一定程度上也反映了企业社会责任履行的能力。产权性质与企业社会责任履行显著正相关，且通过 1% 的统计显著性检验，这表明上市公司国有产权属性的天然政治关联性有利于促进企业社会责任履行。上市年限与企业社会责任履行在 5% 统计显著性水平下显著负相关，可能是随着上市年限的增长，公司的行业竞争力越来越强，甚至处于垄断地位，从而不利于企业社会责任履行。财务绩效和成长性与企业社会责任履行在 1% 统计显著性水平下显著正相关，说明财务绩效和成长性在一定程度反映了上市公司的企业社会责任履行能力。

2. 内生性问题的处理

企业社会责任理念融入公司治理，可以改善公司治理水平，同时企业社会责任履行可以改善政企关系，改善公司外部运营环境，因此，公司治理（外部环境治理与公司内部治理）与企业社会责任履行互为一定的因果关系，为处理解释变量与被解释变量之间因互为因果关系而造成的内生性问题，本章采用滞后一期的外部环境和内部治理与当期企业社会责任履行水平继续采用混合多元回归方法进行实证检验，检验结果如表 4 - 7 所示。

表 4 - 7 滞后一期外部环境治理、公司内部治理与当期企业社会责任履行实证检验

变量	OLS (1) CSR	OLS (2) CSR	OLS (3) CSR	OLS (4) CSR	OLS (5) CSR
$MD_{i,t-1}$		1.0808* (1.73)			1.1101* (1.78)

续表

变量	OLS (1) CSR	OLS (2) CSR	OLS (3) CSR	OLS (4) CSR	OLS (5) CSR
$PC_{i,t-1}$			1.7756***		1.7586***
			(2.67)		(2.65)
$CGI_{i,t-1}$				1.1816**	1.1803**
				(2.41)	(2.41)
$Size$	4.9513***	4.6147***	4.5476***	4.6227***	4.5429***
	(23.57)	(20.89)	(20.54)	(20.85)	(20.58)
$State$	2.1560***	2.3370***	2.4278***	2.3122***	2.4805***
	(3.06)	(3.28)	(3.42)	(3.25)	(3.50)
Age	−1.5488**	−2.0910***	−1.8553**	−1.9520***	−1.8344**
	(−2.46)	(−2.82)	(−2.49)	(−2.64)	(−2.47)
$Levera$	0.7193***	0.6255***	0.6322***	0.6398***	0.6357***
	(4.47)	(3.82)	(3.81)	(3.89)	(3.87)
Roe	27.9342***	29.1550***	29.0878***	29.1807***	29.0711***
	(17.78)	(17.56)	(17.67)	(17.62)	(17.62)
$Growth$	2.8268***	2.4628***	2.4992***	2.5008***	2.4741***
	(5.84)	(4.32)	(4.41)	(4.41)	(4.38)
$Constant$	−83.4979***	−75.3601***	−74.5410***	−75.7284***	−75.6423***
	(−15.84)	(−13.02)	(−12.90)	(−13.08)	(−13.09)
Industry	yes	yes	yes	yes	yes
Year	yes	yes	yes	yes	yes
N	7718	6416	6416	6416	6416
R-sq	0.2456	0.2301	0.2312	0.2302	0.2329
F-statistics	213.61***	158.27***	157.75***	158.23***	123.95***

注：括号中的数据为 t 值，*、** 和 *** 分别表示 $p<0.1$、$p<0.05$ 和 $p<0.01$，即在10%、5%和1%水平上显著。

由表4-7可知，滞后一期的市场化程度与当期企业社会责任履行在10%统计显著性水平下显著正相关。滞后一期的政治关联与当期企业社会责任履行在1%统计显著性水平下显著正相关。滞后一期公司内部治理与当期企业社会责任履行在在5%统计显著性水平下显著正相关。公司治理（外部环境治理与公司内部治理）与企业社会责任履行显著正相关，研究假设H1、H2和H3进一步得到验证。同时也进一步说明，市场化程度、政治关联和公司内部治理对企业社会责任履行的促进作用表现出一定的滞后性和长期性，公司治理（外部环境治理与公司内部治理）对企业社会责任履行的促进效应的传导需要一定的时间，且公司治理对企业社会责任履行的促进作用会持续较长时间。

遗漏变量是造成模型内生性问题的另一原因。现有研究发现，企业社会责任履行的影响因素众多，在构建回归模型时不能考虑穷尽所有影响因素，选取足够多的变量，难免会出现遗漏变量问题。为处理遗漏变量造成的模型内生性问题，本章采用面板固定效应回归方法进一步检验公司治理（外部环境治理与公司内部治理）对企业社会责任履行的影响机理，检验结果如表4-8所示。

表4-8　外部环境治理、公司内部治理与企业社会责任履行面板固定效应检验

变量	OLS (1) CSR	OLS (2) CSR	OLS (3) CSR	OLS (4) CSR	OLS (5) CSR
MD		0.0612*			0.0423*
		(1.68)			(1.70)
PC			2.0422***		2.0452***
			(2.34)		(2.37)
CGI				0.1121*	0.1252*
				(1.72)	(1.76)
Size	2.3510***	2.3523***	2.2696***	2.3481***	2.2671***
	(5.65)	(5.64)	(5.47)	(5.64)	(5.46)
State	0.8189	0.8204	0.7088	0.8130	0.7032
	(0.58)	(0.58)	(0.50)	(0.58)	(0.50)
Age	-13.7450***	-13.7461***	-13.5386***	-13.7382***	-13.5315***
	(-11.20)	(-11.20)	(-11.03)	(-11.20)	(-11.03)
Levera	0.1448	0.1447	0.1442	0.1452	0.1446
	(0.85)	(0.85)	(0.85)	(0.86)	(0.85)
Roe	18.7550***	18.7534***	18.6507***	18.7489***	18.6427***
	(17.18)	(17.17)	(17.12)	(17.19)	(17.12)
Growth	2.0470***	2.0478***	2.0381***	2.0484***	2.0402***
	(5.35)	(5.35)	(5.35)	(5.35)	(5.35)
Constant	9.2208	9.1574	9.8543	9.2286	9.8201
	(1.06)	(1.05)	(1.14)	(1.06)	(1.13)

续表

	OLS (1)	OLS (2)	OLS (3)	OLS (4)	OLS (5)
变量	CSR	CSR	CSR	CSR	CSR
Industry	yes	yes	yes	yes	yes
Year	yes	yes	yes	yes	yes
N	7718	7718	7718	7718	7718
R-sq	0.1276	0.1277	0.1291	0.1276	0.1292
F-statistics	88.62***	75.97***	76.52***	76.16***	59.68***

注：括号中的数据为 t 值，*、** 和 *** 分别表示 $p<0.1$、$p<0.05$ 和 $p<0.01$，即在10%、5%和1%水平上显著。

由表4-8可知，市场化程度与企业社会责任履行在10%统计显著性水平下显著正相关。政治关联与企业社会责任履行在1%统计显著性水平下显著正相关。公司内部治理与企业社会责任履行仅在10%统计显著性水平下显著正相关，统计显著性有所下降。市场化程度、政治关联和公司内部治理对企业社会责任履行具有显著的正向影响，公司治理（外部环境治理与公司内部治理）对企业社会责任履行的影响机理及相应研究假设H1、H2和H3进一步得到验证。

3. 进一步的研究

本章在测量企业社会责任履行水平时，从股东责任、员工责任、权益责任、环境责任和社会责任五个维度进行综合测量，然而公司治理（外部环境治理与公司内部治理）对股东责任、员工责任、权益责任、环境责任和社会责任各分维度企业社会责任履行水平又有怎样的影响？仍需进一步的实证检验。为深入研究公司治理（外部环境治理与公司内部治理）对各分维度企业社会责任履行的影响机理，在上述构建的实证研究模型中，分别用股东责任、员工责任、权益责任、环境责任和社会责任各分维度企业社会责任履行水平替换企业社会责任履行的总水平，从而形成不同的实证模型。

（1）外部环境治理、公司内部治理与股东责任履行

本章采用混合多元回归方法实证检验公司治理（外部环境治理与公司内部治理）对股东责任履行的影响机理，检验结果如表4-9所示。

表4-9　外部环境治理、公司内部治理与股东责任履行实证检验

变量	OLS (1) SHR	OLS (2) SHR	OLS (3) SHR	OLS (4) SHR	OLS (5) SHR
MD		-0.1720*			-0.1670
		(-1.67)			(-1.63)
PC			0.4391***		0.4369***
			(3.95)		(3.93)
CGI				0.1371*	0.1276*
				(1.81)	(1.69)
Size	0.8607***	0.8612***	0.8430***	0.8607***	0.8435***
	(17.69)	(17.72)	(17.46)	(17.69)	(17.50)
State	-0.0681	-0.0748	-0.0362	-0.0667	-0.0414
	(-0.58)	(-0.64)	(-0.31)	(-0.57)	(-0.35)
Age	-0.2465**	-0.2388**	-0.2086**	-0.2398**	-0.1952*
	(-2.46)	(-2.38)	(-2.10)	(-2.39)	(-1.96)
Levera	0.4607***	0.4617***	0.4603***	0.4619***	0.4624***
	(12.25)	(12.26)	(12.36)	(12.29)	(12.40)
Roe	16.6348***	16.6358***	16.5888***	16.6294***	16.584***
	(25.55)	(25.58)	(25.54)	(25.56)	(25.58)
Growth	0.5734***	0.5770***	0.5653***	0.5741***	0.5693***
	(4.23)	(4.27)	(4.18)	(4.23)	(4.22)
Constant	-8.6666***	-8.5923***	-8.5403***	-8.7390***	-8.5361***
	(-7.57)	(-7.51)	(-7.52)	(-7.65)	(-7.52)
Industry	yes	yes	yes	yes	yes
Year	yes	yes	yes	yes	yes
N	7718	7718	7718	7718	7718
R-sq	0.5696	0.5699	0.5716	0.5698	0.5721
F-statistics	309.18***	266.63***	270.14***	268.64***	214.39***

注：括号中的数据为 t 值，*、** 和 *** 分别表示 $p<0.1$、$p<0.05$ 和 $p<0.01$，即在10%、5%和1%水平上显著。

由表4-9可知，市场化程度与股东责任履行负相关，甚至是显著负相关，市场化程度未能促进股东责任履行，研究假设H1a未通过验证。这表明当前市场化程度仍不利于股东权益的保护，经过30多年的渐进式市场化制度改革，

虽然市场化程度得到有效提升，但关于投资者权益保护的相关法律、制度仍有待进一步健全。政治关联与股东责任履行显著正相关，且通过了 1% 的统计显著性检验，政治关联显著改善了股东责任履行，研究假设 H2a 得到验证。这表明在当前我国转轨经济背景下，政治关联是企业获取其生存与发展所需经济资源的有效纽带与途径，有利于规避政府的监管风险，获得政府补贴及税收优惠等，从而有利于提升公司绩效，促进股东责任履行。公司内部治理与股东责任履行显著正相关，公司内部治理显著改善了股东责任的履行，研究假设 H3a 得到验证。这表明公司的有效治理可以缓解公司的代理问题，促使管理者为股东利益最大化而尽心尽责，但回归结果仅通过 10% 的统计显著性检验，说明当前我国上市公司内部治理还有待进一步改善，要进一步提升上市公司自身、治理结构、参与治理的各行为主体以及公司决策的独立性，进一步完善上市公司内部治理制度，从而更好地履行股东责任。

(2) 外部环境治理、公司内部治理与员工责任履行

本章采用混合多元回归方法实证检验公司治理（外部环境治理与公司内部治理）对员工责任履行的影响机理，检验结果如表 4-10 所示。

表 4-10　外部环境治理、公司内部治理与员工责任履行实证检验

变量	OLS (1) ER	OLS (2) ER	OLS (3) ER	OLS (4) ER	OLS (5) ER
MD		0.2451*			0.2514*
		(1.72)			(1.76)
PC			0.1136		0.1119
			(0.73)		(0.72)
CGI				0.2208**	0.2262**
				(2.24)	(2.30)
Size	0.8958***	0.8951***	0.8912***	0.895***	0.8905***
	(16.83)	(16.86)	(16.74)	(16.83)	(16.77)
State	0.7207***	0.7301***	0.7290***	0.7230***	0.7409***
	(4.46)	(4.52)	(4.52)	(4.48)	(4.59)
Age	-0.4931***	-0.5040***	-0.4833***	-0.4823***	-0.4836***
	(-3.34)	(-3.42)	(-3.26)	(-3.27)	(-3.27)
Levera	0.0809**	0.0795**	0.0809**	0.0829***	0.0814**
	(2.14)	(2.11)	(2.14)	(2.20)	(2.17)

续表

变量	OLS (1) ER	OLS (2) ER	OLS (3) ER	OLS (4) ER	OLS (5) ER
Roe	1.0754***	1.0740***	1.0635***	1.0667***	1.0533***
	(4.18)	(4.18)	(4.15)	(4.16)	(4.12)
Growth	0.4513***	0.4463***	0.4492***	0.4524***	0.4452***
	(4.44)	(4.41)	(4.43)	(4.46)	(4.41)
Constant	-15.5450***	-15.6510***	-15.5124***	-15.6615***	-15.7409***
	(-11.96)	(-12.03)	(-11.94)	(-12.05)	(-12.12)
Industry	yes	yes	yes	yes	yes
Year	yes	yes	yes	yes	yes
N	7718	7718	7718	7718	7718
R-sq	0.1373	0.1382	0.1375	0.1380	0.1391
F-statistics	78.93***	68.10***	67.66***	69.22***	54.30***

注：括号中的数据为 t 值，*、** 和 *** 分别表示 $p<0.1$、$p<0.05$ 和 $p<0.01$，即在 10%、5% 和 1% 水平上显著。

由表 4-10 可知，市场化程度与员工责任履行显著正相关，市场化程度显著改善了员工责任履行，研究假设 H1b 得到验证。这表明当前市场化程度有利于维护员工的合法权益，促使企业履行员工责任，但回归结果仅通过 10% 统计显著性检验，说明关于员工权益保护的相关法律、制度还有待进一步健全，市场化改革仍需进一步深化，市场化程度仍需进一步提高。政治关联与员工责任履行正相关，但并没有通过统计显著性检验，政治关联在一定程度上改善了员工责任履行，研究假设 H2b 得到一定的验证。这表明在当前我国转轨经济背景下，政治关联是政府促使企业保护员工合法权益的纽带，政治关联有利于促使企业对员工责任履行，但相较于企业主动维护员工权益的效果，政府通过政治关联干预的效果相对较差。公司内部治理与员工责任履行在 5% 统计显著性水平下显著正相关，公司内部治理显著改善了员工责任履行，研究假设 H3b 得到验证。这表明公司的有效治理可以缓解公司各利益相关者的利益冲突，促使管理者在日常管理中更注重以人为本，切实维护员工的合法权益。

(3) 外部环境治理、公司内部治理与权益责任履行

本章采用混合多元回归方法实证检验公司治理（外部环境治理与公司内部治理）对权益责任履行的影响机理，检验结果如表 4-11 所示。

表4-11　外部环境治理、公司内部治理与权益责任履行实证检验

变量	OLS(1) SCCRR	OLS(2) SCCRR	OLS(3) SCCRR	OLS(4) SCCRR	OLS(5) SCCRR
MD		0.5136**			0.5244**
		(2.51)			(2.57)
PC			0.4617**		0.4597**
			(2.02)		(2.02)
CGI				0.3344**	0.3431**
				(2.21)	(2.28)
Size	1.1902***	1.1887***	1.1716***	1.1901***	1.1701***
	(16.58)	(16.66)	(16.30)	(16.56)	(16.37)
State	0.7438***	0.7636***	0.7775***	0.7473***	0.8011***
	(3.09)	(3.17)	(3.23)	(3.11)	(3.33)
Age	-0.5879***	-0.6107***	-0.5481***	-0.5715***	-0.5548***
	(-2.79)	(-2.90)	(-2.59)	(-2.72)	(-2.63)
Levera	0.1384**	0.1354**	0.1380**	0.1414***	0.1381**
	(2.54)	(2.52)	(2.52)	(2.60)	(2.56)
Roe	2.2386***	2.2356***	2.1902***	2.2255***	2.1739***
	(5.82)	(5.81)	(5.72)	(5.80)	(5.69)
Growth	0.3848***	0.3743***	0.3762***	0.3864***	0.3672***
	(2.82)	(2.75)	(2.77)	(2.83)	(2.71)
Constant	-22.8373***	-23.0593***	-22.7045***	-23.0137***	-23.1127***
	(-12.59)	(-12.72)	(-12.52)	(-12.70)	(-12.78)
Industry	yes	yes	yes	yes	yes
Year	yes	yes	yes	yes	yes
N	7718	7718	7718	7718	7718
R-sq	0.1094	0.1113	0.1108	0.1102	0.1134
F-statistics	86.80***	75.38***	74.58***	74.91***	59.30***

注：括号中的数据为 t 值，*、**和***分别表示 $p<0.1$、$p<0.05$ 和 $p<0.01$，即在10%、5%和1%水平上显著。

由表4-11可知，市场化程度与权益责任履行在5%统计显著性水平下显著正相关，市场化程度显著改善了权益责任履行，研究假设H1c得到验证。这表明当前市场化程度有利于维护供应商、客户及消费者的合法权益，

经过 30 多年的渐进式市场化制度改革,相关的法律、制度得到一定的完善,促进了公平竞争,企业只有切实维护供应商、客户及消费者的合法权益才能在商业竞争中立于不败之地。政治关联与权益责任履行在 5% 统计显著性水平下显著正相关,政治关联显著改善了权益责任履行,研究假设 H2c 得到验证。这表明在当前我国转轨经济背景下,特别是在政府更关注社会公平和民生的当下,政府通过相应的制度安排促使企业保护供应商、客户及消费者合法权益,政治关联在政府促使企业权益责任履行中发挥了纽带作用。公司内部治理与权益责任履行在 5% 统计显著性水平下显著正相关,公司内部治理显著改善了权益责任履行,研究假设 H3c 得到验证。这表明公司的有效治理可以缓解公司各利益相关者的利益冲突,切实维护供应商、客户及消费者的合法权益,与供应商、客户和消费者构建和谐的合作关系,降低公司的交易费成本。

(4) 外部环境治理、公司内部治理与环境责任履行

本章采用混合多元回归方法实证检验公司治理(外部环境治理与公司内部治理)对环境责任履行的影响机理,检验结果如表 4-12 所示。

表 4-12　外部环境治理、公司内部治理与环境责任履行实证检验

变量	OLS (1) ENR	OLS (2) ENR	OLS (3) ENR	OLS (4) ENR	OLS (5) ENR
MD		0.5525 ** (2.41)			0.5579 ** (2.44)
PC			0.1764 (0.71)		0.1765 (0.71)
CGI				0.1658 (1.02)	0.1787 (1.10)
Size	1.3761 *** (16.86)	1.3745 *** (16.91)	1.3690 *** (16.62)	1.3760 *** (16.86)	1.3673 *** (16.68)
State	1.3111 *** (5.18)	1.3324 *** (5.27)	1.3240 *** (5.21)	1.3128 *** (5.19)	1.3473 *** (5.32)
Age	-1.2937 *** (-5.20)	-1.3183 *** (-5.31)	-1.2785 *** (-5.15)	-1.2856 *** (-5.17)	-1.2946 *** (-5.22)
Levera	0.1379 ** (2.39)	0.1347 ** (2.35)	0.1377 ** (2.38)	0.1393 ** (2.41)	0.1361 ** (2.38)

续表

变量	OLS (1) ENR	OLS (2) ENR	OLS (3) ENR	OLS (4) ENR	OLS (5) ENR
Roe	1.3663***	1.3630***	1.3478***	1.3597***	1.3375***
	(3.55)	(3.54)	(3.52)	(3.53)	(3.50)
Growth	0.4504***	0.4391***	0.4471***	0.4512***	0.4365***
	(2.85)	(2.79)	(2.83)	(2.86)	(2.77)
Constant	-25.2269***	-25.4657***	-25.1761***	-25.3143***	-25.5114***
	(-12.47)	(-12.54)	(-12.42)	(-12.50)	(-12.52)
Industry	yes	yes	yes	yes	yes
Year	yes	yes	yes	yes	yes
N	7718	7718	7718	7718	7718
R-sq	0.1316	0.1332	0.1317	0.1317	0.1336
F-statistics	83.58***	72.07***	71.58***	71.82***	56.17***

注：括号中的数据为 t 值，*、** 和 *** 分别表示 $p<0.1$、$p<0.05$ 和 $p<0.01$，即在 10%、5% 和 1% 水平上显著。

由表 4-12 可知，市场化程度与环境责任履行在 5% 统计显著性水平下显著正相关，市场化程度显著改善了环境责任履行，研究假设 H1d 得到验证。这表明经过 30 多年的渐进式市场化制度改革，关于环境保护的相关法律、制度得到一定的完善，市场化程度的提升有利于促进企业加大环境保护投入力度，自觉履行环境责任。政治关联与环境责任履行正相关，但并未通过统计显著性检验，政治关联在一定程度上促进了环境责任履行，研究假设 H2d 的在以定程度上得到验证。这表明在当前我国转轨经济背景下，由于外部监管的不足，企业的逐利性往往会促使其以牺牲环境为代价来追求经济利润，企业的环境保护意识以及增加环境保护投入的自主性不强，政府的监督在一定程度上强化了企业的环境保护意识，促使企业加大环境保护投入的力度，政治关联在政府促使企业环境责任履行中发挥了一定的纽带作用。公司内部治理与环境责任履行正相关，但并未通过统计显著性检验，公司内部治理在一定程度上改善了环境责任履行，研究假设 H3d 在一定程度上得到验证。这表明公司的有效治理可以缓解公司各利益相关者的利益冲突，减少其外部不经济行为，促使其维护外部利益相关者的利益，加大环境保护的投入力度，履行环境责任，但当前上市公司内部治理中对环境保护的理念仍有待进一步加强。

（5）外部环境治理、公司内部治理与社会责任履行

本章采用混合多元回归方法实证检验公司治理（外部环境治理与公司内部治理）对社会责任履行的影响机理，检验结果如表4-13所示。

表4-13 外部环境治理、公司内部治理与社会责任履行实证检验

变量	OLS(1) SR	OLS(2) SR	OLS(3) SR	OLS(4) SR	OLS(5) SR
MD		-0.0951			-0.0891
		(-0.55)			(-0.52)
PC			0.6085***		0.6065***
			(3.08)		(3.07)
CGI				0.1495	0.1402
				(1.18)	(1.11)
Size	0.6129***	0.6131***	0.5883***	0.6128***	0.5886***
	(8.43)	(8.43)	(8.18)	(8.43)	(8.19)
State	-0.5508***	-0.5545***	-0.5065**	-0.5493**	-0.5087**
	(-2.59)	(-2.61)	(-2.39)	(-2.58)	(-2.40)
Age	1.0850***	1.0892***	1.1374***	1.0923***	1.1481***
	(6.92)	(6.92)	(7.19)	(6.97)	(7.23)
Levera	-0.0931**	-0.0925**	-0.0936**	-0.0917**	-0.0918**
	(-2.07)	(-2.06)	(-2.06)	(-2.05)	(-2.03)
Roe	6.4620***	6.4626***	6.3982***	6.4562***	6.3935***
	(16.35)	(16.36)	(16.28)	(16.35)	(16.29)
Growth	0.9933***	0.9953***	0.9820***	0.9941***	0.9845***
	(5.41)	(5.42)	(5.38)	(5.41)	(5.39)
Constant	-10.9113***	-10.8702***	-10.7362***	-10.9902***	-10.7723***
	(-6.31)	(-6.28)	(-6.27)	(-6.36)	(-6.29)
Industry	yes	yes	yes	yes	yes
Year	yes	yes	yes	yes	yes
N	7718	7718	7718	7718	7718
R-sq	0.1115	0.1116	0.1147	0.1117	0.1150
F-statistics	85.43***	73.29***	75.06***	73.55***	58.73***

注：括号中的数据为t值，*、**和***分别表示$p<0.1$、$p<0.05$和$p<0.01$，即在10%、5%和1%水平上显著。

由表4-13可知，市场化程度与社会责任履行负相关，市场化程度未能促

进社会责任履行，研究假设 H1e 未通过验证。这表明市场化程度的提升加剧了行业竞争，从而减少了公司社会捐赠等社会责任的投入，不利于社会责任履行。政治关联与社会责任履行在 1% 统计显著性水平下显著正相关，政治关联显著改善了社会责任履行，研究假设 H2e 得到验证。这表明在当前我国转轨经济背景下，政府会促使政治关联型企业履行更多的社会责任，特别是在地震等自然灾害发生后，政府对政治关联型企业社会捐赠等具有一定的鼓励导向和心理预期，并表现出一定的行政指令性。政治关联是政府促使企业社会捐赠等社会责任投入的纽带，促进了社会责任履行。公司内部治理与社会责任履行正相关，但并未通过统计显著性检验，公司内部治理在一定程度上促进了社会责任履行，研究假设 H3e 在一定程度上得到验证。这表明公司的有效治理可以缓解公司各利益相关者的利益冲突，促使企业关注外部利益相关者的利益，在一定程度上可以增加企业社会捐赠等社会责任的投入，促进社会责任履行，但社会捐赠等社会责任属于企业社会的较高层次，当前我国上市公司内部治理的目标大多是股东利益最大化，因此对社会捐赠等社会责任履行的影响不显著。

（四）稳健性检验

为进一步考察以上研究结论的稳健性，本章从以下几个方面进行稳健性检验：(1) 更换控制变量。分别将公司资产负债率的代理变量更换为长期资本负债率、财务绩效的代理变量更换为总资产收益率、公司成长性的代理变量更换总资产增长率，重复以上回归分析，回归结果及显著性无显著差异，研究结论依然成立。(2) 为进一步减少极端值对回归结果的影响，采用分位数回归法重复以上回归分析，除公司内部治理对企业社会责任履行水平正向影响的统计显著性稍有降低外，其他回归结果及统计显著性无显著差异，研究结论依然成立。综上可知，本书所得结论具有一定的稳健性。限于篇幅，本章仅列出外部环境治理、公司内部治理与企业社会责任履行分位数回归分析的企业社会责任履行中位数的回归结果，如表 4 – 14 所示。

表 4 – 14　外部环境治理、公司内部治理与企业社会责任履行中位数回归

变量	QR_0.5 (1) CSR	QR_0.5 (2) CSR	QR_0.5 (3) CSR	QR_0.5 (4) CSR	QR_0.5 (5) CSR
MD		0.0779* (1.69)			0.1752* (1.71)

续表

变量	QR_0.5 (1) CSR	QR_0.5 (2) CSR	QR_0.5 (3) CSR	QR_0.5 (4) CSR	QR_0.5 (5) CSR
PC			1.3338***		1.3625***
			(3.66)		(3.72)
CGI				0.5097*	0.5304*
				(1.78)	(1.76)
Size	3.3986***	3.3841***	3.3993***	3.3843***	3.4081***
	(25.41)	(25.31)	(25.58)	(25.18)	(25.52)
State	0.5345	0.5324	0.4320	0.5007	0.4897
	(1.43)	(1.43)	(1.17)	(1.33)	(1.32)
Age	0.2946	0.3012	0.4911	0.3340	0.5776*
	(0.85)	(0.87)	(1.44)	(0.96)	(1.68)
Levera	0.4731***	0.4744***	0.4777***	0.4709***	0.4980***
	(4.73)	(4.75)	(4.84)	(4.68)	(5.02)
Roe	24.2062***	24.2164***	23.9142***	23.9944***	23.6880***
	(23.66)	(26.68)	(23.66)	(23.33)	(23.32)
Growth	2.6567***	2.6355***	2.6606***	2.7539***	2.6318***
	(5.69)	(5.65)	(5.77)	(5.87)	(5.68)
Constant	-57.6700***	-57.4177***	-58.6047***	-57.6302***	-59.4187***
	(-17.50)	(-17.42)	(-18.00)	(-17.37)	(-18.11)
Industry	yes	yes	yes	yes	yes
Year	yes	yes	yes	yes	yes
N	7718	7718	7718	7718	7718
Pseudo R-sq	0.1074	0.1074	0.1086	0.1076	0.1088

注：括号中的数据为 t 值，$*$、$**$ 和 $***$ 分别表示 $p<0.1$，$p<0.05$ 和 $p<0.01$，即在 10%、5% 和 1% 水平上显著。

五、结论与启示

本章基于制度理论、委托代理理论、利益相关者理论和资源基础理论等从外部环境治理（市场化程度和政治关联）与公司内部治理两方面深入分析了公司治理对企业社会责任履行的影响机理，并基于2010—2015年中国A股上市公司的数据进行了实证检验。研究发现，公司治理对企业社会责任履行具有显著的正向影响，公司治理显著改善了企业社会责任履行，且公司治理对企业社会责任履行的显著正向影响具有滞后性和长期性。具体地，市场化程度显著改善了企业社会责任履行，且显著改善了员工责任、权益责任和环境责任履行，但并未促进股东责任和社会责任履行。政治关联显著改善了企业社会责任履行，且对股东责任、员工责任、权益责任、环境责任和社会责任履行均具有促进作用。公司内部治理显著改善了企业社会责任履行，且对股东责任、员工责任、权益责任、环境责任和社会责任均具有促进作用。

  基于以上研究结论，得到如下研究启示：（1）在转轨经济中，企业社会责任履行的"自律性"还不强，必须通过内外部的压力促使企业社会责任履行，通过外部制度环境的持续改善和公司内部治理机制的改进来促使企业社会责任履行。（2）现阶段要结合法律强制、行政干预、社会监督、责任认证、企业内部治理和企业自律自愿等方式形成一套多层次的制度安排将企业社会责任的理念内化于公司的商业行为与治理结构之中，实现公司的"自我管制"，以促使企业积极主动地履行企业社会责任。（3）通过社会共同体构建相应的"软制度"以及债权人、消费者、社会公众等利益相关者的制约来促使企业社会责任履行。（4）在我国市场机制和法律体系仍不健全的背景下，政府应通过政治关联对企业的监督来约束企业行为，促使企业社会责任及分维度企业社会责任履行。同时，政府应通过政治关联在企业社会责任履行实践中发挥主导作用，注重与企业的良性互动与合作，从而推动和激励企业社会责任履行。（5）关于外部制度环境的改善，要从大力促进非国有经济发展、提高要素市场和产品市场的发育程度、促进市场中介组织发育、完善法律制度环境等方面深化制度环境的市场化改革，构建科学合理的市场机制，优化企业经营的外部制度环境，进一步界定政府的权力边界，在法律法规和市场制度框架内约束政府行为，降低政府行政机制对市场机制的干扰，充分发挥市场在经济资源配置中的决定性和主导性作用。（6）在公司内部治理中，要正确区分董事、股东的角色和功能定位，董事要切实履行对全体股东的诚信责任。从董事会规模、独立性、领导权结构、会议频率、专业委员会以及董事激励等方面优化董事会治理机制，充分发挥董事会在公司治理中的核心作用，通过制定或修改相关政策和法律法规，约束大股东"垄断"董事会的行为，以减少大股东对中小股东等利益相关者的剥夺。

第五章 企业社会责任履行与公司绩效实证研究

一、引言

随着全球性企业社会责任运动的兴起和企业社会责任理念的传播,企业社会责任逐渐深入人心,企业也逐渐认识到企业社会责任履行的重要性,将企业社会责任提升到企业战略高度,逐步加大企业社会责任投入力度,通过设立社会责任委员会、制定企业社会责任战略、培育企业社会责任文化等途径主动进行企业社会责任履行,然而企业社会责任履行具有怎样的经济后果?企业社会责任履行是否具有价值效应?是否提升了公司绩效?企业社会责任履行对公司绩效的影响是否具有一定的滞后性和长期性?厘清企业社会责任履行对公司绩效的影响机理有利于深刻认识企业社会责任的内涵,并为公司主动承担企业社会责任提供重要的理论支撑。企业社会责任履行与公司绩效的关系仍需进一步深入探讨。

企业社会责任履行与公司绩效之间的关系一直是国内外理论界和实务界长期关注和争论的焦点。在企业社会责任履行对公司绩效的影响机理研究方面,国内外学者从不同视角进行了深入分析,Heinkel et al. (2001) 基于市场分割理论构建了市场分割模型来分析企业社会责任与公司绩效的关系。Mackey et al. (2007) 构建了企业社会责任供需均衡模型来分析企业社会责任与公司股票价格之间的关系。温素彬和方苑 (2008) 基于利益相关者理论根据资本形态的差异对企业利益相关者进行了分类,构建了企业社会责任的利益相关者模型来分析企业社会责任履行与公司绩效的关系。毕楠（2012）基于利益相关者视角分析了企业社会责任履行的价值创造驱动因素及微观作用机理。王清刚和徐欣宇（2016）基于利益相关者理论和生命周期理论分析了企业对各利益相关者责任履行的价值创造机理。在实证研究方面，现有研究因所选取的研究对象和研究方法的不同、企业社会责任履行和公司绩效定义和测量指标的差异，并未得出一致的结论，形成了企业社会责任履行与公司绩效正相关、负相关、不相关与不明确等观点，但多数研究支持企业社会责任履行与公司绩效正相关的观点。Margolis 和 Walsh（2003）梳理了 1971—2001 年超过 120 个关于企业社会责任履行与公司绩效关系的经验研究文献发现，企业社会责任履行对公司绩效的影响表现出较强的不确定性，但多数研究得出了企业社会责任履行对公司绩效具有正向影响的结论。Beurden 和 Gössling（2008）对 1990 年以来关于企业社会责任履行与公司绩效之间关系的经验研究文献的梳理也得出了类似的结论。在我国转轨经济及经济发展进入新常态背景下，上市公司企业社会责任履行是否提升了公司绩效？仍需进一步的实证检验。

基于此，本书基于代理理论、利益相关者理论、交易成本理论、信息理论和资源基础理论等理论深入分析了企业社会责任履行对公司绩效的影响机理，并基于 2010—2015 年中国 A 股上市公司的数据进行了实证检验。研究发现，企业社会责任履行与公司绩效显著正相关，企业社会责任履行具有价值效应，显著提升了公司绩效，且企业社会责任履行对公司绩效的提升作用具有一定的滞后性与长期性。进一步研究发现，企业社会责任履行对公司绩效的提升作用无地区和行业差异。股东责任、员工责任、权益责任、环境责任和社会责任各分维度企业社会责任履行对公司绩效也具有显著的提升作用。本书进一步丰富了企业社会责任履行经济后果的研究文献，从改善公司绩效视角丰富了公司应主动承担企业社会责任的理论支撑与经验证据。

本章后续结构安排如下：第二部分是理论分析与研究假设；第三部分是研究设计，包括样本选择与数据来源、变量定义与测量以及回归模型的构建；第四部分是回归结果与分析，主要包括变量描述性统计分析、相关性分析、一般回归结果及分析、进一步研究的回归结果及分析和稳健性检验；第五部分是本书的研究结论与启示。

二、理论分析与研究假设

企业的生存与发展，离不开企业各利益相关者的积极参与及其资源的投入。利益相关者理论认为，企业的目标不仅是实现股东利益最大化，而是实现包括股东在内的所有利益相关者利益最大化（Freeman，1984）。企业从战略高度配置资源进行企业社会责任活动，可以更好地满足企业各利益相关者的利益诉求，缓解利益相关者之间的利益冲突，增强企业各利益相关者参与公司治理的积极性和主动性，从而减少管理层的短视行为和机会主义行为，缓解公司的代理问题，降低公司的代理成本。Kong（2013）基于中国企业的研究发现，企业社会责任履行可以促进中小股东参与公司决策，在一定程度上，提高了中小股东的公司治理作用。企业社会责任履行有利于增强企业与其利益相关者的信任度，改善企业与其利益相关者的关系，降低企业的交易成本。企业社会责任履行虽然要投入一定的资源，但能更好地满足企业各利益相关者的利益诉求，提高内部利益相关者的积极性和主动性，外部利益相关者也会对企业产生良好的印象，消费者会购买更多的产品或服务，因此，企业社会责任履行并不是企业稀缺资源的浪费，而是公司绩效提升的重要途径。Donaldson（1999）研究发现，企业社会责任履行提高了企业与各利益相关者之间的契约关系履行的质量和效率，促进了企业与各利益相关者"交易关系"的实现。Turcsanyi和Sisaye（2013）基于美国强生公司的案例研究发现，在组织业务战略规划过程中，如果把组织的经济绩效与社会、环境目标进行有效的整合，最大限度地满足股东、消费者、社会及社区的利益，组织的盈利能力更具持久性。

企业社会责任履行是企业实现差异化战略的有效途径，是为企业创造可持续竞争优势的一种资源或能力，实施企业社会责任战略可以帮助企业获取竞争优势从而帮助企业实现其战略目标，提升公司绩效。Greening 和 Turban（2000）研究发现，企业社会责任履行可以帮助企业在人力资本市场建立竞争优势。

McWilliams et al. （2002）研究发现，企业社会责任履行可以帮助企业构建监管壁垒，从而在市场竞争中处于优势地位。石军伟和胡立君等（2009）研究发现，基于社会资本的"战略性企业社会责任"可以提升组织竞争优势。张旭和宋超等（2010）研究发现，企业社会责任履行可以显著提升企业竞争力。Manasakis et al.（2014）研究发现，企业社会责任履行可以提升企业的市场竞争力，使企业在市场竞争中处于优势地位。Carlos et al.（2014）基于西班牙酒店业的研究发现，企业社会责任履行可以帮助企业形成可持续竞争优势。Wang et al.（2015）研究发现，企业社会责任是企业的一种无形资产，企业社会责任履行是实现差异化和形成竞争优势的有效途径，从而提升公司绩效。Saeidi et al.（2015）基于伊朗制造业和消费品公司的研究发现，企业社会责任履行可以显著提升企业的可持续竞争优势。

企业社会责任履行水平是企业伦理和文化价值观的外在表现，企业社会责任履行可以帮助企业获取各利益相关者的优质资本，帮助企业获取社会资本，还可以帮助企业获得企业生存与发展的稀缺资源，如金融、政府合同、高技能员工及关键利益相关者支持下的有效管理，从而提升公司的运营效率和绩效。资源基础理论认为，企业信誉资本是企业的稀缺性、价值性、难以模仿和替代的重要资源，有利于企业形成竞争优势，从而对企业绩效产生正向影响。企业对消费者、顾客和员工责任的履行可以帮助企业形成交易信誉资本，企业对社区责任的履行可以帮助企业形成道德信誉资本，企业对投资者责任的履行可以帮助企业形成财务信誉资本，企业信誉资本形成，可以促进积极交易的实现，从而提升公司绩效。李红玉和陆智强等（2009）研究发现，企业社会责任履行有利于企业构建社会关系网络，增强社会信任，获取社会资本。刘建秋和宋献中（2011）研究发现，企业社会责任履行可以帮助企业获得货币与非货币化收益来改善公司绩效。唐鹏程和杨树旺（2016）研究发现，企业社会责任履行可以为企业积累信誉资本，而信誉资本可以降低交易成本、监督成本和企业风险，并扩大社会交易的范围和空间，从而提升公司绩效。

企业社会责任履行可以帮助企业获得其存在的合法性和社会认可，改善企业形象，从而产生声誉效应。企业社会责任履行可以提高企业员工的认同度和社会参与度，吸引优秀员工加入企业，从而提升公司绩效。企业社会责任履行还可以通过提升员工的满意度、加强对管理层的约束、推进组织与技术变革，提高企业效率，从而提升公司绩效。Gardberg 和 Fomburn（2006）研究发现，企业社会责任履行可以提高企业形象和知名度，与企业各利益相关者形成和谐的关系，帮助企业获取社会声誉等无形资本，从而提升公司绩效。山立威和甘犁等（2008）研究发现，企业在地震等自然灾害后的捐赠行为可以提高企业声誉，对企业具有广告宣传效应。Weber（2008）认为，企业社会责任履行可以提升企业形象和声誉，提高企业产品或服务的市场份额，增加企业收入，从而对公司绩效产生正向影响。朱松（2011）研究发现，企业社会责任履行可以提升企业的市场评价。Taghian et al.（2015）基于澳大利亚公司的研究发现，企业社会责任履行可以显著提升公司声誉。

企业社会责任履行具有信息传递效应，可以有效缓解企业的信息不对称问题。Reverte（2009）研究发现，企业社会责任履行可以降低公司股东与管理层的信息不对称程度，减少公司的代理成本，提升公司运营效率和公司绩效。Cheng et al.（2014）研究发现，企业社会责任履行可以降低公司与资本市场间的信息不对称程度，减少公司的资本市场融资约束，降低公司的资本成本。企业社会责任履行是公司有效治理的信号传递机制，企业社会责任履行可以吸引更多的投资者，提高公司的融资便利性，降低公司的融资约束和融资成本，优化公司资本结构，从而提升公司绩效。冉戎和王丁等（2016）研究发现，积极型企业社会责任战略的实施可以有效缓解企业的融资约束、减弱企业与其利益相关者的信息不对称程度、降低企业的代理成本。企业社会责任履行是一种产品信息传递机制，企业社会责任履行可以加强公益事业营销，提高消费者对企业产品或服务的购买意愿，减少顾客对企业产品或服务的抵制，从而增加市场对企业产品或服务需求量，企业社会责任履行是有效的商业策略。Sergio et al.（2008）研究发现，企业社会责任是企业的一种营销工具，企业社会责任履行可以显著影响消费者的"购买行为"，提升消费者对企业的忠诚度。刘凤军和李敬强等（2012）研究发现，企业社会责任承诺、履行水平与时间选择对品牌影响力具有显著的正向影响。田敏和李纯青等（2014）研究发现，企业积极履行产品相关责任、慈善和公益实践等企业社会责任可以提升消费者品牌评价。Bai 和 Chang（2015）基于中国制造业公司的研究发现，企业社会责任履行可以显著提高公司的营销能力，从而提升公司绩效。

企业社会责任履行可以改善企业与政府的关系，有利于构建企业的政治网络，提升公司的政治合法性，积累政治资本，获得政府的补助和税收优惠，提高债务融资的便利性和减少政府监管部门的管制，提升公司绩效。Scherer et al.（2011）研究发现，企业社会责任履行可以降低政府的监管风险。李姝和谢晓嫣（2014）基于中国民营企业的研究发现，企业社会责任履行有利于企业获得贷款，同时还有助于良好政企关系的形成。戴亦一和潘越（2014）研究发现，企业慈善捐赠可以构建良好的政企关系，从而提高企业的融资便利性，帮助企业获得政府补贴和额外投资机会。贾明和向翼等（2015）研究发现，企业慈善捐赠提升了企业的政治回报。李维安和王鹏程等（2015）基于我国民营上市公司的研究发现，企业慈善捐赠促进了民营企业的债务融资。

企业社会责任是企业风险管理的有效途径，企业社会责任履行具有效降低企业风险的功能，企业社会责任履行可以降低企业环境污染和欺诈等败德行为造成的不良影响。同时企业社会责任履行可以提升公司的风险承担能力，而风险承担能力是公司价值创造的必要条件。许正良和刘娜（2008）研究发现，企业社会责任是一种独特的投资工具，企业社会责任履行可以增加企业收益、降低企业风险、提升企业的市场竞争力和可持续发展能力。Ayadi et al.（2015）基于美国上市公司的研究发现，企业社会责任履行对公司风险承担具有显著的正向影响，企业风险承担是实现企业社会责任履行价值效应的重要机制。

任何事情都具有两面性，企业社会责任履行提升公司绩效的同时，也会对公司绩效产生一定的不利影响。代理理论认为，管理者与股东之间是委托代理关系，存在利益冲突，管理者为提升其在职业经理人市场上的声誉，获得更多的私人收益，往往会过度投资企业社会责任活动，同时管理者声誉的提升可以帮助其获得更多的职业生涯机会和较强的谈判能力，导致管理者的过度自信，而管理者过度自信容易导致管理者的过度投资行为，加剧公司代理问题，增加公司的代理成本，最终损害公司绩效。企业社会责任履行要额外占用公司稀缺资源，减少增强企业核心竞争力资源的投入，降低企业的核心竞争能力，同时增加企业的运营成本，加重企业的财务负担，使企业处于经济劣势地位，从而对公司绩效产生不利影响。部分实证研究也支持上述观点，如李正（2006）基于沪市上市公司的研究发现，当期企业社会责任履行对公司绩效有负向影响。Becchetti et al.（2008）基于美国公司的研究发现，企业社会责任履行在一定程度上会增加劳动力成本和中间品生产成本。Sprinkle 和 Maines（2010）研究发现，企业社会责任履行会增加企业资本和资源的投入，减少企业其他价值增值项目的投入，增加企业的直接成本和机会成本。李伟（2012）基于中国交通运输行业公司的研究发现，企业社会责任履行对公司财务绩效具有显著的负向影响。

基于以上理论分析，本书提出研究假设 H1：企业社会责任履行具有价值效应，企业社会责任履行对公司绩效具有显著的正向影响，企业社会责任履行可以显著提升公司绩效。

企业股东责任、员工责任、权益责任、环境责任与社会责任的积极履行也具有价值效应，可以显著提升公司绩效。企业积极履行对投资者的责任，最大化其投资回报，切实保护投资者的经济利益，可以增强投资者信心，提高企业融资便利性，降低企业融资成本和财务风险，从而提升公司绩效。公司积极履行对员工的责任，切实维护员工的合法权益，可以提高员工的忠诚度和满意度，降低员工离职率，激发员工的工作积极性、主动性和创造性，提高公司劳动生产率，同时吸引更优秀员工的加入，提高公司人力资本质量，从而提升公司绩效。企业积极履行对客户、消费者的责任，提供更优质的产品或服务，切实维护客户、消费者的合法权益，可以提高客户、消费者的满意度、认可度和忠诚度，从而提升公司品牌形象以及客户、消费者的购买意愿，最终客户、消费者通过"货币投票权"提升公司绩效。公司积极履行对供应商的责任，与供应商构建互利共赢的合作关系，可以降低公司的交易成本和经营风险，从而提升公司价值；公司积极履行对政府的责任，构建和谐的政企关系，可以减少政府监管部门的管制，获得政策补贴和税收优惠，从而提升公司绩效。公司积极履行对生态环境和社会的责任，促进企业经济利益、生态环境保护以及社会公益相协调，有利于提高企业声誉，为企业积累道德资本，改善企业外部经营环境，从而提升公司绩效。

基于以上理论分析，本书提出如下研究假设：

H1a：股东责任履行具有价值效应，股东责任履行对公司绩效具有显著的正向影响，股东责任履行可以显著提升公司绩效。

H1b：员工责任履行具有价值效应，员工责任履行对公司绩效具有显著的正向影响，员工责任履行可以显著提升公司绩效。

H1c：权益责任履行具有价值效应，权益责任履行对公司绩效具有显著的正向影响，权益责任履行可以显著提升公司绩效。

H1d：环境责任履行具有价值效应，环境责任履行对公司绩效具有显著的正向影响，环境责任履行可以显著提升公司绩效。

H1e：社会责任履行具有价值效应，社会责任履行对公司绩效具有显著的正向影响，社会责任履行可以显著提升公司绩效。

三、研究设计

（一）样本选择与数据来源

1. 样本选取

本章选取 2010—2015 年中国 A 股上市公司为研究对象，由于深圳证券交易所和上海证券交易所分别于 2006 年和 2009 年出台相应政策鼓励上市公司披露企业社会责任履行信息,其后上市公司才陆续发布年度企业社会责任报告,考虑到样本数据的可获得性,本章选取 2010 年作为研究起点。遵循主流研究的做法,研究样本剔除金融行业上市公司;剔除在境外上市的公司;剔除 ST、*ST 和 PT 等经过特殊处理的公司;剔除研究区间内样本观测值少于三年的公司;剔除数据无法获取的公司;最终得到 1302 家公司 7718 个样本观测值。研究样本涵盖上市公司最新行业分类除金融行业外的所有行业大类,研究样本遍布全国除港、澳、台外的 31 个省、自治区和直辖市。

2. 数据来源与数据初步处理

公司治理结构(股东、董事会、高管层和监事会)和公司财务数据主要来自 CSMAR、CCER 和 WIND 数据库,对于数据库中部分缺失的数据通过查阅公司年报和公司网站获得。政治关联数据主要来自 CSMAR 数据库,对于数据库中部分缺失的数据通过查阅公司年报、公司网站和巨潮资讯网站获得。企业社会责任履行数据来自和讯网上市公司企业社会责任履行专业测评数据库,① 对部分缺失的数据通过查阅公司年度社会责任报告和公司网站获得。为消除极端值对回归结果稳健性的影响,本章对所有最终进入回归模型的连续变量进行 1%—99% 分位数缩尾处理(winsorize)。本章基于 Stata14.1 统计分析软件进行实证分析。

(二)变量选择与测量

1. 被解释变量

(1) 公司绩效。公司绩效的测量方法较多,主要有公司综合绩效测量方法和单一指标测量方法,本章借鉴主流研究的通常做法,选取净资产收益率和每股收益作为公司绩效的代理变量,同时在稳健性检验中选取总资产收益率和每股股利作为替代变量。本章用 CP 作为公司绩效的变量符号,分别用 ROE、EPS、ROA、DPS 作为净资产收益率、每股收益、总资产收益率和每股股利的变量符号。

2. 解释变量

(1) 企业社会责任履行。学界关于企业社会责任内涵的界定仍存在一定的争议,如 Wood(1991)认为企业社会责任是企业从事对社会负责任的活动

---

① 和讯网上市公司企业社会责任履行专业测评数据库:http://stockdata.stock.hexun.com/zrbg/Plate.aspx。

或行为；Clarkson（1995）和 Carroll（1996）基于企业利益相关者视角将企业社会责任定义为，企业在创造利润承担对股东经济责任的同时还要积极承担对员工、客户、供应商、消费者、环境和社区等利益相关者的责任。关于企业社会责任履行的测量，现有研究主要采用衡量单一维度企业社会责任水平的指标和反映企业社会责任综合水平的指标进行测量（Wood，2010），本章基于利益相关者理论的企业社会责任定义，借鉴贾兴平和刘益（2014）、王清刚和徐欣宇（2016）、唐鹏程和杨树旺（2016）关于企业社会责任履行测量的做法，采用和讯网上市公司企业社会责任专业测评指标体系来综合测量企业社会责任履行水平，和讯网是国内首家上市公司企业社会责任专业测评机构，从股东责任、员工责任、供应商、客户与消费者的权益责任（以下简称权益责任）、环境责任和社会责任五个维度构建企业社会责任专业测评指标体系，涉及 13 个二级指标，37 个三级指标（如表 5-1），根据企业社会责任对象的多样性、层次性、协调性和对立性设置指标权重，并根据不同行业类别对指标的权重进行了适当调整，以期做到企业社会责任履行评价科学。[①] 本章用 CSR 作为企业社会责任履行总水平的变量符号，用 SHR、ER、$SCCRR$、ENR 和 SR 分别作为股东责任、员工责任、权益责任、环境责任和社会责任的变量符号。

表 5-1　和讯网上市公司企业社会责任专业测评指标体系

目标层	一级指标	二级指标	三级指标
企业社会责任履行	A 股东责任	A1 盈利水平	A11 总资产收益率
			A12 净资产收益率
			A13 主营业务利润率
			A14 成本费用利润率
			A15 每股未分配利润
			A16 每股收益
		A2 偿债能力	A21 现金比率
			A22 股东权益比率
			A23 流动比率
			A24 速动比率
			A25 资产负债率

---

① 和讯网上市公司企业社会责任履行专业测评指标体系：http://stock.hexun.com/2013-09-10/157898839.html。

续表

目标层	一级指标	二级指标	三级指标
企业社会责任履行	A 股东责任	A3 投资回报	A31 股息率
			A32 分红融资比
			A33 分红占可分配利润的比例
		A4 信批状况	A41 交易所对公司和相关责任人处罚的次数
		A5 企业创新	A51 产品开发支出总额
			A52 是否具有技术创新理念
			A53 技术创新项目数
	B 员工责任	B1 员工收入与培训	B11 员工人均收入
			B12 是否进行员工技能培训
		B2 安全生产	B21 是否进行安全检查
			B22 是否进行安全培训
		B3 员工关怀	B31 是否具有慰问意识
			B32 是否慰问员工
			B33 是否发放慰问金
	C 供应商、客户与消费者的权益责任	C1 产品质量	C11 是否具有质量管理意识
			C12 是否具有质量管理体系证书
		C2 售后服务	C21 是否进行客户满意度调查
		C3 诚信与公平竞争	C31 是否与供应商公平竞争
			C32 是否进行反商业贿赂培训
	D 环境责任	D1 环境保护与治理	D11 是否具有环境保护意识
			D12 是否进行环境管理体系认证
			D13 环境保护投入金额
			D14 排放污染物种类数
			D15 节约能源种类数
	E 社会责任	E1 社会贡献度	E11 所得税占利润总额之比
			E12 社会捐赠总额

3. 控制变量

公司异质性特征和公司治理机制是公司绩效的重要影响因素，为保证实证研究的科学性，借鉴现有研究的通常做法，本章也主要从公司异质性特征和公司治理机制两方面选取控制变量，所选控制变量及其测量如下：

（1）企业规模。本章采用公司年末资产总额的自然对数来测量企业规模。

本章用 *Size* 作为企业规模的变量符号。

（2）产权性质。本章选取公司控股股东或实际控制人的性质来测量产权性质，当控股股东或实际控制人是国有属性时，产权性质取值为1，否则取值为0。本章用 *State* 作为所有权性质的变量符号。

（3）企业年龄。本章选取公司上市年限的自然对数来测量企业年龄。本章用 *Age* 作为企业年龄的变量符号。

（4）资产负债率。本章选取年末负债总额与资产总额之比来测量资产负债率。本章用 *Levera* 作为资产负债率的变量符号。

（5）公司成长性。本章选取主营收入增长率作为公司成长性的代理变量。本章用 *Growth* 作为公司成长性的变量符号。

（6）审计委员会是否设置。本章将审计委员会是否设置进行虚拟化处理，若公司设置审计委员会，则取值为1，否则取值为0。本章用 *Acs* 作为审计委员会是否设置的变量符号。

（7）监事会会议次数。本章选取监事会年度召开会议次数作为监事会会议次数的测量。本章用 *Smt* 作为监事会会议次数的变量符号。

（8）董事长是否兼任总经理。本章将董事长是否兼任总经理进行虚拟化处理，若董事长兼任总经理则取值为1，否则取值为0。本章用 *Cceo* 作为董事长是否兼任总经理的变量符号。

（9）政治关联。政治关联是指企业通过各种途径与政府建立的联系，政治关联在一定程度上能反映企业获取政治资源的便利性，关于政治关联的测量，借鉴国内主流研究的做法，本章选取公司董事长、副董事长或关键高管人员的政治背景作为政治关联的测量指标，如果公司董事长、副董事长或关键高管人员是人大代表、政协委员或曾在政府、军队等部门任职则政治关联取值为1，否则取值为0。本章用 *Pc* 作为政治关联的变量符号。

（10）股权集中度。股权集中度是指股权的集中程度，借鉴现有研究的通常做法，本章选取第一大股东持股数占总股本的比例作为股权集中度的代理变量。本章采用 *CCen* 作为股权集中度的变量符号。

（11）股权制衡度。股权制衡度是指中小股东对大股东的制衡程度。借鉴现有研究的通常做法，本章选取第二至第五大股东持股总数与第一大股东持股数之比作为股权制衡度的代理变量。本章采用 *EBDeg* 作为股权制衡度的变量符号。

（12）董事会独立性。本章选取独立董事占董事会总人数的比例来测量董事会独立性。本章采用 *BIndepen* 作为董事会独立性的变量符号。

(13) 管理层薪酬。本章选取前三名高管薪酬之和的自然对数作为管理层薪酬的代理变量。本章采用 *ECompen* 作为管理层薪酬的变量符号。

(14) 行业和年度虚拟变量。为控制公司所属行业和年份差异对研究结论的影响,借鉴现有研究的做法,本章引入行业虚拟变量和年度虚拟变量。本章用 *Industry* 和 *Year* 作为行业虚拟变量、省份虚拟变量和年度虚拟变量的变量符号。

(三) 模型构建

为检验企业社会责任履行对公司绩效的影响机理及相应研究假设,本章构建如下回归模型:

$$CP_{i,t} = \alpha_0 + \alpha_1 CSR_{i,t} + \alpha_2 CP_{i,t-1} + \alpha_3 CP_{i,t-2} + \sum Control + u_i + \varepsilon_{it}$$

其中,下标 i 和 t 分别代表公司和年份,$u_i + \varepsilon_{i,t}$ 为复合扰动项,u_i 为个体异质性扰动项,$\varepsilon_{i,t}$ 为随个体与时间而变的扰动项。在实证检验中,根据具体研究假设检验的需要,适当选取所构建的回归模型中的自变量,构成不同的检验模型。

四、实证结果及分析

(一) 变量描述性统计

主要变量的描述性统计分析如表 5-2 所示。

表 5-2　　　　　　　　主要变量的描述性统计分析

变量	样本观测值数	最大值	最小值	中位数	均值	标准差
ROE	7718	0.6208	-0.9637	0.0716	0.0682	0.1765
EPS	7718	2.2800	-0.9812	0.2100	0.3087	0.4736
CSR	7718	73.1600	-2.1700	22.1600	28.4292	19.3394
SHR	7718	19.5300	-0.9900	12.6350	12.2141	4.5932
ER	7718	15	0.0100	2.6050	3.9588	3.9944
SCCRR	7718	19	0	0	3.2219	5.8803

续表

变量	样本观测值数	最大值	最小值	中位数	均值	标准差
ENR	7718	23	0	0	3.4530	6.5806
SR	7718	21.0900	−7.9500	5	5.5814	5.0430
Size	7718	26.2718	18.6407	22.2317	22.3296	1.4315
State	7718	1	0	1	0.6271	0.4836
Age	7718	3.1355	0	2.7081	2.5970	0.5148
Levera	7718	12.2781	0.8602	1.8800	2.4696	1.8284
Growth	7718	2.3678	−0.6713	0.0801	0.1253	0.3808
Acs	7718	1	0	1	0.9114	0.2842
Smt	7718	18	0	0	2.2280	2.7828
Cceo	7718	1	0	0	0.1472	0.3543
Pc	7718	1	0	0	0.3555	0.4787
CCen	7718	0.7695	0.0785	0.3391	0.3629	0.1613
EBDeg	7718	2.3570	0.0161	0.3216	0.5128	0.5129
BIndepen	7718	0.5714	0.3000	0.3333	0.3709	0.0539
ECompen	7718	16.1398	12.0895	14.1414	14.1302	0.7525

由表5-2可知，*ROE*的最大值为0.6208，最小值为−0.9637，均值为0.0682，标准差为0.1765，*EPS*的最大值为2.2800，最小值为−0.9812，均值为0.3087，标准差为0.4736，表明样本上市公司价值有待进一步提高，且不同上市公司价值存在一定的差异。*CSR*的最大值为73.1600，最小值为−2.1700，均值为28.4292，标准差为19.3394，表明样本上市公司的企业社会责任履行水平存在较显著差异。*SHR*的最大值为19.5300，最小值为−0.9900，均值为12.2141，标准差为4.5932，表明样本上市公司的股东责任履行水平存在显著差异。*ER*的最大值为15，最小值为0.0100，均值为3.9588，标准差为3.9944，表明样本上市公司的员工责任履行水平存在显著差异。*SCCRR*的最大值为19，最小值为0，均值为3.2219，标准差为5.8803，表明样本上市公司的权益责任履行水平存在显著差异。*ENR*的最大值为23，最小值为0，均值为3.4530，标准差为6.5806，表明样本上市公司的环境责任履行水平存在显著差异。*SR*的最大值为21.0900，最小值为−7.9500，均值为5.5814，标准差为5.0430，表明样本上市公司的社会责任履行水平存在显著差异。

从控制变量看，*Size*的最大值为26.2718，最小值为18.6407，均值为

22.3296，标准差为1.4315，样本上市公司规模较大，且不同上市公司的规模存在一定的差异。$State$ 的均值为 0.6271，表明样本上市公司中国有产权属性占比 62.71%，与实际情况相符。Age 的最大值为 3.1355，最小值为 0，均值为 2.5970，标准差为 0.5148，表明样本上市公司的上市年限较长。$Levera$ 的最大值为 12.2781，最小值为 0.8602，均值为 2.4696，标准差为 1.8284，表明样本上市公司的资产负债率较高，且不同上市公司的资产负债率存在较显著的差异。$Growth$ 的最大值为 2.3678，最小值为 0.6713，均值为 0.1253，标准差为 0.3808，表明样本上市公司的成长性较好。Acs 的均值为 0.9114，标准差为 0.2842，表明样本上市公司中 91.14% 的公司设置了审计委员会，加强了内部审计。Smt 的最大值为 18，最小值为 0，均值为 2.2280，标准差为 2.7828，表明样本公司监事会会议次数存在较大差异，监事会未能发挥其应有的作用。$Cceo$ 的均值为 0.1472，标准差为 0.3543，表明样本上市公司中 14.72% 的公司董事长兼任总经理。Pc 的均值为 0.3555，标准差为 0.4787，表明样本上市公司 35.56% 存在政治关联性，政治关联与实际情况相符。$CCen$ 的最大值为 0.7695，最小值为 0.0785，均值为 0.3629，标准差为 0.1613，表明样本上市公司的股权集中度相对较高，符合我国上市公司的实际。$EBdeg$ 的最大值为 2.3570，最小值为 0.0161，均值为 0.5128，标准差为 0.5129，表明样本上市公司对大股东的制衡相对较弱。$BIndepen$ 的最大值为 0.5714，最小值为 0.3000，均值为 0.3709，标准差为 0.0539，表明样本上市公司的董事会独立性较差，且不存在显著差异，进一步说明，上市公司独立董事的比例基本是为满足证监会的硬性制度要求。$Ecompen$ 的最大值为 16.1398，最小值为 12.0895，均值为 14.1302，标准差为 0.7525，表明样本上市公司管理层薪酬有待进一步改善。

（二）变量相关性分析

为初步检验企业社会责任履行对公司绩效影响机理及相应研究假设，本章对主要变量进行了 $Pearson$ 相关性检验，检验结果如表 5-3 所示。

表 5-3　　　　　　　主要变量间 $Pearson$ 相关性分析表

变量	CSR	SHR	ER	SCCRR	ENR	SR
ROE	0.3227***	0.6996***	0.1043***	0.1167***	0.0888***	0.2600***
EPS	0.3985***	0.7538***	0.1934***	0.1997***	0.1675***	0.2395***

注：*、** 和 *** 分别表示 $p<0.1$、$p<0.05$ 和 $p<0.01$，即在 10%、5% 和 1% 水平上显著。

由表 5-3 可知，企业社会责任履行及各分维度企业社会责任履行与公司绩效显著正相关，企业社会责任履行及各分维度企业社会责任履行显著提升了公司绩效，企业社会责任履行及各分维度企业社会责任履行对公司绩效的影响机理及相应研究假设得到初步验证。另外，所选控制变量均与公司绩效具有显著的相关性，所选控制变量较合理。限于篇幅，本表仅列出企业社会责任履行总水平，以及股东责任、员工责任、权益责任、环境责任、社会责任各分维度企业社会责任履行水平与公司绩效的 Pearson 相关系数及显著性。

为考察模型的多重共线性问题，本章对所有解释变量和控制变量的方差膨胀因子（VIF）进行检验，检验结果如表 5-4 所示。

表 5-4　　　　　　变量方差膨胀因子（VIF）检验

变量	CSR	Size	State	Age	Levera	Growth	Acs	Smt	Cceo	Pc	CCen	EBDeg	BIndepen	ECompen	mean
VIF	1.29	1.94	1.19	1.16	1.12	1.04	1.04	1.06	1.06	1.04	2.06	1.72	1.01	1.46	1.30

由表 5-4 可知，所有解释变量和控制变量的方差膨胀因子（VIF）检验的最大值为 2.06，均值为 1.30，所构建的实证研究模型不存在多重共线性问题。

（三）回归结果与分析

1. 一般回归结果及分析

为检验企业社会责任履行对公司绩效的影响机理及研究假设，基于上述构建的实证研究模型，分别采用混合多元回归、面板固定效应和面板随机效应方法进行实证检验，检验结果如表 5-5 所示。

表 5-5　　　　　　企业社会责任履行与公司绩效实证检验

	OLS (1)	OLS (2)	FE (3)	FE (4)	RE (5)	RE (6)
变量	$CP = ROE$	$CP = EPS$	$CP = ROE$	$CP = EPS$	$CP = ROE$	$CP = EPS$
CSR	0.0023***	0.0063***	0.0027***	0.0054***	0.0024***	0.0058***
	(17.73)	(13.84)	(14.29)	(13.60)	(18.03)	(16.35)
Size	-0.0054**	0.0272***	0.0001	0.0220	-0.0054*	0.0223***
	(-2.01)	(3.39)	(0.00)	(1.41)	(-1.88)	(2.73)
State	-0.0283***	-0.0325*	-0.0261	-0.0490	-0.0288***	-0.0385**
	(-5.50)	(-1.78)	(-0.81)	(-1.29)	(-5.08)	(-2.16)

续表

变量	OLS (1) CP = ROE	OLS (2) CP = EPS	FE (3) CP = ROE	FE (4) CP = EPS	RE (5) CP = ROE	RE (6) CP = EPS
Age	0.0051	-0.0022	-0.0105	-0.0957***	0.0055	-0.0307*
	(1.45)	(-0.13)	(-1.00)	(-3.21)	(1.58)	(-1.89)
Levera	0.0062***	0.0255***	0.0137***	0.0167***	0.0072***	0.0200***
	(4.45)	(4.75)	(6.18)	(4.16)	(5.12)	(5.27)
Growth	0.0759***	0.1535***	0.0634***	0.1115***	0.0720***	0.1213***
	(9.22)	(9.59)	(6.71)	(8.28)	(8.64)	(8.83)
Acs	0.0024	0.0209	0.0025	0.0034	0.0035	0.0121
	(0.38)	(1.02)	(0.33)	(0.20)	(0.56)	(0.74)
Smt	0.0020***	0.0066***	0.0032***	0.0097***	0.0024***	0.0106***
	(3.15)	(3.25)	(4.20)	(5.33)	(3.82)	(6.39)
Cceo	0.0022	0.0445**	0.0045	0.0396*	0.0031	0.0417**
	(0.34)	(2.14)	(0.42)	(1.89)	(0.46)	(2.31)
Pc	0.0057	0.0192	0.0163*	0.0317*	0.0069*	0.0262*
	(1.34)	(1.14)	(1.86)	(1.68)	(1.66)	(1.86)
CCen	0.1268***	0.2382***	0.3061***	0.6331***	0.1415***	0.3999***
	(6.25)	(3.18)	(4.92)	(5.26)	(6.79)	(5.60)
EBDeg	0.0158**	0.0274	0.0407***	0.1043***	0.0196***	0.0671***
	(2.15)	(1.37)	(3.08)	(4.51)	(2.62)	(3.76)
BIndepen	-0.0819**	-0.3664***	-0.1168	-0.3318**	-0.0922**	-0.3702***
	(-2.06)	(-2.81)	(-1.62)	(-2.40)	(-2.21)	(-3.28)
ECompen	0.0392***	0.1538***	0.0409***	0.1415***	0.0387***	0.1465***
	(9.50)	(11.24)	(4.82)	(7.93)	(9.32)	(11.07)
Constant	-0.4844***	-2.7201***	-0.6898***	-2.3142***	-0.4875***	-2.4759***
	(-7.15)	(-11.76)	(-3.82)	(-7.05)	(-7.15)	(-11.96)
Industry	yes	yes	yes	yes	no	no
Year	yes	yes	yes	yes	no	no
N	7718	7718	7718	7718	7718	7718
R-sq	0.1711	0.2617	0.1525	0.2352	0.1707	0.2565
F-statistics	54.07***	49.23***	37.84***	34.42***		
Wald chi2 (14)					760.25***	761.51***

注：模型（1）-（4）括号中的数据为 t 值，模型（5）、（6）括号中的数据为 z 值，*、** 和 *** 分别表示 $p<0.1$、$p<0.05$ 和 $p<0.01$，即在 10%、5% 和 1% 水平上显著。

由表 5-5 可知，企业社会责任履行与公司绩效显著正相关，企业社会责任履行显著改善了公司绩效，具体地，由检验模型（1）、（3）和（5）可知，企业社会责任履行与上市公司的净资产收益率在 1% 统计显著性水平下显著正相关，企业社会责任履行显著提升了公司的净资产收益率。由检验模型（2）、（4）和（6）可知，企业社会责任履行与公司股票的每股收益在 1% 统计显著性水平下显著正相关，企业社会责任履行显著提升了上市公司股票的每股收益。企业社会责任履行具有价值效应，企业社会责任履行显著提升了公司绩效，企业社会责任履行对公司绩效的影响机理及相应研究假设 H1 得到验证。这表明，在当前我国转轨经济及经济发展进入新常态背景下，企业社会责任履行可以抑制企业的机会主义动机、为企业各利益相关者传递信息、促进信任的形成与扩散、为企业运营提供稳定健康的内外关系网络和社会环境，同时企业社会责任履行还可以提升企业声誉、改善与消费者关系和提高员工忠诚度，企业社会责任履行作为信号传递机制、交易实现机制和价值创造机制，有利于提升公司绩效。上市公司企业社会责任履行具有较强的价值创造效应，企业应积极主动地进行企业社会责任履行。另外，企业社会责任履行虽然要投入一定的资源，但能更好地满足企业各利益相关者的利益诉求，提高内部利益相关者的积极性和主动性，外部利益相关者也会对企业产生良好的印象，消费者会购买更多的产品和服务，企业社会责任履行并不是企业稀缺资源的浪费，而是公司价值创造的重要途径。

从控制变量来看，企业规模与公司净资产收益率显著负相关，而与公司每股收益显著正相关，这表明企业规模对公司绩效的影响具有一定的不确定性。产权性质与公司净资产收益率、每股收益均呈现出显著的负相关关系，这在一定程度上说明国有上市公司的绩效相对较差。企业年龄与公司净资产收益率正相关，而与公司每股收益负相关，说明企业年龄对公司绩效的影响具有一定的不确定性。资产负债率与公司净资产收益率、每股收益均显著正相关，且通过 1% 统计显著性检验，这说明适当提升公司的资产负债率可以提高公司绩效。公司成长性与公司净资产收益率和每股收益均显著正相关，且通过 1% 统计显著性检验，这说明提高公司的成长性可以提升公司绩效。审计委员会设置与公司净资产收益率、每股收益均正相关，这说明公司审计委员会的设计可以加强公司的内部监督，缓解公司的代理问题，提升公司绩效，但并没通过统计显著性检验，进一步说明内部审计的监督功能并没有充分发挥。监事会会议次数与公司净资产收益率、每股收益均显著正相关，且通过 1% 统计显著性检验，这说明监事会监督作用的发挥可以有效缓解公司的代理问题，提升公司绩效。高管政治关联与公司净资产收益率、每股收益均显著正相关，这说明高管政治关联是企业获取政府控制所经济资源的有效途径，可以有效提升公司绩效。股权集中度与公司净资产收益率、每股收益均显著正相关，且通过1%统计显著性检验，这说明在当前我国投资者保护的相关法律不健全的情况下，所有权集中对发挥大股东监督作用具有重要影响，股权适当集中可以提升公司治理的有效性，从而提升公司绩效。股权制衡度与公司净资产收益率、每股收益均显著正相关，且通过1%统计显著性检验，这说明对大股东的适当制衡可以减少大股东的机会主义行为，减少大股东对中小股东的剥夺，从而提升公司绩效。董事会独立性与公司净资产收益率、每股收益均显著负相关，且通过5%统计显著性检验，这说明我国上市公司董事会仍缺乏独立性，董事会的公司治理核心作用不能充分发挥，加剧了公司的代理问题，不利于提升公司绩效。管理层薪酬与公司净资产收益率、每股收益均显著正相关，且通过1%统计显著性检验，这说明优化管理层的薪酬激励，可以提高管理层的积极性，减少管理层的机会主义行为，缓解公司的代理问题，提升公司绩效。

2. 内生性问题处理

公司绩效在一定程度上反映了公司的企业社会责任履行能力，公司绩效越好越有利于企业社会责任履行，企业社会责任履行与公司绩效之间具有显著的双向因果关系（王文成和王诗卉，2014；Fernandez，2016；Mercedes，2016），企业社会责任履行与公司绩效之间存在相互关联的内生性问题（Margolis et al.，2009）。另外，由于影响公司绩效的因素众多，在构建实证模型时不能考虑穷尽所有影响因素，不能选取足够多的控制变量，难免会出现遗漏变量问题，从而造成模型的内生性。为处理以上两种内生性问题，本章采用混合多元回归方法、面板随机效应方法对滞后一期的企业社会责任履行与当期公司绩效进行实证检验，采用系统矩估计（$SYS-GMM$）方法对当期企业社会责任履行与当期公司绩效的关系进行实证检验，检验结果如表5-6所示。

表5-6 滞后一期企业社会责任履行与当期公司绩效检验及系统矩估计检验

	OLS (1)	OLS (2)	RE (3)	RE (4)	$SYS-GMM$ (5)	$SYS-GMM$ (6)
变量	$CP=ROE$	$CP=EPS$	$CP=ROE$	$CP=EPS$	$CP=ROE$	$CP=EPS$
CSR					0.0025***	0.0047***
					(10.11)	(9.40)

续表

变量	OLS(1) CP=ROE	OLS(2) CP=EPS	RE(3) CP=ROE	RE(4) CP=EPS	SYS-GMM(5) CP=ROE	SYS-GMM(6) CP=EPS
$CSR_{i,t-1}$	0.0008***	0.0035***	0.0006***	0.0016***		
	(6.39)	(7.28)	(4.80)	(4.50)		
$Size$	0.0010	0.0357***	0.0020	0.0321***	0.0236	-0.0364
	(0.36)	(4.16)	(0.65)	(3.63)	(1.07)	(-1.23)
$State$	-0.0284***	-0.0294	-0.0294***	-0.0355*	-0.0807	-0.0131
	(-5.02)	(-1.50)	(-4.84)	(-1.84)	(-1.28)	(-0.19)
Age	0.0091*	0.0191	0.0084*	-.0338*	-0.0072	0.1153*
	(1.99)	(0.93)	(1.82)	(-1.69)	(-0.23)	(1.93)
$Levera$	0.0085***	0.0301***	0.0095***	0.0241***	0.0172***	0.0154**
	(5.52)	(5.29)	(5.89)	(5.80)	(3.04)	(2.53)
$Growth$	0.0926***	0.1906***	0.0873***	0.1410***	0.0345*	0.0784***
	(8.77)	(9.46)	(8.29)	(7.99)	(1.95)	(2.82)
Acs	0.0099	0.0465**	0.0125**	0.0478***	-0.0115	-0.0133
	(1.58)	(2.24)	(2.02)	(2.90)	(-1.11)	(-0.58)
Smt	0.0012*	0.0052**	0.0015**	0.0084***	0.0021*	0.0010
	(1.68)	(2.29)	(2.02)	(4.81)	(1.75)	(0.30)
$Cceo$	0.0027	0.0387*	0.0033	0.0310	-0.0067	0.0325
	(0.39)	(1.71)	(0.45)	(1.54)	(-0.44)	(0.99)
Pc	0.0069	0.0283	0.0082*	0.0335**	0.0133	-0.0120
	(1.53)	(1.57)	(1.81)	(2.23)	(0.79)	(-0.43)
$CCen$	0.1313***	0.2616***	0.1484***	0.4328***	0.2942***	0.5935***
	(6.14)	(3.30)	(6.61)	(5.91)	(3.04)	(3.48)
$EBDeg$	0.0118	0.0277	0.0156**	0.0616***	0.0625***	0.2022***
	(1.54)	(1.29)	(1.96)	(3.24)	(2.99)	(4.93)
$BIndepen$	-0.0640	-0.2829**	-0.0699	-0.2854**	-0.0854	-0.2979
	(-1.52)	(-2.06)	(-1.55)	(-2.29)	(-0.86)	(-1.40)
$ECompen$	0.04738***	0.1751***	0.0481***	0.1685***	0.0195	0.0794***
	(10.36)	(11.51)	(10.30)	(11.81)	(1.59)	(3.17)
$ROE_{i,t-1}$					0.0892*	
					(1.77)	

第五章 企业社会责任履行与公司绩效实证研究

续表

变量	OLS (1) CP = ROE	OLS (2) CP = EPS	RE (3) CP = ROE	RE (4) CP = EPS	SYS-GMM (5) CP = ROE	SYS-GMM (6) CP = EPS
$ROE_{i,t-2}$					0.0739* (1.77)	
$EPS_{i,t-1}$						0.3708*** (8.96)
$EPS_{i,t-2}$						0.1185*** (3.62)
Constant	-0.7338*** (-9.40)	-3.2812*** (-12.71)	-0.7691*** (-9.65)	-2.9738*** (-13.30)	-0.9069** (-2.14)	-0.8597 (-1.44)
Industry	yes	yes	no	no	no	no
Year	yes	yes	no	no	no	no
N	6416	6416	6416	6416	5114	5114
R-sq	0.1282	0.2229	0.1274	0.2112		
F-statistics	30.28***	31.66***				
Wald chi2 (14)			392.69***	442.97***		
AR (1) P					0.0000	0.0000
AR (2) P					0.2295	0.7688
Wald chi2 (16)					175.70***	396.66***

注：模型（1）-（2）括号中的数据为 t 值，模型（3）-（6）括号中的数据为 z 值；*、**和***分别表示 $p<0.1$、$p<0.05$ 和 $p<0.01$，即在10%、5%和1%水平上显著；AR (1) P 和 AR (2) P 分别表示 AR (1) 和 AR (2) 的 p 值。

由表5-6回归模型（1）-（4）可知，滞后一期的企业社会责任履行与当期公司绩效显著正相关。具体地，滞后一期企业社会责任履行与当期公司净资产收益率和每股收益均显著正相关，且通过1%统计显著性水平检验，企业社会责任履行具有价值创造效应，企业社会责任履行可以显著提升公司绩效，企业社会责任履行对公司绩效的影响机理及研究假设H1进一步得到验证。同时也表明，企业社会责任履行对公司绩效的显著正向影响具有一定的滞后性和长期性，这说明企业社会责任履行的收益效应具有一定的不确定性，同时企业社会责任履行的价值创造机理的传导需要一定的时间，如企业社会责任履行被企业各利益相关者的感知、企业社会责任履行声誉的建立、企业社会资本的获取及其对公司价值的影响等都需要一定的时间，企业社会责任履行的价值创造效应表现出一定的滞后性，同时企业社会责任履行的价值创造效应一旦形成就会持续较长时间。

由表5-6回归模型（5）-（6）可知，企业社会责任履行与公司绩效显著正相关，具体地，企业社会责任履行与公司净资产收益率和每股收益均显著正相关，且通过1%统计显著性水平检验，企业社会责任履行具有价值创造效应，企业社会责任履行可以显著提升公司绩效，企业社会责任履行对公司绩效的影响机理及研究假设H1进一步得到验证。

综上可知，在控制内生性问题的情况下，企业社会责任履行显著提升了公司绩效的研究结论依然成立，企业社会责任履行具有价值创造效应，企业社会责任履行显著提升了公司绩效，企业社会责任履行对公司绩效的影响机理及研究假设H1得到进一步验证。

3. 进一步的研究

（1）地区差异下企业社会责任履行与公司绩效

中国是一个发展中大国，也是一个从计划经济体制向市场经济体制转轨的国家，东、中、西部地区资源禀赋存在显著差异、经济社会发展不平衡（唐跃军和左晶晶等，2014）。经济环境对企业社会责任履行价值效应的发挥具有重要影响（Lee et al.，2013）。不同地区上市公司企业社会责任履行对公司绩效的影响是否存在差异？为进一步探讨不同地区上市公司企业社会责任履行对公司绩效的影响，本章将研究样本按所属地区差异分为东部地区、中部地区和西部地区三个子样本，采用面板固定效用方法进行分组检验，① 检验结果如表5-7所示。

表5-7　　　　　　不同地区企业社会责任履行与公司绩效检验

	东部地区		中部地区		西部地区	
	$FE(1)$	$FE(2)$	$FE(3)$	$FE(4)$	$FE(5)$	$FE(6)$
变量	$CP=ROE$	$CP=EPS$	$CP=ROE$	$CP=EPS$	$CP=ROE$	$CP=EPS$
CSR	0.0026***	0.0048***	0.0032***	0.0067***	0.0029***	0.0054***
	(10.68)	(9.70)	(7.02)	(7.11)	(5.65)	(5.90)
$Size$	0.0185	0.0422**	-0.0177	0.0547	0.0130	0.0197
	(1.62)	(2.17)	(-0.61)	(1.46)	(0.42)	(0.55)
$State$	-0.0220	-0.0349	-0.0717	-0.2199***	-0.0238	-0.0311
	(-0.42)	(-0.72)	(-1.13)	(-2.65)	(-0.80)	(-0.66)

---

① 根据国发［2000］33号文件我国东部、中部和西部地区的划分方法，东部地区包括北京、天津、河北、辽宁、上海、江苏、浙江、福建、山东、广东和海南；中部地区包括山西、吉林、黑龙江、安徽、江西、河南、湖北和湖南；西部地区包括：内蒙古、广西、重庆、四川、贵州、云南、西藏、陕西、甘肃、青海、宁夏和新疆。

续表

	东部地区		中部地区		西部地区	
	FE（1）	FE（2）	FE（3）	FE（4）	FE（5）	FE（6）
变量	CP=ROE	CP=EPS	CP=ROE	CP=EPS	CP=ROE	CP=EPS
Age	-0.0398***	-0.1270***	0.0361	-0.0281	0.0156	-0.0837
	(-2.62)	(-2.95)	(1.33)	(-0.44)	(0.61)	(-1.22)
Levera	0.0134***	0.0177***	0.0208***	0.0257***	0.0204**	0.0123
	(4.18)	(3.26)	(3.82)	(2.57)	(2.56)	(1.27)
Growth	0.0605***	0.1062***	0.0640***	0.0819***	0.0709*	0.1214***
	(5.91)	(6.03)	(4.41)	(4.05)	(1.75)	(3.03)
Acs	-0.0084	0.0069	0.0104	-0.0149	0.0050	0.0330
	(-0.87)	(0.29)	(0.62)	(-0.39)	(0.20)	(0.74)
Smt	0.0039***	0.0110***	0.0005***	0.0081**	0.0032*	0.0085*
	(3.86)	(4.43)	(0.25)	(2.14)	(1.75)	(1.95)
Cceo	0.0066	0.0502*	-0.0152	-0.0173	-0.0013	0.0143
	(0.42)	(1.80)	(-0.55)	(-0.38)	(-0.07)	(0.28)
Pc	0.0212**	0.0503**	0.0013	0.0009	0.0359	-0.0288
	(1.96)	(1.97)	(0.06)	(0.02)	(1.46)	(-0.71)
CCen	0.2146***	0.6338***	0.5671***	0.6484**	0.3902***	0.4174
	(2.58)	(3.98)	(4.02)	(2.05)	(2.81)	(1.58)
EBDeg	0.0414**	0.1148***	0.0602**	0.0958*	-0.0253	0.0303
	(2.21)	(3.65)	(2.23)	(1.78)	(-0.87)	(0.66)
BIndepen	-0.2179**	-0.5009***	-0.0396	-0.1062	-0.0167	-0.1560
	(-2.34)	(-2.68)	(-0.23)	(-0.34)	(-0.10)	(-0.50)
ECompen	0.0391***	0.1553***	0.0428**	0.0516	0.0141	0.1259***
	(3.74)	(6.67)	(2.12)	(1.40)	(0.48)	(3.14)
Constant	-0.9233***	-2.8165***	-0.5631	-1.9490**	-0.7462	-2.0507***
	(-4.19)	(-6.61)	(-1.15)	(-2.46)	(-1.14)	(-2.79)
Industry	yes	yes	yes	yes	yes	yes
Year	yes	yes	yes	yes	yes	yes
N	4666	4666	1620	1620	1432	1432
R-sq	0.1451	0.2365	0.1133	0.1867	0.1226	0.2325
F-statistics	21.17***	19.71***	9.08***	9.77***	6.51***	6.62***

注：括号中的数据为 t 值，*、** 和 *** 分别表示 $p<0.1$、$p<0.05$ 和 $p<0.01$，即在10%、5%和1%水平上显著。

由表 5-7 可知，在东部、中部和西部地区，上市公司的企业社会责任履行对公司绩效均有显著的正向影响，企业社会责任履行具有显著的价值效应，东部、中部和西部地区上市公司的企业社会责任履行均显著提升了公司绩效。具体地，由回归模型（1）、（3）和（5）可知，在东部、中部和西部地区，上市公司的企业社会责任履行对公司净资产收益率显著正相关，且通过1%统计显著性检验；由回归模型（2）、（4）和（6）可知，在东部、中部和西部地区，上市公司的企业社会责任履行对公司每股收益显著正相关，且通过1%统计显著性检验。这说明，在我国转轨经济及经济发展进入新常态的背景下，不同地区上市公司的企业社会责任履行都具有价值创造效应，对公司绩效具有显著的正向影响，企业社会责任履行对公司绩效的影响不存在地区差异。企业社会责任履行对公司绩效的影响机理及相应研究假设 H1 得到进一步验证。

（2）行业差异下企业社会责任履行与公司绩效

不同行业的竞争水平存在差异，且不同行业对企业社会责任履行价值创造效应的敏感性也存在差异，我国不同行业上市公司的企业社会责任履行对公司绩效的影响是否存在差异？为进一步探讨不同行业上市公司企业社会责任履行对公司绩效的影响，本章借鉴 Lau et al. (2016) 的做法，将研究样本分为制造业行业和非制造业行业两个子样本，采用面板固定效应方法进行分组检验，检验结果如表 5-8 所示。

表 5-8 制造业和非制造业企业社会责任履行与公司绩效检验

	制造业		非制造业	
	FE (1)	FE (2)	FE (3)	FE (4)
变量	$CP = ROE$	$CP = EPS$	$CP = ROE$	$CP = EPS$
CSR	0.0028***	0.0057***	0.0026***	0.0050***
	(10.42)	(10.43)	(9.76)	(8.78)
Size	0.0001	0.0190	-0.0026	0.0177
	(0.00)	(1.01)	(-0.21)	(0.80)
State	-0.0511	-0.1071**	-0.0009	0.0138
	(-1.23)	(-2.38)	(-0.02)	(0.22)
Age	-0.0188	-0.1251***	-0.0004	-0.0565
	(-1.31)	(-3.20)	(-0.02)	(-1.24)
Levera	0.0184***	0.0277***	0.0113***	0.0111**
	(5.45)	(4.24)	(3.66)	(2.28)

续表

	制造业		非制造业	
	FE (1)	FE (2)	FE (3)	FE (4)
变量	CP = ROE	CP = EPS	CP = ROE	CP = EPS
Growth	0.0859***	0.2056***	0.0521***	0.0644***
	(5.35)	(7.72)	(4.38)	(4.33)
Acs	0.0081	0.0137	-0.0078	-0.0204
	(0.76)	(0.61)	(-0.75)	(-0.81)
Smt	0.0027**	0.0107***	0.0034***	0.0070***
	(2.34)	(4.14)	(3.41)	(2.86)
Cceo	-0.0032	0.0271	0.0149	0.0605*
	(-0.23)	(1.02)	(0.90)	(1.80)
Pc	0.0172	0.0474*	0.0140	0.01340
	(1.40)	(1.72)	(1.12)	(0.53)
CCen	0.2560**	0.4597**	0.3339***	0.7525***
	(2.50)	(2.51)	(4.58)	(4.76)
EBDeg	0.0503***	0.0817***	0.0279**	0.1239***
	(3.02)	(2.64)	(1.41)	(3.63)
BIndepen	-0.0997	-0.2668	-0.1415	-0.4217**
	(-0.96)	(-1.31)	(-1.44)	(-2.34)
ECompen	0.0462***	0.1600***	0.0364***	0.1261***
	(4.02)	(6.39)	(2.93)	(5.23)
Constant	-0.7432**	-2.3893***	-0.5862***	-2.1200***
	(-2.51)	(-5.64)	(-2.60)	(-2.46)
Year	yes	yes	yes	yes
N	4027	4027	3691	3691
R-sq	0.1832	0.2850	0.1203	0.2021
F-statistics	23.57***	23.84***	15.58***	14.28***

注：括号中的数据为 t 值，*、** 和 *** 分别表示 $p<0.1$、$p<0.05$ 和 $p<0.01$，即在10%、5%和1%水平上显著。

由表 5-8 可知，制造业与非制造业上市公司的企业社会责任履行与公司绩效均显著正相关，企业社会责任履行具有价值创造效应，制造业与非制造业上市公司的企业社会责任履行均显著提升了公司绩效。具体地，由回归模型

(1)、(3) 和 (5) 可知,在制造业与非制造业上市公司的企业社会责任履行对公司净资产收益率显著正相关,且通过1%统计显著性检验;由回归模型 (2)、(4) 和 (6) 可知,在制造业与非制造业上市公司的企业社会责任履行对公司每股收益显著正相关,且通过1%统计显著性检验。这在一定程度上说明,在我国转轨经济及经济发展进入新常态的背景下,不同行业上市公司的企业社会责任履行都具有价值创造效应,对公司绩效具有显著的正向影响,企业社会责任履行对公司绩效的影响不存在行业差异。企业社会责任履行对公司绩效的影响机理及相应研究假设 H1 得到进一步验证。

(3) 各分维度企业社会责任履行与公司绩效

股东责任、员工责任、权益责任、环境责任、社会责任不同维度企业社会责任履行的边际收益与边际成本存在差异,不同维度企业社会责任履行的价值创造效应存在一定的不确定性,各分维度企业社会责任履行对公司绩效是否存在差异?基于上述构建的实证研究模型,分别用股东责任、员工责任、权益责任、环境责任、社会责任各分维度企业社会责任履行水平来代替企业社会责任履行总水平,采用面板固定效应方法进行实证检验,检验结果如表 5-9 所示。

表 5-9　　　　　分维度企业社会责任履行与公司绩效检验

变量	FE (1) CP = ROE	FE (2) CP = ROE	FE (3) CP = ROE	FE (4) CP = ROE	FE (5) CP = ROE
SHR	0.0335 *** (26.83)				
ER		0.0013 ** (1.98)			
SCCRR			0.0007 * (1.93)		
ENR				0.0009 *** (2.65)	
SR					0.0076 *** (12.12)
Size	-0.0243 *** (-3.17)	0.0035 (0.34)	0.0034 (0.33)	0.0034 (0.33)	-0.0018 (-0.18)
State	0.0027 (0.11)	-0.0232 (-0.69)	-0.0234 (-0.70)	-0.0235 (-0.70)	-0.0233 (-0.71)

续表

变量	FE (1) CP = ROE	FE (2) CP = ROE	FE (3) CP = ROE	FE (4) CP = ROE	FE (5) CP = ROE
Age	-0.0116	-0.0490***	-0.0499***	-0.0477***	-0.0411***
	(-1.52)	(-4.75)	(-4.86)	(-4.64)	(-4.02)
Levera	-0.0028	0.0147***	0.0147***	0.0146***	0.0144***
	(-1.53)	(6.35)	(6.35)	(6.35)	(6.36)
Growth	0.0202**	0.0727***	0.0728***	0.0726***	0.0655***
	(2.46)	(7.54)	(7.56)	(7.54)	(6.89)
Acs	0.0032	0.0168**	0.0167**	0.0164**	0.0121*
	(0.56)	(2.26)	(2.24)	(2.19)	(1.66)
Smt	0.0017***	0.0023***	0.0023***	0.0024***	0.0023***
	(2.83)	(2.96)	(2.94)	(2.99)	(3.03)
Cceo	-0.0049	0.0025	0.0025	0.0025	0.0031
	(-0.62)	(0.22)	(0.22)	(0.22)	(0.28)
Pc	0.0062	0.0215**	0.0216**	0.0214**	0.0211**
	(0.91)	(2.38)	(2.39)	(2.37)	(1.66)
CCen	0.0634	0.3368***	0.3377***	0.3378***	0.3268***
	(1.34)	(5.20)	(5.21)	(5.21)	(5.10)
EBDeg	0.0123	0.0442***	0.0443***	0.0444***	0.0421***
	(1.25)	(3.19)	(3.20)	(3.21)	(3.09)
BIndepen	-0.0067	-0.0851	-0.0843	-0.0852	-0.1041
	(-0.12)	(-1.14)	(-1.13)	(-1.14)	(-1.42)
ECompen	-0.0052	0.0499***	0.0503***	0.0500***	0.0458***
	(-0.81)	(5.58)	(5.62)	(5.59)	(5.28)
Constant	0.2719*	-0.7657***	-0.7645***	-0.7663***	-0.6301***
	(1.87)	(-4.13)	(-4.12)	(-4.14)	(-3.47)
Industry	yes	yes	yes	yes	yes
Year	yes	yes	yes	yes	yes
N	7718	7718	7718	7718	7718
R-sq	0.4965	0.0921	0.0925	0.0925	0.1307
F-statistics	83.00***	24.34***	24.43***	24.61***	33.64***

续表

变量	FE (6) CP=EPS	FE (7) CP=EPS	FE (8) CP=EPS	FE (9) CP=EPS	FE (10) CP=EPS
SHR	0.0677***				
	(37.46)				
ER		0.0054***			
		(3.02)			
SCCRR			0.0008		
			(0.81)		
ENR				0.0028***	
				(2.72)	
SR					0.0121***
					(10.02)
Size	−0.0272**	0.0293*	0.0287*	0.0288*	0.0204
	(−2.18)	(1.82)	(1.79)	(1.79)	(1.28)
State	0.0091	−0.0442	−0.0432	−0.0446	−0.0432
	(0.27)	(−1.12)	(−1.09)	(−1.12)	(−1.11)
Age	−0.0962***	−0.1629***	−0.1758***	−0.1639***	−0.1608***
	(−4.77)	(−5.38)	(−5.80)	(−5.38)	(−5.50)
Levera	−0.0166***	0.0188***	0.0186***	0.0187***	0.0183***
	(−4.36)	(4.63)	(4.61)	(4.62)	(4.53)
Growth	0.0237**	0.1291***	0.1302***	0.1292***	0.1186***
	(2.21)	(9.31)	(9.34)	(9.31)	(8.44)
Acs	0.0042	0.0291*	0.0326*	0.0292*	0.0247
	(0.35)	(1.69)	(1.89)	(1.70)	(1.66)
Smt	0.0068***	0.0083***	0.0079***	0.0082***	0.0080***
	(5.00)	(4.44)	(4.27)	(4.40)	(4.37)
Cceo	0.0208	0.0362*	0.0354	0.0360	0.0365*
	(1.30)	(1.67)	(1.63)	(1.66)	(1.70)
Pc	0.0109	0.0409**	0.0423**	0.0410**	0.0415**
	(0.73)	(2.12)	(2.17)	(2.12)	(2.14)
CCen	0.1410	0.6907***	0.6958***	0.6954***	0.6783***
	(1.53)	(5.59)	(5.63)	(5.62)	(5.49)

续表

变量	FE (1) CP = ROE	FE (2) CP = ROE	FE (3) CP = ROE	FE (4) CP = ROE	FE (5) CP = ROE
EBDeg	0.0467***	0.1109***	0.1115***	0.1117***	0.1079***
	(2.65)	(4.63)	(4.66)	(4.68)	(4.54)
BIndepen	-0.1108	-0.2779**	-0.2653*	-0.2736*	-0.2981**
	(-1.08)	(-1.96)	(-1.87)	(-1.93)	(-2.12)
ECompen	0.0480***	0.1581***	0.1603***	0.1591***	0.1531***
	(3.55)	(8.49)	(8.57)	(8.54)	(8.36)
Constant	-0.3667	-2.4811***	-2.4575***	-2.4739***	-2.2448***
	(-1.26)	(-7.47)	(-7.41)	(-7.46)	(-6.84)
Industry	yes	yes	yes	yes	yes
Year	yes	yes	yes	yes	yes
N	7718	7718	7718	7718	7718
R-sq	0.5578	0.1704	0.1652	0.1692	0.1869
F-statistics	123.20***	21.44***	21.15***	21.35***	27.19***

注：括号中的数据为 t 值，*、**和***分别表示 $p<0.1$、$p<0.05$ 和 $p<0.01$，即在10%、5%和1%水平上显著。

由表5-9可知，股东责任、员工责任、权益责任、环境责任、社会责任各分维度企业社会责任履行对公司绩效均具有显著的正向影响，各分维度企业社会责任履行均具有价值效应，显著提升了公司绩效。具体地，由模型（1）和（6）可知，股东责任履行对公司净资产收益率和每股收益均具有显著的正向影响，且通过1%统计显著性检验；由模型（2）和（7）可知，员工责任履行与公司净资产收益率在1%统计显著性水平下显著正相关，与公司每股收益在5%统计显著性水平下显著正向相关；由模型（3）和（8）可知，权益责任的履行与公司净资产收益率在10%统计显著性水平下显著正相关，与公司每股收益正向相关，但未通过显著性检验；由模型（4）和（9）可知，环境责任履行对公司净资产收益率和每股收益均具有显著的正向影响，且通过1%统计显著性检验；由模型（5）和（10）可知，社会责任履行对公司净资产收益率和每股收益均具有显著的正向影响，且通过1%统计显著性检验。这表明，在当前我国转轨经济及经济发展进入新常态背景下，企业股东责任、员工责任、权益责任、环境责任和社会责任履行均具有价值效应，股东责任、员工责任、权益责任、环境责任和社会责任履行显著提升了公司绩效，股东责任、员工责任、权益责任、环境责任和社会责任各分维度企业社会责任履行对公司绩效的影响机理及相应研究假设 H1a – H1e 得到验证。

（四）稳健性检验

为考察以上研究结论的稳健性，本章主要从以下几方面进行稳健性检验：（1）更换公司绩效的代理变量。将公司总资产收益率、每股股利作为公司绩效的代理变量重复以上回归分析，回归结果及显著性无显著差异，研究结论依然成立。（2）更换控制变量。分别将公司资产负债率的代理变量更换为长期资本负债率、公司成长性的代理变量更换为总资产增长率、股权集中度的代理变量更换为第一至第五大股东持股之和占总股本的比例、股权制衡度的代理变量更换为第二至第十大股东持股之和与第一大股东持股数之比重复以上回归分析，回归结果及显著性无显著差异，研究结论依然成立。（3）为进一步减少极端值对回归结果的影响，本章采用分位数回归法重复以上回归分析，回归结果及显著性无显著差异，研究结论依然成立。综上可知，本书结论具有稳健性。限于篇幅，本章仅列出分位数回归中公司净资产收益率和每股收益 0.25、0.5 和 0.75 分位数上的回归结果，如表 5 – 10 所示。

表 5 – 10　　　　　企业社会责任履行与公司绩效分位数回归

变量	CP = ROE			CP = EPS		
	QR_0.25(1)	QR_0.5(2)	QR_0.75(3)	QR_0.25(4)	QR_0.5(5)	QR_0.75(6)
CSR	0.0012***	0.0013***	0.0014***	0.0039***	0.0051***	0.0074***
	(17.37)	(16.78)	(12.27)	(22.49)	(16.56)	(16.06)
Size	-0.0020**	-0.0039***	-0.0075***	0.0070***	0.0219***	0.0488***
	(-2.28)	(-4.22)	(-4.01)	(3.00)	(7.10)	(9.55)
State	-0.0091***	-0.0133***	-0.0244***	-0.0170***	-0.0230***	-0.0295**
	(-3.31)	(-7.17)	(-8.19)	(-3.24)	(-3.40)	(-2.51)
Age	-0.0049**	-0.0024	0.0061***	-0.0131*	-0.0349***	-0.0321**
	(-2.31)	(-1.48)	(3.84)	(-1.86)	(-4.76)	(-2.30)
Levera	0.0021***	-0.0005	-0.0009	0.0079***	0.0069***	0.02129***
	(3.33)	(-0.93)	(-0.79)	(7.18)	(4.81)	(3.86)
Growth	0.0406***	0.0515***	0.0799***	0.0785***	0.1033***	0.1401***
	(10.31)	(14.52)	(9.74)	(7.19)	(10.41)	(9.83)

续表

变量	CP = ROE			CP = EPS		
	QR_0.25(1)	QR_0.5(2)	QR_0.75(3)	QR_0.25(4)	QR_0.5(5)	QR_0.75(6)
Acs	0.0007	0.0017	0.0039	0.0007	0.0099	0.0242
	(0.18)	(0.77)	(0.99)	(0.08)	(1.05)	(1.54)
Smt	0.0014***	0.0017***	0.0026***	0.0037***	0.0050***	0.0037**
	(3.52)	(4.35)	(4.91)	(4.17)	(4.61)	(2.17)
Cceo	0.0004	-0.0002	0.0034	0.0099	0.0091	0.0318**
	(0.13)	(-0.09)	(1.04)	(1.64)	(1.21)	(2.21)
Pc	0.0071***	0.0037*	-0.0002	0.0135**	0.0043	0.0092
	(3.16)	(1.95)	(-0.07)	(2.31)	(0.59)	(0.75)
CCen	0.0532***	0.0890***	0.1332***	0.1484***	0.2422***	0.3846***
	(5.71)	(10.34)	(9.25)	(6.02)	(8.26)	(11.08)
EBDeg	0.0045*	0.0152***	0.0241***	0.0104**	0.0418***	0.0699***
	(1.94)	(6.54)	(5.18)	(2.02)	(6.95)	(5.75)
BIndepen	-0.0499***	-0.04089**	-0.0320	-0.1273**	-0.1615***	-0.2757***
	(-3.35)	(-2.50)	(-1.31)	(-2.33)	(-3.99)	(-3.51)
ECompen	0.0278***	0.0246***	0.0295***	0.0694***	0.0820***	0.1235***
	(13.87)	(22.53)	(12.42)	(10.06)	(13.97)	(16.92)
Constant	-0.3500***	-0.2456***	-0.2362***	-1.1555***	-1.5482***	-2.6662***
	(-10.38)	(-11.80)	(-7.26)	(-12.15)	(-16.00)	(-21.49)
Industry	yes	yes	yes	yes	yes	yes
Year	yes	yes	yes	yes	yes	yes
N	7718	7718	7718	7718	7718	7718
Pseudo R^2	0.0870	0.1122	0.1130	0.1086	0.1551	0.1861

注：括号中的数据为 t 值，*、** 和 *** 分别表示 $p<0.1$、$p<0.05$ 和 $p<0.01$，即在 10%、5% 和 1% 水平上显著。

五、结论与启示

本书基于代理理论、利益相关者理论、交易成本理论、信息理论和资源基础理论等理论深入分析了企业社会责任履行对公司绩效的影响机理，并基于 2010—2015 年中国 A 股上市公司的数据进行了实证检验。研究发现，企业社会责任履行与公司绩效显著正相关，企业社会责任履行具有价值效应，显著提升了公司绩效,且企业社会责任履行对公司绩效的提升作用具有一定的滞后性与长期性。进一步研究发现,企业社会责任履行对公司绩效的提升作用无地区和行业差异。股东责任、员工责任、权益责任、环境责任和社会责任各分维度企业社会责任履行对公司绩效也具有显著的提升作用。本书进一步丰富了企业社会责任履行经济后果的研究文献,从改善公司绩效视角丰富了公司应主动承担企业社会责任的理论支撑与经验证据。

基于以上研究结论,得到如下研究启示:(1)企业要建立和完善企业社会责任履行的事前决策、事中管理与事后评价的机制和方法,从而更好地发挥企业社会责任履行的价值效应;企业要科学界定企业社会责任的边界,走出"企业办社会"的误区,要根据自身能力和所处的发展阶段分层次进行企业社会责任履行,若企业为"赶时髦",超越自身能力和发展阶段"过度"履行企业社会责任,将不利于企业社会责任履行价值效应的发挥,甚至会损害公司价值;企业社会责任履行的对象具有多样性,企业应区分企业社会责任履行对象的层次和类别,根据战略型、强制型和利他型企业社会责任履行价值效应的差异,优化企业社会责任履行组合,最大化企业社会责任履行的价值效应。(2)企业管理者要提高企业社会责任意识,培养企业社会责任履行价值创造管理理念,将企业社会责任提升至企业战略高度,主动将企业社会责任理念融入企业发展战略和管理决策,转变经营理念和经营方式,通过设置企业社会责任委员会、制定企业社会责任战略、培育企业社会责任文化等途径,促进企业主动履行企业社会责任,充分发挥企业社会责任履行的价值效应,提升公司绩效。(3)企业应主动披露企业社会责任履行信息,促进企业社会责任履行信息及时地向企业各利益相关者传播,加快企业社会责任履行向企业资本和竞争优势等价值效应的传导与转化,降低企业社会责任履行价值效应的滞后性。(4)企业作为营利性经济组织,其生存与可持续发展是持续企业社会责任履行的前提,企业社会责任履行需要企业具有一定的资金实力作为支撑,因此企业要加强内部治理,不断提高企业经济效率和可持续发展能力,改善企业的经营绩效,为企业社会责任履行提供资金支持。(5)进一步加强促进企业社会责任履行的制度建设,如完善企业社会责任法律法规、构建国家层面的企业社会责任履行推进与监督机制、建立包含企业社会责任履行的公司绩效评价体系与机制、制定企业社会责任履行分类指引等等,促进企业根据其行业属性等自身特征有侧重地、科学地进行企业社会责任履行,从而更好地发挥企业社会责任履行的价值效应,提升公司绩效。

第六章
公司治理与公司绩效：
企业社会责任履行的中介效应

一、引言

  公司治理失效和企业社会责任缺失造成了全球范围内的企业和金融机构的崩溃。商业欺诈、造假和企业破产以及其他企业败德行为的频发（Low，2009；Low 和 Ang，2011），引起了全社会对公司治理与企业社会责任履行问题的关注。公司治理是为实现企业价值创造目标的一系列制度安排，企业社会责任履行具有价值创造效应，公司治理、企业社会责任履行与公司绩效之间的逻辑关系越来越成为理论界与实务界关注的焦点。现有文献主要对公司治理、企业社会责任履行与公司绩效两两之间的逻辑关系进行研究，鲜有文献基于价值创造效应视角，将公司治理、企业社会责任履行与公司绩效纳入同一理论分析框架，研究企业社会责任履行对公司治理与公司绩效的中介效应。另外，外部环境治理和公司内部治理构成了现代公司治理的两个层面（Young 和 Thyi，2008），外部环境和公司内部治理对公司行为具有效的约束作用，外部环境的改善可以有效缓解大股东或控股股东与中小股之间的利益冲突，减少大股东或控股股东的"隧道行为"。公司内部治理的优化可以有效缓解股东与管理层的利益冲突，减少管理层的机会主义行为（白重恩和刘俏等，2005）。现有文献鲜有从外部环境治理和公司内部治理两方面深入探讨企业社会履行对公司治理与公司绩效的中介效应。在我国转轨经济及经济发展进入新常态背景下，公司治理是否提升了公司绩效？公司治理是否促进了企业社会责任履行进而提升公司绩效？企业社会责任履行对公司治理与公司绩效具有中介效应？仍需进一步的实证检验。

基于此，本章从主要从外部环境（市场化程度、政治关联）治理和公司内部治理两方面深入分析了企业社会责任履行对公司治理与公司绩效的中介效应机理，构建了中介效应检验模型，并基于2010—2015年中国A股上市公司的数据进行了实证检验，研究发现，公司治理显著提升了公司绩效，企业社会责任履行是公司治理提升公司绩效的有效路径，对公司治理与公司绩效具有中介效应。具体地，市场化程度显著提升了公司绩效，企业社会责任履行是市场化程度提升公司绩效的有效路径，对市场化程度与公司绩效具有部分中介效应，进一步研究发现，股东责任、员工责任、权益责任和环境责任履行是市场化程度提升公司绩效的有效路径，对市场化程度与公司绩效具有显著的中介效应；社会责任履行不是市场化程度提升公司绩效的有效路径，对市场化程度与公司绩效的中介效应不显著。政治关联显著提升了公司绩效，企业社会责任履行是政治关联提升公司绩效的有效路径，对政治关联与公司绩效具有部分中介效应。进一步研究发现，股东责任、权益责任和社会责任履行是政治关联提升公司绩效的有效路径，对政治关联与公司绩效具有显著的中介效应；员工责任和环境责任履行不是政治关联提升公司价值的有效路径，对政治关联与公司绩效中介效应不显著。公司内部治理显著提升了公司绩效，企业社会责任履行是公司内部治理提升公司绩效的有效路径，对公司内部治理与公司绩效具有完全中介效应。进一步研究发现，股东责任、员工责任、权益责任履行是公司内部治理提升公司绩效的有效路径，对公司内部治理与公司绩效具有中介效应；环境责任和社会责任履行不是公司内部治理提升公司绩效的有效路径，对公司内部治理与公司绩效具有中介效应不显著。本章为公司治理改善企业社会责任履行进而提升公司绩效的路径选择提供了经验证据，拓展了公司治理的研究领域。本章也为企业主动承担企业社会责任提供了理论支撑和经验证据。

本章后续结构安排如下：第二部分是理论分析与研究假设；第三部分是研究设计，包括样本选择与数据来源、变量定义与测量以及中介效应检验模型的构建；第四部分是回归结果与分析，主要包括变量描述性统计分析、中介效应检验结果与分析、进一步的研究和稳健性检验；第五部分是本章的研究结论与启示。

二、理论分析与研究假设

外部环境治理和公司内部治理构成了现代公司治理的两个层面（Young 和 Thyil，2008）。在转轨经济背景下，我国企业面临的典型外部环境主要体现在市场化制度环境和政治资源环境。因此本章主要从外部环境（市场化程度、政治关联）和公司内部治理两个方面深入分析企业社会责任履行对公司治理与公司绩效的中介效应机理。

（一）外部环境治理与公司绩效：企业社会责任履行的中介效应理论分析

1. 市场化程度与公司绩效：企业社会责任履行的中介效应理论分析

市场化程度在一定程度上能反映一个国家或地区的经济发展水平和资源自由流动的程度。在市场化程度较高的国家或地区，法制较为健全、政府干预程度较低、要素市场和产品市场的流动性较强，经济资源的配置主要在正式制度框架内由市场来完成，企业资源获取的便利性较高（沈洪波和寇宏等，2010）。我国经过30多年的渐进式市场化制度改革，企业外部制度环境得到优化，市场化程度得到较大提升，法制进一步健全、政府对经济的干预程度进一步降低、要素市场和产品市场的流动性进一步增强、市场配置资源的能力进一步提高，企业获取资源的便利性进一步增强，企业的经济效率得到大幅提高。因此，市场化程度的提升可以显著提升公司绩效。林勇和连洪泉等（2009）基于中国上市公司的研究发现，法制环境的改善显著提升了公司绩效。曹延求和田金秀（2012）研究发现，产品市场竞争等外部治理机制作用的发挥可以显著提升公司绩效。周建和袁德利等（2014）基于中国A股上市公司的研究发现，市场化程度对公司绩效具有显著的正向影响。基于上述理论分析，本书提出研究假设：

H1：制度环境对公司绩效具有重要影响，市场化程度与公司绩效显著正相关，市场化程度显著提升了公司绩效。

制度理论认为，外部正式与非正式制度可以有效约束企业行为，外部制度环境对企业社会责任履行具有重要影响，合理的外部制度安排可以有效缓解企业的机会主义行为，保护企业各利益相关者的合法权益，促进股东责任、员工责任、权益责任、环境责任和社会责任履行，提升企业社会责任履行总体水平。市场化程度的提升可以有效规范和约束企业的行为，如约束管理层的机会主义行为和抑制大股东的"掏空"动机,加强对中小股东的保护等等,从而有利于企业在对股东承担经济责任同时,承担对债权人、客户、供应商、消费者、环境、社会等利益相关者的责任,切实保护企业各利益相关者的合法权益,促进企业社会责任履行。Wang 和 Juslin（2009）研究发现,社会制度环境对中国企业社会责任履行具有重要影响。周中胜和何德阳等（2012）基于我国上市公司的研究发现,外部制度环境对企业社会责任履行具有重要影响,较低的政府干预程度、完善的法制环境和发达的要素市场对企业社会责任履行具有显著的促进作用。贾兴平和刘益（2014）基于中国制造业上市公司的研究发现,制度环境（舆论压力）与企业社会责任履行显著正相关。

在当前我国转轨经济及经济发展进入新常态背景下,企业社会责任履行可以抑制企业的机会主义动机、为企业各利益相关者传递信息、促进信任的形成与扩散、为企业运营提供稳定健康的内外关系网络和社会环境,同时企业社会责任履行还可以提升企业声誉、改善与消费者关系和提高员工忠诚度,企业社会责任履行作为信号传递机制、交易实现机制和价值创造机制（张兆国和靳小翠等,2013）,具有松弛资源机制、良好管理机制、惩罚机制和保险机制的作用（Kang et al.，2016）,从使得企业社会责任履行具有价值创造效应,提升公司绩效。具体地,企业积极履行对投资者的责任,最大化其投资回报,切实保护投资者的经济利益,可以增强投资者信心,提高企业融资便利性,降低企业融资成本和财务风险,从而提升公司绩效。公司积极履行对员工的责任,切实维护员工的合法权益,可以提高员工的忠诚度和满意度,降低员工离职率,激发员工的工作积极性、主动性和创造性,提高公司劳动生产率,同时吸引更优秀员工的加入,提高公司人力资本质量,从而提升公司绩效。企业积极履行对客户、消费者的责任,提供更优质的产品或服务,切实维护客户、消费者的合法权益,可以提高客户、消费者的满意度、认可度和忠诚度,从而提升公司品牌形象以及客户、消费者的购买意愿,最终客户、消费者通过"货币投票权"提升公司绩效。公司积极履行对供应商的责任,与供应商构建互利共赢的合作关系,可以降低公司的交易成本和经营风险,从而提升公司价值；公司积极履行对政府的责任,构建和谐的政企关系,可以减少政府监管部门的管制,获得政策补贴和税收优惠,从而提升公司绩效。公司积极履行对生态环境和社会的责任,促进企业经济利益、生态环境保护以及社会公益相协调,有利于提高企业声誉,为企业积累道德资本,改善企业外部经营环境,从而提升公司绩效。Wang et al.（2015）基于台湾高新技术企业的研究发现,企业社责任履行与公司绩效显著正相关，企业社会责任是企业的一种无形资产，企业社会责任履行是实现差异化和形成竞争优势的有效途径，从而对公司绩效产生正向影响。Janamrung 和 Panya（2015）基于泰国工业品和资源行业的研究发现，企业社会责任履行改善了公司绩效。冉戎和王丁等（2016）研究发现，积极型企业社会责任战略的实施可以有效缓解企业的融资约束、减弱企业与其利益相关者的信息不对称程度、降低企业的代理成本，提升公司绩效。杨皖苏和杨善林（2016）基于中国大、中小型上市公司的对比研究发现，大型和中小型企业社会责任履行对公司短期财务绩效均具有正向影响。Fernandez（2016）基于西班牙上市公司的研究发现，企业社会责任履行具有价值效应，企业社会责任履行可以显著提升公司绩效。Cheng et al.（2016）基于中国上市公司的研究发现，企业社会责任信息披露对企业当期和长期绩效具有显著的正向影响，在我国转轨经济背景下，企业社会责任是有效的商业策略。潘奇和朱一鸣（2017）研究发现，企业持续捐赠可以显著提升公司价值。基于上述理论分析，本书提出如下研究假设：

H2：企业社会责任履行是市场化程度提升公司绩效的有效路径，企业社会责任履行对市场化程度与公司绩效具有中介效应。

H2a：股东责任履行是市场化程度提升公司绩效的有效路径，股东责任履行对市场化程度与公司绩效具有中介效应。

H2b：员工责任履行是市场化程度提升公司绩效的有效路径，员工责任履行对市场化程度与公司绩效具有中介效应。

H2c：权益责任履行是市场化程度提升公司绩效的有效路径，权益责任履行对市场化程度与公司绩效具有中介效应。

H2d：环境责任履行是市场化程度提升公司绩效的有效路径，环境责任履行对市场化程度与公司绩效具有中介效应。

H2e：社会责任履行是市场化程度提升公司绩效的有效路径，社会责任履行对市场化程度与公司绩效具有中介效应。

2. 政治关联与公司绩效：企业社会责任履行的中介效应理论分析

在我国转轨经济背景下，政府行政命令与市场机制两种配置资源的方式共存，政府是经济政策的制定者，控制着企业生存与发展所需的重要资源，在经济中处于主导地位。政府对经济的干预普遍存在，"关系为王"的现象仍屡见不鲜，企业经营深受政府政策的影响，同时政府掌控了企业生存与可持续发展的大量关键要素资源，企业对政府具有较强的依赖性（李姝和谢晓嫣，

2014），政治资源成为企业生存与发展的重要资源之一。现有研究发现，政治资源可以帮助企业提前获得政策动态和商业信息（巫景飞和何大军等，2008），还可以有效降低企业的融资成本，促进企业更快地发展（Liu et al.，2013）。政治关联是获取政治资源的有效途径，将影响企业竞争战略的选择（李健和陈传明等，2012），直接影响企业的成本，并最终影响企业的决策行为。在产权保护薄弱和市场机制不健全的转轨经济中，政治关联对企业运营具有重要价值（Lin et al.，2015）。现有研究发现，政治关联能帮助企业获得更多的政府补助（潘越和戴亦一等，2009；余明桂和回雅甫等，2010）、规避企业的违规处罚（许年行和江轩宇等，2013）、改善企业经营与契约履行环境（王永进和盛丹，2012）、缓解企业的融资约束（邓建平和曾勇，2011；李姝和谢晓嫣，2014）、帮助企业获取企业生存与发展所需的多种资源（张敏和黄继承，2009），从而提升公司绩效。罗党论和刘晓龙（2009）研究发现，在法律和司法体系仍不健全，金融体系仍较落后，产权保护仍较缺乏，政府随意侵害企业产权的问题仍较严重的情况下，企业政治关联是较好的替代保护机制，可以帮助企业获得政府的税收优惠与补贴，政治关联是企业重要的价值资源。李姝和谢晓嫣（2014）基于中国民营企业的研究发现，政治关联提高了企业贷款特别是长期贷款的便利性，企业社会责任履行也有利于企业获得贷款，同时还有助于良好政企关系的形成。此外，政治关联也易导致企业的过度投资行为（罗党论和应千伟等，2012）、扭曲企业信贷资源的配置效率（张敏和张胜等，2010）、增加企业的道德成本（Fisman et al.，2013），从而损害公司绩效。基于以上理论分析，提出研究假设：

H3：政治资源环境对公司绩效具有重要影响，政治关联与公司绩效显著正相关，政治关联显著提升了公司绩效。

政治关联在发挥其"资本"功能的同时，还要承担对政府的回报责任，如政府会出于职位晋升、增加就业和社会稳定等目的，摊派给政治关联企业更多的社会责任（巫景飞和何大军等，2008）。企业为构建和谐的政企关系，获得"政治合法性"和管制租金，也会主动调整企业行为，积极履行股东责任、员工责任、权益责任、环境责任和社会责任，如企业通过慈善捐赠、增加就业等途径寻求建立良好的政企关系。梁建和陈爽英等（2010）基于中国民营企业的研究发现，民营企业家政治关联与慈善捐赠显著正相关。张敏和马黎珺等（2013）基于中国上市公司的研究发现，在地震等重大灾害发生后，基于维护社会稳定和职位晋升的目的，政府会鼓励甚至直接干预本地企业的捐赠行为，且对国有企业的影响更为显著。张川和娄祝坤等（2014）基于中国化工行业上市公司的研究发现，高管的代表委员类政治关联对企业社会责任履行具有显著的正向影响。张振刚和李云健等（2016）研究发现，政府出于增加就业、社会稳定及政治晋升等目的，对企业社会责任履行具有一定的鼓励导向和心理预期，并表现出一定的行政指令性。政治关联是企业重要的社会资本，对企业行为具有重要影响，政治关联有利于监督、激励企业对股东责任、员工责任、权益责任、环境责任和社会责任履行，从而提升企业社会责任履行水平。

企业社会责任履行可以抑制企业的机会主义动机、为企业各利益相关者传递信息、促进信任的形成与扩散、为企业运营提供稳定健康的内外关系网络和社会环境，同时企业社会责任履行还可以提升企业声誉、改善与消费者关系和提高员工忠诚度，企业社会责任履行作为信号传递机制、交易实现机制和价值创造机制（张兆国和靳小翠等，2013），具有松弛资源机制、良好管理机制、惩罚机制和保险机制的作用（Kang et al.，2016），从使得企业社会责任履行具价值创造效应，有利于公司绩效的提升。具体地，企业积极履行对投资者的责任，最大化其投资回报，切实保护投资者的经济利益，可以增强投资者信心，提高企业融资便利性，降低企业融资成本和财务风险，从而提升公司绩效。公司积极履行对员工的责任，切实维护员工的合法权益，可以提高员工的忠诚度和满意度，降低员工离职率，激发员工的工作积极性、主动性和创造性，提高公司劳动生产率，同时吸引更优秀员工的加入，提高公司人力资本质量，从而提升公司绩效。企业积极履行对客户、消费者的责任，提供更优质的产品或服务，切实维护客户、消费者的合法权益，可以提高客户、消费者的满意度、认可度和忠诚度，从而提升公司品牌形象以及客户、消费者的购买意愿，最终客户、消费者通过"货币投票权"提升公司绩效。公司积极履行对供应商的责任，与供应商构建互利共赢的合作关系，可以降低公司的交易成本和经营风险，从而提升公司绩效。公司积极履行对政府的责任，构建和谐的政企关系，可以减少政府监管部门的管制，获得政策补贴和税收优惠，从而提升公司绩效。公司积极履行对生态环境和社会的责任，促进企业经济利益、生态环境保护以及社会公益相协调，有利于提高企业声誉，为企业积累道德资本，改善企业外部经营环境，从而提升公司绩效。Wang et al.（2015）基于台湾高新技术企业的研究发现，企业社会责任履行与公司绩效显著正相关，企业社会责任是企业的一种无形资产，企业社会责任履行是实现差异化和形成竞争优势的有效途径，从而对公司绩效产生正向影响。Janamrung 和 Panya（2015）基于泰国工业品和资源行业的研究发现，企业社会责任履行改善了公司绩效。冉戎和王丁等（2016）研究发现，积极型企业社会责任战略的实施可以有效缓解企业的融资约束、减弱企业与其利益相关者的信息不对称程度、降低企业的代理成本，提升公司绩效。杨皖苏和杨善林（2016）基于中国大、中小型上市公司的对比研究发现，大型和中小型企业社会责任履行对公司短期财务绩效均具有正向影响。Fernandez（2016）基于西班牙上市公司的研究发现，企业社会责任履行具有价值效应，企业社会责任履行可以显著提升公司绩效。Cheng et al.（2016）基于中国上市公司的研究发现，企业社会责任信息披露对企业当期和长期绩效具有显著的正向影响，在中国转轨经济背景下，企业社会责任是有效的商业策略。潘奇和朱一鸣（2017）研究发现，企业持续捐赠可以显著提升公司绩效。基于上述理论分析，本书提出以下研究假设：

H4：企业社会责任履行是政治关联提升公司绩效的有效路径，企业社会责任履行对政治关联与公司绩效具有中介效应。

H4a：股东责任履行是政治关联提升公司绩效的有效路径，股东责任履行对政治关联与公司绩效具有中介效应。

H4b：员工责任履行是政治关联提升公司绩效的有效路径，员工责任履行对政治关联与公司绩效具有中介效应。

H4c：权益责任履行是政治关联提升公司绩效的有效路径，权益责任履行对政治关联与公司绩效具有中介效应。

H4d：环境责任履行是政治关联提升公司绩效的有效路径，环境责任履行对政治关联与公司绩效具有中介效应。

H4e：社会责任履行是政治关联提升公司绩效的有效路径，社会责任履行对政治关联与公司绩效具有中介效应。

（二）公司内部治理与公司绩效：企业社会责任履行的中介效应理论分析

有效的公司内部治理机制可以使管理层与所有者及其他利益相关者的利益趋于一致，缓解公司代理问题，公司内部治理的改善可以降低公司的代理成本，增强投资者信心，帮助企业获得长期资本，从而提升公司绩效。公司内部治理是权衡公司决策成本与收益的机制，也是实现利益冲突最小化和防止欺诈的控制、监督和激励机制，公司的有效治理有利于提升公司绩效。Gompers et al.（2003）研究发现，公司治理对提升公司股票收益和公司价值具有显著的正向影响。Ho（2005）的研究发现，有效的公司内部治理可以显著提升企业竞争力和公司绩效。Peters et al.（2011）研究发现，有效的公司内部治理还可以提高企业资源配置效率，从而改善企业经营绩效。Bozec et al.（2012）认为，通过有效的激励、约束、监督和决策参与机制的设计可以提高公司内部治理的有效性，从而提高公司的竞争力，改善公司绩效。Ueng（2016）研究发现，好的公司内部治理政策显著改善了公司绩效，特别是具有较好的董事会评级、薪酬政策、预防接管策略、会计实务和正式公司治理政策的公司的绩效表现更好。Haß et al.（2016）基于中国上市公司的研究发现，好的公司治理提升了公司绩效增长的可持续性，而可持续的绩效增长可以提升公司再融资的便利性，降低公司的融资成本。Achim et al.（2016）基于罗马尼亚公司的研究发现，公司治理质量对公司市场价值具有显著的正向影响，好的公司治理实践可以提升公司的财务绩效，吸引更多的投资者，提升公司融资便利性，降低公司融资成本。Malik 和 Makhdoom（2016）基于《财富》全球 500 强公司的研究发现，公司治理的改善对公司绩效具有显著的正向影响。Roy（2016）采用主成分分析法评价了印度前 58 大上市公司的公司治理水平，并实证检验了公司治理与公司绩效的关系，研究发现公司治理指数对公司绩效具有显著的正向影响。基于以上理论分析，提出研究假设：

H5：公司内部治理与公司绩效显著正相关，公司内部治理显著提升了公司绩效。

公司治理是促进企业社会责任履行的有效途径和支柱（Hancock，2005；Barney，2007；王长义，2007；Jamali et al.，2008），有效的公司治理可以显著改善企业社会责任履行水平（肖海林和薛琼，2014）。在以委托—代理关系为基础的现代公司中，公司治理是有效协调公司各利益相关者利益的一系列制度安排，公司内部治理结构和治理机制决定着公司利益在公司不同产权所有者之间的分配、协调与制衡，在很大程度上影响着公司决策者及管理层针对企业发展的战略决策、投资行为及基本经营行为的形成与演进，从而对企业社会责任履行具有重要影响（周健和方刚等，2009；何杰和曾朝夕，2010）。公司的有效治理可以有效协调和满足企业各利益相关者的利益诉求，促进股东责任、员工责任、权益责任、环境责任和社会责任履行，从而提升企业社会责任履行总水平。刘连煜（2001）认为，公司治理是促进企业社会责任履行的重要机制，公司内部治理制度的合理安排和治理机制的优化可以有效监督企业社会责任履行。白重恩和刘俏等（2005）认为，公司的有效治理可以有效抑制管理层基于自利动机的机会主义行为和大股东对中小股东等利益相关者的"隧道行为"，公司各利益相关主体的合法权益得到有效保护。Huse（2005）研究发现，成熟有效的公司治理是企业领导力、指导、控制、透明和责任属性的基础。Jamali et al.（2008）研究发现，公司治理促使企业在其商业活动中注重商业伦理、公平、透明和责任。肖作平和杨娇（2011）认为，公司治理的改善可以有效抑制控股股东、内部人等对公司利益的侵占，从而对公司利益相关者履行更多的企业社会责任。Sabbaghi（2016）研究发现，公司治理对公司绩效、欺诈、资本保留、金融约束、机构投资者、审计和财务信息披露质量等具有重要影响，公司的有效治理可以改善企业社会责任履行。

企业社会责任履行可以抑制企业的机会主义动机、为企业各利益相关者传递信息、促进信任的形成与扩散、为企业运营提供稳定健康的内外关系网络和社会环境，同时企业社会责任履行还可以提升企业声誉、改善与消费者关系和提高员工忠诚度，企业社会责任履行作为信号传递机制、交易实现机制和价值创造机制（张兆国和靳小翠等，2013），具有松弛资源机制、良好管理机制、惩罚机制和保险机制的作用（Kang et al.，2016），从使得企业社会责任履行具价值创造效应，有利于公司绩效的提升。具体地，企业积极履行对投资者的责任，最大化其投资回报，切实保护投资者的经济利益，可以增强投资者信心，提高企业融资便利性，降低企业融资成本和财务风险，从而提升公司绩效。公司积极履行对员工的责任，切实维护员工的合法权益，可以提高员工的忠诚度和满意度，降低员工离职率，激发员工的工作积极性、主动性和创造性，提高公司劳动生产率，同时吸引更优秀员工的加入，提高公司人力资本质量，从而提升公司绩效。企业积极履行对客户、消费者的责任，提供更优质的产品或服务，切实维护客户、消费者的合法权益，可以提高客户、消费者的满意度、认可度和忠诚度，从而提升公司品牌形象以及客户、消费者的购买意愿，最终客户、消费者通过"货币投票权"提升公司绩效。公司积极履行对供应商的责任，与供应商构建互利共赢的合作关系，可以降低公司的交易成本和经营风险，从而提升公司绩效。公司积极履行对政府的责任，构建和谐的政企关系，可以减少政府监管部门的管制，获得政策补贴和税收优惠，从而提升公司绩效。公司积极履行对生态环境和社会的责任，促进企业经济利益、生态环境保护以及社会公益相协调，有利于提高企业声誉，为企业积累道德资本，改善企业外部经营环境，从而提升公司绩效。Wang et al.（2015）基于台湾高新技术企业的研究发现，企业社会责任履行与公司绩效显著正相关，企业社会责任是企业的一种无形资产，企业社会责任履行是实现差异化和形成竞争优势的有效途径，从而对公司绩效产生正向影响。Janamrung 和 Panya（2015）基于泰国工业品和资源行业的研究发现，企业社会责任履行改善了公司绩效。冉戎和王丁等（2016）研究发现，积极型企业社会责任战略的实施可以有效缓解企业的融资约束、减弱企业与其利益相关者的信息不对称程度、降低企业的代理成本，提升公司绩效。杨皖苏和杨善林（2016）基于中国大、中小型上市公司的对比研究发现，大型和中小型企业社会责任履行对公司短期财务绩效均具有正向影响。Fernandez（2016）基于西班牙上市公司的研究发现，企业社会责任履行具有价值效应，企业社会责任履行可以显著提升公司绩效。Cheng et al.（2016）基于中国上市公司的研究发现，企业社会责任信息披露对企业当期和长期绩效具有显著的正向影响，在中国转轨经济背景下，企业社会责任是有效的商业策略。潘奇和朱一鸣（2017）研究发现，企业持续捐赠可以显著提升公司绩效。基于上述理论分析，提出以下研究假设：

H6：企业社会责任履行是公司内部治理提升公司绩效的有效路径，企业社会责任履行对公司内部治理与公司绩效具有中介效应。

H6a：股东责任履行是公司内部治理提升公司绩效的有效路径，股东责任履行对公司内部治理与公司绩效具有中介效应。

H6b：员工责任履行是公司内部治理提升公司绩效的有效路径，员工责任履行对公司内部治理与公司绩效具有中介效应。

H6c：权益责任履行是公司内部治理提升公司绩效的有效路径，权益责任履行对公司内部治理与公司绩效具有中介效应。

H6d：环境责任履行是公司内部治理提升公司绩效的有效路径，环境责任履行对公司内部治理与公司绩效具有中介效应。

H6e：社会责任履行是公司内部治理提升公司绩效的有效路径，社会责任履行对公司内部治理与公司绩效具有中介效应。

三、研究设计

（一）样本选取与数据来源

1. 样本选取

本章选取 2010—2015 年中国 A 股上市公司为研究对象，由于深圳证券交易所和上海证券交易所分别于 2006 年和 2009 年出台相应政策鼓励上市公司披露企业社会责任履行信息,其后上市公司才陆续发布年度企业社会责任报告,考虑到样本数据的可获得性,本章选取 2010 年作为研究起点。遵循主流研究的做法,研究样本剔除金融行业上市公司;剔除在境外上市的公司;剔除 ST、*ST 和 PT 等经过特殊处理的公司;剔除研究区间内样本观测值少于三年的公司;剔除数据无法获取的公司;最终得到 1302 家公司 7718 个样本观测值。研究样本涵盖上市公司最新行业分类除金融行业外的所有行业大类,研究样本遍布全国除港、澳、台外的 31 个省、自治区和直辖市。

2. 数据来源与数据初步处理

公司治理结构(股东、董事会、高管层和监事会)和公司财务数据主要来自 CSMAR、CCER 和 WIND 数据库,对于数据库中部分缺失的数据通过查阅公司年报和公司网站获得。政治关联数据主要来自 CSMAR 数据库,对于数据库中部分缺失的数据通过查阅公司年报、公司网站和巨潮资讯网站获得。企业社会责任履行数据来自和讯网上市公司企业社会责任履行专业测评数据库,[①] 对部分缺失的数据通过查阅公司年度社会责任报告和公司网站获得。为消除极端值对回归结果稳健性的影响,本章对所有最终进入回归模型的连续变量进行 1%—99% 分位数缩尾处理($winsorize$)。本章基于 $Stata14.1$ 统计分析软件进行实证分析。

(二)变量选择与测量

1. 被解释变量

(1)公司绩效。公司绩效的测量方法较多,主要有公司综合绩效测量方法和单一指标测量方法,本章借鉴主流研究的通常做法,选取每股收益作为公司绩效的代理变量,同时在稳健性检验中选取净资产收益率和每股股利作为替代变量。本章用 CP 作为公司绩效的变量符号,分别用 EPS、DPS、ROE 作为每股收益、每股股利和净资产收益率的变量符号。

2. 解释变量

---

① 和讯网上市公司企业社会责任履行专业测评数据库:http://stockdata.stock.hexun.com/zrbg/Plate.aspx.

(1) 市场化程度。① 市场化程度是反映我国市场化改革深度与广度的指标，由于我国市场化改革是自东向西逐步推进的，我国东中西部地区市场化程度存在显著差异，市场化程度东部地区较高，中部地区次之，西部地区最低（樊纲和王小鲁等，2011），关于市场化程度的测量，本章进行虚拟化处理，当公司所在地是东部地区时，市场化程度取值为1，当公司所在地是中西部地区时，市场化程度取值为0。本章用 MD 作为市场化程度的变量符号。

(2) 政治关联。政治关联是指企业通过各种途径与政府建立的联系，政治关联在一定程度上能反映企业获取政治资源的便利性，关于政治关联的测量，借鉴国内主流研究的做法，选取公司董事长、副董事长或关键高管人员的政治背景作为政治关联的测量指标，如果公司董事长、副董事长或关键高管人员是人大代表、政协委员或曾在政府、军队等部门任职则政治关联取值为1，否则取值为0。本章用 PC 作为政治关联的变量符号。

(3) 公司内部治理。采用公司治理指数来测量公司治理水平已得到国内外学者（Gompers et al.，2003；白重恩和刘俏等，2005；李维安和张国萍，2005；张学勇和廖理，2010；杨兴全和吴昊旻等，2015）的认可，公司内部治理指数综合反映了异质性公司的内部治理水平。本章借鉴白重恩和刘俏等（2005）、张学勇和廖理（2010）、杨兴全和吴昊旻等（2015）的做法，从股权结构与股东权益、管理层治理以及董事、监事与其他治理三个维度选取指标，共涉及12个具体指标（如表6-1），采用所有指标线性组合来综合反映公司内部治理的变化，并取主成分的综合得分来测量公司内部治理水平，并将公司内部治理虚拟化处理，当公司内部治理的主成分综合得分大于所有公司内部治理的主成分综合得分的均值时，内部治理取值为1，否则取值为0。本章用 CGI 作为内部治理的变量符号。

3. 中介变量

(1) 企业社会责任履行。学界关于企业社会责任内涵的界定仍存在一定的争议，如 Wood（1991）认为企业社会责任是企业从事对社会负责任的活动或行为；Clarkson（1995）和 Carroll（1996）基于企业利益相关者视角将企业

---

① 关于市场化程度的测量，国内比较权威的研究是樊纲和王小鲁等从政府与市场的关系、非国有经济的发展、产品市场的发育程度、要素市场的发育程度、金融业的市场化和市场中介组织的发育五个层面构建的市场化指数评价指标体系对市场化程度进行的综合评价，国内学者也较多采用了其研究成果，但樊纲和王小鲁等编制的中国各省市市场化指数报告的数据只更新到2009年，本书研究区间是2010—2015年，为避免不必要的测量误差，故本书不再采用该数据。

表 6-1　　　　　　　　　　公司内部治理指标

治理维度	变量名称	变量定义
股权结构与股东权益	大股东持股比例	第 1 大股东持股比例
	股权制衡度	第 2 至第 5 大股东持股之和与第 1 大股东持股之比
	股东大会次数	年度召开股东大会次数
	流通股比例	流通股所占比例
	国有股比例	国有股所占比例
管理层治理	两职合一	董事长是否兼任 CEO
	管理层持股	管理层持股比例
董事、监事与其他治理	董事会规模	董事会人数
	董事会独立性	董事会中独立董事所占比例
	董事会会议次数	年度召开董事会会议次数
	监事会会议次数	年度召开监事会会议次数
	专业委员会个数	战略决策委员会、薪酬委员会、审计委员会、社会责任委员会等专业委员会个数

社会责任定义为，企业在创造利润承担对股东经济责任的同时还要积极承担对员工、客户、供应商、消费者、环境和社区等利益相关者的责任。关于企业社会责任履行的测量，现有研究主要采用衡量单一维度企业社会责任水平的指标和反映企业社会责任综合水平的指标进行测量（Wood，2010），本章基于利益相关者理论的企业社会责任定义，借鉴贾兴平和刘益（2014）、王清刚和徐欣宇（2016）、唐鹏程和杨树旺（2016）关于企业社会责任履行测量的做法，采用和讯网上市公司企业社会责任专业测评指标体系来综合测量企业社会责任履行水平，和讯网是国内首家上市公司企业社会责任专业测评机构，从股东责任、员工责任、供应商、客户与消费者的权益责任（以下简称权益责任）、环境责任和社会责任五个维度构建企业社会责任专业测评指标体系，涉及 13 个二级指标，37 个三级指标（如表 6-2），根据企业社会责任对象的多样性、层次性、协调性和对立性设置指标权重，并根据不同行业类别对指标的权重进行了适当调整，以期做到企业社会责任履行评价科学。① 本章用 CSR 作为企业社会责任履行总水平的变量符号，用 SHR、ER、$SCCRR$、ENR 和 SR 分别作为

---

① 和讯网上市公司企业社会责任履行专业测评指标体系：http://stock.hexun.com/2013-09-10/157898839.html。

股东责任、员工责任、权益责任、环境责任和社会责任的变量符号。

表6-2 和讯网上市公司企业社会责任专业测评指标体系

目标层	一级指标	二级指标	三级指标
企业社会责任履行	A 股东责任	A1 盈利水平	A11 总资产收益率
			A12 净资产收益率
			A13 主营业务利润率
			A14 成本费用利润率
			A15 每股未分配利润
			A16 每股收益
		A2 偿债能力	A21 现金比率
			A22 股东权益比率
			A23 流动比率
			A24 速动比率
			A25 资产负债率
		A3 投资回报	A31 股息率
			A32 分红融资比
			A33 分红占可分配利润的比例
		A4 信批状况	A41 交易所对公司和相关责任人处罚的次数
		A5 企业创新	A51 产品开发支出总额
			A52 是否具有技术创新理念
			A53 技术创新项目数
	B 员工责任	B1 员工收入与培训	B11 员工人均收入
			B12 是否进行员工技能培训
		B2 安全生产	B21 是否进行安全检查
			B22 是否进行安全培训
		B3 员工关怀	B31 是否具有慰问意识
			B32 是否慰问员工
			B33 是否发放慰问金
	C 供应商、客户与消费者的权益责任	C1 产品质量	C11 是否具有质量管理意识
			C12 是否具有质量管理体系证书
		C2 售后服务	C21 是否进行客户满意度调查
		C3 诚信与公平竞争	C31 是否与供应商公平竞争
			C32 是否进行反商业贿赂培训

续表

目标层	一级指标	二级指标	三级指标
企业社会责任履行	D 环境责任	D1 环境保护与治理	D11 是否具有环境保护意识
			D12 是否进行环境管理体系认证
			D13 环境保护投入金额
			D14 排放污染物种类数
			D15 节约能源种类数
	E 社会责任	E1 社会贡献度	E11 所得税占利润总额之比
			E12 社会捐赠总额

4. 控制变量

公司异质性特征对企业社会责任履行、公司绩效都具有重要影响因素，为保证实证研究的科学性，借鉴现有研究的通常做法，本章也主要从公司异质性特征方面选取控制变量，所选控制变量及其测量如下：

（1）企业规模。本章采用公司年末资产总额的自然对数来测量企业规模。本章用 $Size$ 作为企业规模的变量符号。

（2）产权性质。本章选取公司控股股东或实际控制人的性质来测量产权性质，当控股股东或实际控制人是国有属性时，产权性质取值为 1，否则取值为 0。本章用 $State$ 作为所有权性质的变量符号。

（3）企业年龄。借鉴现有研究的通常做法，选取公司上市年限的自然对数来测量企业年龄。本章用 Age 作为企业年龄的变量符号。

（4）资产负债率。本章选取年末负债总额与资产总额之比来测量资产负债率。本章用 $Levera$ 作为资产负债率的变量符号。

（5）公司成长性。本章选取主营收入增长率作为公司成长性的代理变量。本章用 $Growth$ 作为公司成长性的变量符号。

（6）行业和年度虚拟变量。为控制公司所属行业和年份差异对研究结论的影响，借鉴现有研究的做法，本章引入行业虚拟变量和年度虚拟变量。本章用 $Industry$ 和 $Year$ 作为行业虚拟变量、省份虚拟变量和年度虚拟变量的变量符号。

（三）模型构建与中介效应检验程序方法

为检验企业社会责任履行对公司治理与公司绩效的中介效应，本章借鉴温忠麟和张雷等（2004）的中介效应检验程序构建如下递归中介效应检验模型：

$$CF = \alpha_0 + \alpha_1 CG + \sum Control + \varepsilon \tag{1}$$

$$CSR = \beta_0 + \beta_1 CG + \sum Control + \varepsilon \tag{2}$$

$$CF = \gamma_0 + \gamma_1 CG + \gamma_2 CSR + \sum Control + \varepsilon \tag{3}$$

首先,检验回归系数 α_1 的显著性,若回归系数 α_1 显著,则继续进行第二步的检验;若回归系数 α_1 不显著,则终止检验。其次,依次检验回归系数 β_1 和 γ_2 的显著性,若回归系数 β_1 和 γ_2 均显著,则检验回归系数 γ_1 的显著性,若回归系数 γ_1 显著,则说明是部分中介过程,且中介效应占总效应的比重为 $\hat{\beta}_1 \hat{\gamma}_2 / \hat{\alpha}_1$,若回归系数 γ_1 不显著,则说明是一个完全中介过程;若回归系数 β_1 和 γ_2 至少有一个不显著,则需进行 Sobel 检验,[①] 若 Sobel 检验统计量 $z = \hat{\beta}_1 \hat{\gamma}_2 / \sqrt{\hat{\beta}_1^2 s_{\gamma_2}^2 + \hat{\gamma}_2^2 s_{\beta_1}^2}$ 显著,则说明中介效应显著,存在部分中介效应;若 Sobel 检验统计量 $z = \hat{\beta}_1 \hat{\gamma}_2 / \sqrt{\hat{\beta}_1^2 s_{\gamma_2}^2 + \hat{\gamma}_2^2 s_{\beta_1}^2}$ 不显著,则说明中介效应不显著。

四、实证结果与分析

(一) 变量描述性统计

主要变量的描述性统计分析如表 6-3 所示。

表 6-3　　　　　　　　主要变量描述性统计分析

变量	样本观测值数	最大值	最小值	中位数	均值	标准差
EPS	7718	2.2800	-0.9812	0.2100	0.3087	0.4736
MD	7718	1	0	1	0.6046	0.4890
PC	7718	1	0	0	0.3555	0.4787
CGI	7718	1	0	0	0.3779	0.4849
CSR	7718	73.1600	-2.1700	22.1600	28.4292	19.3394
SHR	7718	19.5300	-0.9900	12.6350	12.2141	4.5932
ER	7718	15	0.0100	2.6050	3.9588	3.9944

---

① Sobel 检验方法参见:http://quantpsy.org/sobel/sobel.htm。

续表

变量	样本观测值数	最大值	最小值	中位数	均值	标准差
SCCRR	7718	19	0	0	3.2219	5.8803
ENR	7718	23	0	0	3.4530	6.5806
SR	7718	21.0900	-7.9500	5	5.5814	5.0430
Size	7718	26.2718	18.6407	22.2317	22.3296	1.4315
State	7718	1	0	1	0.6271	0.4836
Age	7718	3.1355	0	2.7081	2.5970	0.5148
Levera	7718	12.2781	0.8602	1.8800	2.4696	1.8284
Growth	7718	2.3677	-0.6713	0.0801	0.1253	0.3808

由表 6-3 可知，EPS 的最大值为 2.2800，最小值为 -0.9812，均值为 0.3087，标准差为 0.4736，表明样本上市公司的绩效有待进一步提高，且不同上市公司的绩效存在一定的差异。MD 的均值为 0.6046，标准差为 0.4890，表明样本上市公司 60.46% 来自东部地区，市场化程度与实际情况相符。PC 的均值为 0.3555，标准差为 0.4787，表明样本上市公司 35.55% 存在政治关联性，政治关联与实际情况相符。CGI 的均值为 0.3779，标准差为 0.4849，表明样本上市公司内部治理水平相对较差，公司内部治理与实际情况相符。CSR 的最大值为 73.1600，最小值为 -2.1700，均值为 28.4292，标准差为 19.3394，表明样本上市公司的企业社会责任履行水平存在较显著差异。SHR 的最大值为 19.5300，最小值为 -0.9900，均值为 12.2141，标准差为 4.5932，表明样本上市公司的股东责任履行水平存在显著差异。ER 的最大值为 15，最小值为 0.0100，均值为 3.9588，标准差为 3.9944，表明样本上市公司的员工责任履行水平存在显著差异。$SCCRR$ 的最大值为 19，最小值为 0，均值为 3.2219，标准差为 5.8803，表明样本上市公司的权益责任履行水平存在显著差异。ENR 的最大值为 23，最小值为 0，均值为 3.4530，标准差为 6.5806，表明样本上市公司的环境责任履行水平存在显著差异。SR 的最大值为 23，最小值为 0，均值为 5.5814，标准差为 5.0430，表明样本上市公司的社会责任履行水平存在显著差异。

从控制变量看，$Size$ 的最大值为 26.2718，最小值为 18.6407，均值为 22.3296，标准差为 1.4315，样本上市公司规模较大，且不同上市公司的规模存在一定的差异。$State$ 的均值为 0.6271，表明样本上市公司中国有产权属性占比 62.71%，与实际情况相符。Age 的最大值为 3.1355，最小值为 0，均值为 2.5970，标准差为 0.5148，表明样本上市公司的上市年限较长。*Levera* 的最大值为 12.2781，最小值为 0.8602，均值为 2.4696，标准差为 1.8284，表明样本上市公司的资产负债率较高，且不同上市公司的资产负债率存在较显著的差异。*Growth* 的最大值为 2.3677，最小值为 -0.6713，均值为 0.1253，标准差为 0.3808，表明样本上市公司的成长性较好。

（二）中介效应检验与分析

1. 市场化程度与公司绩效：企业社会责任履行的中介效应

（1）市场化程度与公司绩效：企业社会责任履行的中介效应

基于上述中介效应检验模型及程序，实证检验企业社会责任履行对市场化程度与公司绩效的中介效应，检验结果如表 6-4 所示。

表 6-4　市场化程度与公司绩效：企业社会责任履行的中介效应检验

第一步 变量	OLS（1） $CP = EPS$	第二步 变量	OLS（2） CSR	第三步 变量	OLS（3） $CP = EPS$
MD	0.0281***	MD	1.0584***	MD	0.0202**
	(2.82)		(2.62)		(2.13)
				CSR	0.0075***
					(24.26)
$Size$	0.1144***	$Size$	5.5983***	$Size$	0.0726***
	(26.24)		(37.62)		(15.89)
$State$	-0.0357***	$State$	1.5211***	$State$	-0.0470***
	(-3.47)		(3.69)		(-4.76)
Age	-0.0200**	Age	-1.7215***	Age	-0.0072
	(-2.07)		(-4.26)		(-0.75)
$Levera$	0.0375***	$Levera$	1.0003***	$Levera$	0.0300***
	(12.13)		(9.76)		(10.20)
$Growth$	0.1946***	$Growth$	5.3413***	$Growth$	0.1548***
	(13.22)		(10.99)		(11.53)
$Constant$	-2.3042***	$Constant$	-96.8421***	$Constant$	-1.5824***
	(-21.77)		(-26.42)		(-14.79)
$Industry$	yes	$Industry$	yes	$Industry$	yes
$Year$	yes	$Year$	yes	$Year$	yes

续表

第一步	OLS（1）	第二步	OLS（2）	第三步	OLS（3）
变量	CP = EPS	变量	CSR	变量	CP = EPS
N	7718	N	7718	N	7718
R-sq	0.1369	R-sq	0.1861	R-sq	0.2123
F-statistics	144.59***	F-statistics	319.43***	F-statistics	218.63***

注：括号中的数据为 t 值，*、**和***分别表示 $p<0.1$、$p<0.05$ 和 $p<0.01$，即在10%、5%和1%水平上显著。

由表6-4可知，在第一步检验中，市场化程度与公司绩效（每股收益）在1%统计显著性水平下显著正相关，市场化程度显著提升了公司绩效，市场化程度对公司绩效的影响机理及研究假设H1得到验证。这表明，随着我国渐进式市场化制度的改革，市场化程度逐步提升，企业运营的外部制度环境得到有效改善，企业获取资源的效率和便利性显著提高，市场化程度显著改善了公司绩效。在第二步检验中，市场化程度与企业社会责任履行在1%统计显著性水平下显著正相关，市场化程度提升促进了企业社会责任履行。这表明，市场化程度的提升可以有效规范和约束企业的行为，如约束管理层的机会主义行为和抑制大股东的"掏空"动机，加强对中小股东的保护等等，从而有利于企业在对股东承担经济责任同时，承担对债权人、客户、供应商、消费者、环境、社会等利益相关者的责任，企业各利益相关者的合法权益得到有效保护，促进企业社会责任履行。在第三步检验中，市场化程度与公司绩效（每股收益）在5%统计显著性水平下显著正相关，企业社会责任履行与公司绩效（每股收益）在1%统计显著性水平下显著正相关，企业社会责任履行显著提升了公司绩效。这表明，在当前我国转轨经济及经济发展进入新常态背景下，企业社会责任履行可以抑制企业的机会主义动机、为企业各利益相关者传递信息、促进信任的形成与扩散、为企业运营提供稳定健康的内外关系网络和社会环境，同时企业社会责任履行还可以提升企业声誉、改善与消费者关系和提高员工忠诚度，企业社会责任履行作为信号传递机制、交易实现机制和价值创造机制，有利于提升公司绩效。综上中介效应检验结果可知，企业社会责任履行是市场化程度提升公司绩效的有效路径，企业社会责任履行对市场化程度与公司绩效具有部分中介效应，中介效应占总效应的比重为28.08%，企业社会责任履行对市场化程度与公司绩效的中介效应机理及研究假设H2得到验证。这说明，在当前我国转轨经济及经济发展进入新常态背景下，企业社会责任履行是市场化程度提升公司绩效的有效路径。

（2）进一步的研究

股东责任、员工责任、权益责任、环境责任、社会责任各分维度企业社会责任履行是否对市场化程度与公司绩效具有中介效应？为进一步研究各分维度企业社会责任履行对市场化程度与公司绩效的中介效应，基于上述中介效应检验模型及程序，用各分维度企业社会责任履行水平代替中介效应检验模型中企业社会责任履行总水平，继续进行各分维度企业社会责任履行对市场化程度与公司绩效的中介效应检验。

第一，市场化程度与公司绩效：股东责任履行的中介效应。

基于上述中介效应检验模型及程序，用股东责任履行水平代替中介效应检验模型中企业社会责任履行总水平，继续进行股东责任履行对市场化程度与公司绩效的中介效应检验。检验结果如表6-5所示。

表6-5　市场化程度与公司绩效：股东责任履行的中介效应检验

第一步	OLS（1）	第二步	OLS（2）	第三步	OLS（3）
变量	CP = EPS	变量	SHR	变量	CP = EPS
MD	0.0281***	MD	-0.1602*	MD	0.0403***
	(2.82)		(-1.68)		(5.81)
				SHR	0.0761***
					(74.45)
Size	0.1144***	Size	1.2484***	Size	0.0194***
	(26.24)		(34.38)		(5.77)
State	-0.0357***	State	-0.4767***	State	0.0006
	(-3.47)		(-4.78)		(0.08)
Age	-0.0200**	Age	-0.3142***	Age	0.0039
	(-2.07)		(-3.96)		(0.56)
Levera	0.0375***	Levera	0.6326***	Levera	-0.0106***
	(12.13)		(19.75)		(-4.67)
Growth	0.1946***	Growth	2.0874***	Growth	0.0358***
	(13.22)		(13.13)		(3.64)
Constant	-2.3042***	Constant	-16.2736***	Constant	-1.0662***
	(-21.77)		(-18.40)		(-13.29)
Industry	yes	Industry	yes	Industry	yes

续表

第一步	OLS (1)	第二步	OLS (2)	第三步	OLS (3)
变量	CP = EPS	变量	SHR	变量	CP = EPS
Year	yes	Year	yes	Year	yes
N	7718	N	7718	N	7718
R-sq	0.1369	R-sq	0.1918	R-sq	0.5769
F-statistics	144.59***	F-statistics	261.65***	F-statistics	927.77***

注：括号中的数据为 t 值，*、** 和 *** 分别表示 $p<0.1$、$p<0.05$ 和 $p<0.01$，即在 10%、5% 和 1% 水平上显著。

由表 6-5 可知，在第一步检验中，市场化程度与公司绩效（每股收益）在 1% 统计显著性水平下显著正相关，市场化程度显著提升了公司绩效，市场化程度对公司绩效的影响机理及研究假设 H1 得到验证。这表明，随着我国渐进式市场化制度的改革，市场化程度逐步提升，企业运营的外部制度环境得到有效改善，企业获取资源的效率和便利性显著提高，市场化程度显著改善了公司绩效。在第二步检验中，市场化程度与股东责任履行在 10% 统计显著性水平下显著负相关，市场化程度并未促进股东责任履行。这表明，市场化程度提升加剧了产品市场竞争，当前产品市场竞争不利于对股东责任的履行。在第三步检验中，市场化程度与公司绩效（每股收益）在 1% 统计显著性水平下显著正相关，股东责任履行与公司绩效（每股收益）在 1% 统计显著性水平下显著正相关，股东责任履行显著提升了公司绩效。这表明，在我国转轨经济背景下，企业积极履行对股东等投资者的责任，最大化其投资回报，切实保护投资者的经济利益，可以增强投资者信心，提高企业融资便利性，降低企业融资成本和财务风险，从而提升公司绩效。综上中介效应检验结果可知，股东责任履行是市场化程度提升公司绩效的有效路径，股东责任履行对市场化程度与公司绩效具有部分中介效应，中介效应占总效应的比重为 43.37%。股东责任履行对市场化程度与公司绩效的中介效应机理及研究假设 H2a 得到验证。这说明，在当前我国转轨经济及经济发展进入新常态背景下，股东责任履行是市场化程度提升公司绩效的有效路径。

第二，市场化程度与公司绩效：员工责任履行的中介效应。

基于上述中介效应检验模型及程序，用员工责任履行水平代替中介效应检验模型中企业社会责任履行总水平，继续进行员工责任履行对市场化程度与公司绩效的中介效应检验。检验结果如表 6-6 所示。

表 6-6　市场化程度与公司绩效：员工责任履行的中介效应检验

第一步	OLS (1)	第二步	OLS (2)	第三步	OLS (3)
变量	CP = EPS	变量	ER	变量	EPS
MD	0.0281***	MD	0.2458***	MD	0.0255***
	(2.82)		(2.84)		(2.58)
				ER	0.0104***
					(7.21)
Size	0.1144***	Size	0.9201***	Size	0.1048***
	(26.24)		(28.01)		(23.05)
State	-0.0357***	State	0.7042***	State	-0.0430***
	(-3.47)		(8.06)		(-4.18)
Age	-0.0200**	Age	-0.5089***	Age	-0.0147
	(-2.07)		(-5.70)		(-1.52)
Levera	0.0375***	Levera	0.0906***	Levera	0.0366***
	(12.13)		(4.19)		(11.82)
Growth	0.1946***	Growth	0.5438***	Growth	0.1889***
	(13.22)		(5.56)		(12.95)
Constant	-2.3042***	Constant	-16.1468***	Constant	-2.1359***
	(-21.77)		(-20.14)		(-19.69)
Industry	yes	Industry	yes	Industry	yes
Year	yes	Year	yes	Year	yes
N	7718	N	7718	N	7718
R-sq	0.1369	R-sq	0.1361	R-sq	0.1436
F-statistics	144.59***	F-statistics	194.57***	F-statistics	131.71***

注：括号中的数据为 t 值，*、** 和 *** 分别表示 $p<0.1$、$p<0.05$ 和 $p<0.01$，即在 10%、5% 和 1% 水平上显著。

由表 6-6 可知，在第一步检验中，市场化程度与公司绩效（每股收益）在 1% 统计显著性水平下显著正相关，市场化程度显著提升了公司绩效，市场化程度对公司绩效的影响机理及研究假设 H1 得到验证。这表明，随着我国渐进式市场化制度的改革，市场化程度逐步提升，企业运营的外部制度环境得到有效改善，企业获取资源的效率和便利性显著提高，市场化程度显著改善了公司绩效。在第二步检验中，市场化程度与员工责任履行在 1% 统计显著性水平下显著正相关，市场化程度的提升促进了员工责任履行。这表明，市场化程度的提升促使企业更注重员工权益的保护,从而吸引更优秀的员工加入企业,在市场竞争中保持优势。在第三步检验中,市场化程度与公司绩效(每股收益)在1%统计显著性水平下显著正相关,员工责任履行与公司绩效(每股收益)在1%统计显著性水平下显著正相关,员工责任履行显著提升了公司绩效,这表明,在我国转轨经济背景下,公司积极履行对员工的责任,切实维护员工的合法权益,可以提高员工的忠诚度和满意度,降低员工离职率,激发员工的工作积极性、主动性和创造性,提高公司劳动生产率,同时吸引更优秀员工的加入,提高公司人力资本质量,从而提升公司绩效。综上中介效应检验结果可知,员工责任履行是市场化程度提升公司绩效的有效路径,员工责任履行对市场化程度与公司绩效具有部分中介效应,中介效应占总效应的比重为12.46%。员工责任履行对市场化程度与公司绩效的中介效应机理及研究假设H2b得到验证。这说明,在当前我国转轨经济及经济发展进入新常态背景下,员工责任履行是市场化程度提升公司绩效的有效路径。

第三,市场化程度与公司绩效:权益责任履行的中介效应。

基于上述中介效应检验模型及程序,用权益责任履行水平代替中介效应检验模型中企业社会责任履行总水平,继续进行权益责任履行对市场化程度与公司绩效的中介效应检验。检验结果如表6-7所示。

表6-7 市场化程度与公司绩效:权益责任履行的中介效应检验

第一步	OLS (1)	第二步	OLS (2)	第三步	OLS (3)
变量	CP = EPS	变量	SCCRR	变量	CP = EPS
MD	0.0281***	MD	0.5152***	MD	0.0237**
	(2.82)		(4.02)		(2.40)
				SCCRR	0.0084***
					(8.35)
Size	0.1144***	Size	1.2408***	Size	0.1039***
	(26.24)		(25.99)		(23.10)
State	-0.0357***	State	0.7096***	State	-0.0417***
	(-3.47)		(5.31)		(-4.07)
Age	-0.0200**	Age	-0.6208***	Age	-0.0148
	(-2.07)		(-4.77)		(-1.53)
Levera	0.0375***	Levera	0.1584***	Levera	0.0362***
	(12.13)		(4.98)		(11.80)

续表

第一步	OLS (1)	第二步	OLS (2)	第三步	OLS (3)
变量	CP = EPS	变量	SCCRR	变量	CP = EPS
Growth	0.1946***	Growth	0.5773***	Growth	0.1897***
	(13.22)		(4.43)		(13.09)
Constant	-2.3042***	Constant	-24.0916***	Constant	-2.1008***
	(-21.77)		(-20.25)		(-19.49)
Industry	yes	Industry	yes	Industry	yes
Year	yes	Year	yes	Year	yes
N	7718	N	7718	N	7718
R-sq	0.1369	R-sq	0.1071	R-sq	0.1467
F-statistics	144.59***	F-statistics	174.54***	F-statistics	133.67***

注：括号中的数据为 t 值，*、** 和 *** 分别表示 $p<0.1$、$p<0.05$ 和 $p<0.01$，即在 10%、5% 和 1% 水平上显著。

由表 6-7 可知，在第一步检验中，市场化程度与公司绩效（每股收益）在 1% 统计显著性水平下显著正相关，市场化程度显著提升了公司绩效，市场化程度对公司绩效的影响机理及研究假设 H1 得到验证。这表明，随着我国渐进式市场化制度的改革，市场化程度逐步提升，企业运营的外部制度环境得到有效改善，企业获取资源的效率和便利性显著提高，市场化程度显著改善了公司绩效。在第二步检验中，市场化程度与权益责任履行在 1% 统计显著性水平下显著正相关，市场化程度促进了权益责任履行。这表明，市场化程度的提升，消费者权益保护等相关的法律进一步健全，促使企业更注重保护供应商、客户及消费者的合法权益，市场化程度促进了权益责任履行。在第三步检验中，市场化程度与公司绩效（每股收益）在 5% 统计显著性水平下显著正相关，权益责任履行与公司绩效（每股收益）在 1% 统计显著性水平下显著正相关，这表明，在我国转轨经济背景下，企业积极履行对客户和消费者的责任，提供更优质的产品和服务，切实维护客户和消费者的合法权益，可以提高客户和消费者的满意度、认可度和忠诚度，从而提升公司品牌形象以及客户和消费者的购买意愿，最终客户和消费者通过"货币投票权"提升公司绩效。公司积极履行对供应商的责任，与供应商构建互利共赢的合作关系，可以降低公司的交易成本和经营风险，从而提升公司绩效。综上中介效应检验结果可知，权益责任履行是市场化程度提升公司绩效的有效路径，权益责任履行对市场化程度与公司绩效具有部分中介效应,中介效应占总效应的比重为 15.48%。权益责任履行对市场化程度与公司绩效的中介效应机理及研究假设 H2c 得到验证。这说明,在当前我国经济转轨及经济发展进入新常态背景下,权益责任履行是市场化程度提升公司绩效的有效路径。

第四,市场化程度与公司绩效:环境责任履行的中介效应。

基于上述中介效应检验模型及程序,用环境责任履行水平代替中介效应检验模型中企业社会责任履行总水平,继续进行环境责任履行对市场化程度与公司绩效的中介效应检验。检验结果如表 6-8 所示。

表 6-8　市场化程度与公司绩效:环境责任履行的中介效应检验

第一步	OLS (1) $CP=EPS$	第二步	OLS (2) ENR	第三步	OLS (3) $CP=EPS$
变量		变量		变量	
MD	0.0281***	MD	0.5535***	MD	0.0255***
	(2.82)		(3.91)		(2.57)
				ENR	0.0047***
					(5.02)
Size	0.1144***	Size	1.4062***	Size	0.1078***
	(26.24)		(25.96)		(23.90)
State	-0.0357***	State	1.2994***	State	-0.0417***
	(-3.47)		(9.38)		(-4.06)
Age	-0.0200**	Age	-1.3244***	Age	-0.0139
	(-2.07)		(-8.45)		(-1.42)
Levera	0.0375***	Levera	0.1487***	Levera	0.0368***
	(12.13)		(4.39)		(11.93)
Growth	0.1946***	Growth	0.5628***	Growth	0.1920***
	(13.22)		(3.80)		(13.16)
Constant	-2.3042***	Constant	-26.0950***	Constant	-2.1824***
	(-21.77)		(-19.66)		(-20.21)
Industry	yes	Industry	yes	Industry	yes
Year	yes	Year	yes	Year	yes
N	7718	N	7718	N	7718
R-sq	0.1369	R-sq	0.1320	R-sq	0.1406
F-statistics	144.59***	F-statistics	174.28***	F-statistics	126.38***

注:括号中的数据为 t 值,*、** 和 *** 分别表示 $p<0.1$、$p<0.05$ 和 $p<0.01$,即在 10%、5% 和 1% 水平上显著。

由表6-8可知,在第一步检验中,市场化程度与公司绩效(每股收益)在1%统计显著性水平下显著正相关,市场化程度显著提升了公司绩效,市场化程度对公司绩效的影响机理及研究假设H1得到验证。这表明,随着我国渐进式市场化制度的改革,市场化程度逐步提升,企业运营的外部制度环境得到有效改善,企业获取资源的效率和便利性显著提高,市场化程度显著改善了公司绩效。在第二步检验中,市场化程度与环境责任履行在1%统计显著性水平下显著正相关,这表明,市场化程度的提升,环境保护的相关法律法规的进一步完善,促使企业在经营过程中更注重环境保护,增加环境保护投入,市场化程度显著改善了环境责任。在第三步检验中,市场化程度与公司绩效(每股收益)在1%统计显著性水平下显著正相关,环境责任履行也与公司绩效(每股收益)在1%统计显著性水平下显著正相关,环境责任履行显著提升了公司绩效。这表明,在我国转轨经济背景下,企业加大环境保护投入力度,可以帮助企业树立良好的形象,产生声誉效应,同时企业积极履行环境责任可以帮助企业获得政府补贴等,从而提升公司绩效。综上中介效应检验结果可知,环境责任履行是市场化程度提升公司绩效的有效路径,环境责任履行对市场化程度与公司绩效具有部分中介效应,中介效应占总效应的比重为9.19%。环境责任履行对市场化程度与公司绩效的中介效应机理及研究假设H2d得到验证。这说明,在当前我国转轨经济及经济发展进入新常态背景下,环境责任履行是市场化程度提升公司绩效的有效路径。

第五,市场化程度与公司绩效:社会责任的中介效应。

基于上述中介效应检验模型及程序,用社会责任履行水平代替中介效应检验模型中企业社会责任履行总水平,继续进行社会责任履行对市场化程度与公司绩效的中介效应检验。检验结果如表6-9所示。

表6-9 市场化程度与公司绩效:环境责任履行的中介效应检验

第一步	OLS(1)	第二步	OLS(2)	第三步	OLS(3)
变量	CP=EPS	变量	SR	变量	CP=EPS
MD	0.0281***	MD	-0.0905	MD	0.0296***
	(2.82)		(-0.80)		(3.03)
				SR	0.0169***
					(16.86)
Size	0.1144***	Size	0.7635***	Size	0.1015***
	(26.24)		(17.90)		(23.12)

续表

第一步	OLS (1)	第二步	OLS (2)	第三步	OLS (3)
变量	CP = EPS	变量	SR	变量	CP = EPS
State	-0.0357***	State	-0.7107***	State	-0.0237**
	(-3.47)		(-5.82)		(-2.34)
Age	-0.0200**	Age	1.0600***	Age	-0.0379***
	(-2.07)		(11.15)		(-3.97)
Levera	0.0375***	Levera	-0.0261	Levera	0.0379***
	(12.13)		(-0.88)		(12.22)
Growth	0.1946***	Growth	1.5820***	Growth	0.1679***
	(13.22)		(9.23)		(11.68)
Constant	-2.3042***	Constant	-13.8542***	Constant	-2.0705***
	(-21.77)		(-13.42)		(-19.58)
Industry	yes	Industry	yes	Industry	yes
Year	yes	Year	yes	Year	yes
N	7718	N	7718	N	7718
R-sq	0.1369	R-sq	0.0642	R-sq	0.1671
F-statistics	144.59***	F-statistics	81.44***	F-statistics	164.49***

注：括号中的数据为 t 值，*、**和***分别表示 $p<0.1$、$p<0.05$ 和 $p<0.01$，即在 10%、5% 和 1% 水平上显著。

由表 6-9 可知，在第一步检验中，市场化程度与公司绩效（每股收益）在 1% 统计显著性水平下显著正相关，市场化程度显著提升了公司绩效，市场化程度对公司绩效的影响机理及研究假设 H1 得到验证。这表明，随着我国渐进式市场化制度的改革，市场化程度逐步提升，企业运营的外部制度环境得到有效改善，企业获取资源的效率和便利性显著提高，市场化程度显著改善了公司绩效。在第二步检验中，市场化程度与社会责任履行负相关，但不显著，这表明，市场化程度的提升促进了产品市场竞争，产品市场竞争不利于企业进行慈善捐赠等社会责任履行。在第三步检验中，市场化程度与公司绩效（每股收益）在 1% 统计显著性水平下显著正相关，社会责任履行也与公司绩效（每股收益）在 1% 统计显著性水平下显著正相关。这表明，在我国转轨经济背景下，企业加大社会捐赠等社会责任投入，积极履行社会责任可以帮助企业树立良好形象，产生声誉效应，提升公司价值。由于第二步检验中，市场化程度对社会责任的影响不显著，需要继续进行 Sobel 检验，Sobel 检验统计量 $z=$

$\hat{\beta}_1\hat{\gamma}_2 / \sqrt{\hat{\beta}_1^2 s_{\gamma_2}^2 + \hat{\gamma}_2^2 s_{\beta_1}^2} = -0.8009, p = 0.4232, (\hat{\beta}_1 = -0.0904, s_{\beta_1} = 0.1128, \hat{\gamma}_2 = 0.0169, s_{\gamma_2} = 0.0010)$，综上中介效应检验结果可知，社会责任履行对市场化程度与公司绩效的中介效应不显著，社会责任履行对市场化程度与公司绩效的中介效应机理及研究假设 H2e 未通过验证。这表明，在我国转轨经济及经济发展进入新常态背景下，社会责任履行不是市场化程度提升公司绩效有效路径。

2. 政治关联与公司绩效：企业社会责任履行的中介效应

（1）政治关联与公司绩效：企业社会责任履行的中介效应

基于上述中介效应检验模型及程序，实证检验企业社会责任履行对政治关联与公司绩效的中介效应检验，检验结果如表 6-10 所示。

表 6-10 政治关联与公司绩效：企业社会责任履行的中介效应检验

第一步	OLS（1）	第二步	OLS（2）	第三步	OLS（3）
变量	$CP = EPS$	变量	CSR	变量	$CP = EPS$
PC	0.0446 ***	PC	2.2156 ***	PC	0.0281 ***
	(4.25)		(5.24)		(2.79)
				CSR	0.0074 ***
					(24.12)
Size	0.1125 ***	Size	5.5067 ***	Size	0.0716 ***
	(25.75)		(36.69)		(15.71)
State	-0.0334 ***	State	1.6472 ***	State	-0.0456 **
	(-3.25)		(4.00)		(-4.61)
Age	-0.0149	Age	-1.4826 ***	Age	-0.0039
	(-1.54)		(-3.65)		(-0.41)
Levera	0.0376 ***	Levera	1.0022 ***	Levera	0.0301 ***
	(12.16)		(9.77)		(10.23)
Growth	0.1939 ***	Growth	5.3011 ***	Growth	0.1546 ***
	(13.24)		(10.96)		(11.56)
Constant	-2.2772 ***	Constant	-95.6429 ***	Constant	-1.5671 ***
	(-21.60)		(-26.14)		(-14.71)
Industry	yes	Industry	yes	Industry	yes
Year	yes	Year	yes	Year	yes

续表

第一步	OLS (1)	第二步	OLS (2)	第三步	OLS (3)
变量	CP = EPS	变量	CSR	变量	CP = EPS
N	7718	N	7718	N	7718
R - sq	0.1380	R - sq	0.1883	R - sq	0.2127
F - statistics	146.05 ***	F - statistics	327.18 ***	F - statistics	217.66 ***

注：括号中的数据为 t 值，*、** 和 *** 分别表示 $p<0.1$、$p<0.05$ 和 $p<0.01$，即在 10%、5% 和 1% 水平上显著。

由表 6-10 可知，在第一步检验中，政治关联与公司绩效（每股收益）在 1% 统计显著性水平下显著正相关，这表明，在我国转轨经济及经济发展进入新常态背景下，政治关联能帮助企业获得更多的政府补助、规避企业的违规处罚、改善企业经营与契约履行环境、缓解企业的融资约束、帮助企业获取企业生存与发展所需的多种资源，从而提升公司绩效，政治关联对公司绩效的影响机理及研究假设 H3 得到验证。在第二步检验中，政治关联与企业社会责任履行在 1% 统计显著性水平下显著正相关，这表明，在当前我国转轨经济背景下，在促进企业社会责任履行的相关制度不完备的情况下，政府的监督弥补了相关制度缺失的不足，政府的适度干预可以有效提升企业社会责任履行水平，政府在企业社会责任履行中发挥了主导性的推动作用，企业政治关联有利于促使企业社会责任履行。另外，政府基于社会稳定、增加就业与政治晋升等目标也会促使政治关联型企业履行更多的企业社会责任，政治关联在促进企业社会责任履行中发挥了政企纽带作用。在第三步检验中，政治关联与公司绩效（每股收益）在 1% 统计显著性水平下显著正相关，且企业社会责任履行也与公司绩效（每股收益）在 1% 统计显著性水平下显著正相关，这表明，在当前我国转轨经济及经济发展进入新常态背景下，企业社会责任履行可以抑制企业的机会主义动机、为企业各利益相关者传递信息、促进信任的形成与扩散、为企业运营提供稳定健康的内外关系网络和社会环境，同时企业社会责任履行还可以提升企业声誉、改善与消费者关系和提高员工忠诚度，企业社会责任履行作为信号传递机制、交易实现机制和价值创造机制，有利于提升公司价值。综上中介效应检验结果可知，企业社会责任履行对政治关联与公司价值具有部分中介效应，中介效应占总效应的比重为 36.89%，企业社会责任履行对政治关联与公司绩效的中介效应机理及研究假设 H4 得到验证。这表明，在当前我国转轨经济及经济发展进入新常态背景下,企业社会责任履行是政治关联提升公司绩效的有效路径。

(2)进一步的研究

股东责任、员工责任、权益责任、环境责任、社会责任各分维度企业社会责任履行是否对政治关联与公司绩效具有中介效应?为进一步研究各分维度企业社会责任履行对政治关联与公司绩效的中介效应,基于上述中介效应检验模型及程序,用各分维度企业社会责任履行水平代替中介效应检验模型中企业社会责任履行总水平,继续进行各分维度企业社会责任履行对政治关联与公司绩效的中介效应检验。

第一,政治关联与公司绩效:股东责任履行的中介效应。

基于上述中介效应检验模型及程序,用股东责任履行水平代替中介效应检验模型中企业社会责任履行总水平,继续进行股东责任履行对政治关联与公司绩效的中介效应检验。检验结果如表6-11所示。

表6-11 政治关联与公司绩效:股东责任履行的中介效应检验

第一步	OLS(1)	第二步	OLS(2)	第三步	OLS(3)
变量	$CP=EPS$	变量	SHR	变量	$CP=EPS$
PC	0.0446***	PC	0.6648***	PC	-0.0060
	(4.25)		(6.94)		(-0.80)
				SHR	0.0760***
					(74.05)
Size	0.1125***	Size	1.2194***	Size	0.0198***
	(25.75)		(33.40)		(5.89)
State	-0.0334***	State	-0.4204***	State	-0.0014
	(-3.25)		(-4.22)		(-0.19)
Age	-0.0149	Age	-0.2637***	Age	0.0051
	(-1.54)		(-3.33)		(0.73)
Levera	0.0376***	Levera	0.6304***	Levera	-0.0104***
	(12.16)		(19.86)		(-4.53)
Growth	0.1939***	Growth	2.0653***	Growth	0.0369***
	(13.24)		(13.06)		(3.74)
Constant	-2.2772***	Constant	-16.1190***	Constant	-1.0516***
	(-21.60)		(-18.28)		(-13.13)

续表

第一步	OLS (1)	第二步	OLS (2)	第三步	OLS (3)
变量	CP = EPS	变量	SHR	变量	CP = EPS
Industry	yes	Industry	yes	Industry	yes
Year	yes	Year	yes	Year	yes
N	7718	N	7718	N	7718
R - sq	0.1380	R - sq	0.1962	R - sq	0.5752
F - statistics	146.05***	F - statistics	272.94***	F - statistics	915.53***

注：括号中的数据为 t 值，*、** 和 *** 分别表示 $p<0.1$、$p<0.05$ 和 $p<0.01$，即在10%、5%和1%水平上显著。

由表6-11可知，在第一步检验中，政治关联与公司绩效（每股收益）在1%统计显著性水平下显著正相关，这表明，在我国转轨经济及经济发展进入新常态背景下，政治关联能帮助企业获得更多的政府补助、规避企业的违规处罚、改善企业经营与契约履行环境、缓解企业的融资约束、帮助企业获取企业生存与发展所需的多种资源，从而提升公司绩效，政治关联对公司价值的影响机理及研究假设H3得到验证。在第二步检验中，政治关联与股东责任履行在1%统计显著性水平下显著正相关，这表明在当前我国转轨经济背景下，政治关联是企业获取其生存与发展所需经济资源的有效纽带与途径，有利于规避政府的监管风险，获得政府补贴及税收优惠等，从而有利于提升公司绩效，促进股东责任履行；同时政府监督可以有效弥补中小股东等投资者保护制度缺失的不足，政治关联促进了股东责任履行。在第三步检验中，政治关联与公司绩效（每股收益）非显著负相关，股东责任履行与公司绩效（每股收益）在1%统计显著性水平下显著正相关。这表明，在我国转轨经济背景下，企业积极履行对股东等投资者的责任，最大化其投资回报，切实保护投资者的经济利益，可以增强投资者信心，提高企业融资便利性，降低企业融资成本和财务风险，从而提升公司绩效。综上中介效应检验结果可知，股东责任履行对政治关联与公司绩效具有完全中介效应，股东责任履行对政治关联与公司绩效的中介效应机理及研究假设H4a得到验证。这表明，在当前我国转轨经济及经济发展进入新常态背景下，股东责任履行是政治关联提升公司绩效的有效路径。

第二，政治关联与公司绩效：员工责任履行的中介效应。

基于上述中介效应检验模型及程序，用员工责任履行水平代替中介效应检验模型中企业社会责任履行总水平，继续进行员工责任履行对政治关联与公司绩效的中介效应检验。检验结果如表 6-12 所示。

表 6-12 政治关联与公司绩效：员工责任履行的中介效应检验

第一步	OLS (1)	第二步	OLS (2)	第三步	OLS (3)
变量	CP = EPS	变量	ER	变量	CP = EPS
PC	0.0446***	PC	0.1281	PC	0.0433***
	(4.25)		(1.42)		(4.13)
				ER	0.0104***
					(7.22)
Size	0.1125***	Size	0.9153***	Size	0.1030***
	(25.75)		(27.69)		(22.65)
State	-0.0334***	State	0.7043***	State	-0.0407***
	(-3.25)		(8.07)		(-3.95)
Age	-0.0149	Age	-0.4869***	Age	-0.0099
	(-1.54)		(-5.43)		(-1.01)
Levera	0.0376***	Levera	0.0918***	Levera	0.0366***
	(12.16)		(4.24)		(11.85)
Growth	0.1939***	Growth	0.5454***	Growth	0.1882***
	(13.24)		(5.57)		(12.97)
Constant	-2.2772***	Constant	-15.9982***	Constant	-2.1101***
	(-21.60)		(-19.98)		(-19.553)
Industry	yes	Industry	yes	Industry	yes
Year	yes	Year	yes	Year	yes
N	7718	N	7718	N	7718
R-sq	0.1380	R-sq	0.1355	R-sq	0.1447
F-statistics	146.05***	F-statistics	193.85***	F-statistics	132.63***

注：括号中的数据为 t 值，*、** 和 *** 分别表示 $p<0.1$、$p<0.05$ 和 $p<0.01$，即在 10%、5% 和 1% 水平上显著。

由表 6-12 可知，在第一步检验中，政治关联与公司绩效（每股收益）在 1% 统计显著性水平下显著正相关，这表明，在我国转轨经济及经济发展进入新常态背景下，政治关联能帮助企业获得更多的政府补助、规避企业的违规处罚、改善企业经营与契约履行环境、缓解企业的融资约束、帮助企业获取企业生存与发展所需的多种资源,从而提升公司绩效,政治关联对公司价值的影响机理及研究假设 H3 得到验证。在第二步检验中,政治关联与员工责任履行正相关,但不显著,这表明,在当前我国转轨经济背景下,政治关联是政府促使企业保护员工合法权益的纽带,政治关联有利于促使企业对员工责任履行,但相较于企业主动维护员工权益的效果,政府直接干预的效果相对较差。在第三步检验中,政治关联与公司绩效(每股收益)在 1% 统计显著性水平下显著正相关,企业社会责任履行也与公司绩效(每股收益)在 1% 统计显著性水平下显著正相关,这表明,在我国转轨经济背景下,公司积极履行对员工的责任,切实维护员工的合法权益,可以提高员工的忠诚度和满意度,降低员工离职率,激发员工的工作积极性、主动性和创造性,提高公司劳动生产率,同时吸引更优秀员工的加入,提高公司人力资本质量,从而提升公司绩效。由于第二步检验中,政治关联对员工责任履行的影响不显著,需要继续进行 Sobel 检验,Sobel 检验统计量 $z = \hat{\beta}_1 \hat{\gamma}_2 / \sqrt{\hat{\beta}_1^2 s_{\gamma_2}^2 + \hat{\gamma}_2^2 s_{\beta_1}^2} = 1.3945$,$p = 0.1632$,($\hat{\beta}_1 = 0.1281$,$s_{\beta_1} = 0.0901$,$\hat{\gamma}_2 = 0.0104435$,$s_{\gamma_2} = 0.0014459$),综上中介效应检验结果可知,员工责任履行对政治关联与公司绩效的中介效应不显著,员工责任履行对政治关联与公司绩效的中介效应机理及研究假设 H4b 未通过验证,这说明,在当前我国转轨经济及经济发展进入新常态背景下,员工责任履行不是政治关联提升公司绩效的有效路径。

第三,政治关联与公司绩效:权益责任履行的中介效应。

基于上述中介效应检验模型及程序,用权益责任履行水平代替中介效应检验模型中企业社会责任履行总水平,继续进行权益责任履行对政治关联与公司绩效的中介效应检验。检验结果如表 6-13 所示。

表 6-13　　政治关联与公司绩效:权益责任履行的中介效应检验

第一步变量	OLS(1) CP = EPS	第二步变量	OLS(2) SCCRR	第三步变量	OLS(3) CP = EPS
PC	0.0446***	PC	0.4915***	PC	0.0405***
	(4.25)		(3.57)		(3.87)
				SCCRR	0.0084***
					(8.27)

续表

第一步	OLS (1)	第二步	OLS (2)	第三步	OLS (3)
变量	CP = EPS	变量	SCCRR	变量	CP = EPS
Size	0.1125***	Size	1.2213***	Size	0.1023***
	(25.75)		(25.41)		(22.77)
State	−0.0334***	State	0.7267***	State	−0.0395***
	(−3.25)		(5.44)		(−3.85)
Age	−0.0149	Age	−0.5554***	Age	−0.0103
	(−1.54)		(−4.24)		(−1.06)
Levera	0.0376***	Levera	0.1605***	Levera	0.0362***
	(12.16)		(5.00)		(11.83)
Growth	0.1939***	Growth	0.5742***	Growth	0.1891***
	(13.24)		(4.41)		(13.11)
Constant	−2.2772***	Constant	−23.7051***	Constant	−2.0782***
	(−21.60)		(−19.95)		(−19.38)
Industry	yes	Industry	yes	Industry	yes
Year	yes	Year	yes	Year	yes
N	7718	N	7718	N	7718
R − sq	0.1380	R − sq	0.1068	R − sq	0.1477
F − statistics	146.05***	F − statistics	174.77***	F − statistics	134.40***

注：括号中的数据为 t 值，*、**和***分别表示 $p<0.1$、$p<0.05$ 和 $p<0.01$，即在 10%、5% 和 1% 水平上显著。

由表 6 – 13 可知，在第一步检验中，政治关联与公司绩效（每股收益）在 1% 统计显著性水平下显著正相关，这表明，在我国转轨经济及经济发展进入新常态背景下，政治关联能帮助企业获得更多的政府补助、规避企业的违规处罚、改善企业经营与契约履行环境、缓解企业的融资约束、帮助企业获取企业生存与发展所需的多种资源，从而提升公司绩效，政治关联对公司绩效的影响机理及研究假设 H3 得到验证。在第二步检验中，政治关联与权益责任履行在 1% 统计显著性下显著正相关，这表明，在当前我国转轨经济背景下，特别是在政府更关注社会公平和民生的当下，政府通过相应的制度安排促使企业保护供应商、客户及消费者合法权益，政治关联在政府促使企业权益责任履行中发挥了纽带作用。在第三步检验中，政治关联与公司绩效（每股收益）在 1% 统计显著性水平下显著正相关，权益责任履行也与公司绩效（每股收益）在

1%统计显著性水平下显著正相关,这表明,在我国转轨经济背景下,企业积极履行对客户和消费者的责任,提供更优质的产品和服务,切实维护客户和消费者的合法权益,可以提高客户和消费者的满意度、认可度和忠诚度,从而提升公司品牌形象以及客户和消费者的购买意愿,最终客户和消费者通过"货币投票权"提升公司绩效。公司积极履行对供应商的责任,与供应商构建互利共赢的合作关系,可以降低公司的交易成本和经营风险,从而提升公司绩效。综上中介效应检验结果可知,权益责任履行对政治关联与公司绩效具有部分中介效应,中介效应占总效应的比重为9.25%。权益责任履行对政治关联与公司绩效的中介效应机理及研究假设 H4c 得到验证,这说明,在当前我国转轨经济及经济发展进入新常态背景下,权益责任履行是政治关联提升公司绩效的有效路径。

第四,政治关联与公司绩效:环境责任履行的中介效应。

基于上述中介效应检验模型及程序,用环境责任履行水平代替中介效应检验模型中企业社会责任履行总水平,继续进行环境责任履行对政治关联与公司绩效的中介效应检验,检验结果如表 6-14 所示。

表 6-14 政治关联与公司绩效:环境责任履行的中介效应检验

第一步	OLS (1)	第二步	OLS (2)	第三步	OLS (3)
变量	CP = EPS	变量	ENR	变量	CP = EPS
PC	0.0446***	PC	0.1947	PC	0.0437***
	(4.25)		(1.30)		(4.17)
				ENR	0.0047***
					(5.06)
Size	0.1125***	Size	1.3995***	Size	0.1059***
	(25.75)		(25.54)		(23.48)
State	-0.0334***	State	1.2927***	State	-0.0395***
	(-3.25)		(9.32)		(-3.84)
Age	-0.0149	Age	-1.2830***	Age	-0.0089
	(-1.54)		(-8.17)		(-0.91)
Levera	0.0376***	Levera	0.1515***	Levera	0.0369***
	(12.16)		(4.46)		(11.96)
Growth	0.1939***	Growth	0.5689***	Growth	0.1913***
	(13.24)		(3.83)		(13.17)

续表

第一步	OLS (1)	第二步	OLS (2)	第三步	OLS (3)
变量	CP = EPS	变量	ENR	变量	CP = EPS
Constant	-2.2772***	Constant	-25.7919***	Constant	-2.1558***
	(-21.60)		(-19.45)		(-20.06)
Industry	yes	Industry	yes	Industry	yes
Year	yes	Year	yes	Year	yes
N	7718	N	7718	N	7718
R-sq	0.1380	R-sq	0.1305	R-sq	0.1418
F-statistics	146.05***	F-statistics	173.96***	F-statistics	127.43***

注：括号中的数据为 t 值，*、** 和 *** 分别表示 $p<0.1$、$p<0.05$ 和 $p<0.01$，即在10%、5%和1%水平上显著。

由表6-14可知，在第一步检验中，政治关联与公司绩效（每股收益）在1%统计显著性水平下显著正相关，这表明，在我国转轨经济及经济发展进入新常态背景下，政治关联能帮助企业获得更多的政府补助、规避企业的违规处罚、改善企业经营与契约履行环境、缓解企业的融资约束、帮助企业获取企业生存与发展所需的多种资源，从而提升公司绩效，政治关联对公司绩效的影响机理及研究假设H3得到验证。在第二步检验中，政治关联与环境责任履行正相关，但不显著，这表明，在当前我国转轨经济背景下，由于外部监管的不足，企业的逐利性往往会促使其以牺牲环境为代价来追求经济利润，企业的环境保护意识以及增加环境保护投入的自主性不强，政府的监督在一定程度上强化了企业的环境保护意识，促使企业加大环境保护投入的力度，政治关联在政府促使企业环境责任履行中发挥了一定的纽带作用。在第三步检验中，政治关联与公司绩效（每股收益）在1%统计显著性水平下显著正相关，环境责任履行与公司绩效（每股收益）在1%统计显著性水平下显著正相关，这表明，在我国转轨经济背景下，企业加大环境保护投入力度，可以帮助企业树立良好的形象，产生声誉效应，同时企业积极履行环境责任可以帮助企业获得政府补贴等，从而提升公司绩效。由于第二步检验中政治关联对环境责任的影响不显著，需要继续进行Sobel检验，Sobel检验统计量 $z = \hat{\beta}_1 \hat{\gamma}_2 / \sqrt{\hat{\beta}_1^2 s_{\gamma_2}^2 + \hat{\gamma}_2^2 s_{\beta_1}^2} = 1.2634, p = 0.2064$，（$\hat{\beta}_1 = 0.1947, s_{\beta_1} = 0.1493, \hat{\gamma}_2 = 0.0047, s_{\gamma_2} = 0.0009$），综上中介效应检验结果可知，环境责任履行对政治关联与公司绩效的中介效应不显著，环境责任履行对政治关联与公司绩效的中介效应机理及研究假设 H4d 未通过验证，这说明，在当前我国转轨经济及经济发展进入新常态背景下，环境责任履行不是政治关联提升公司绩效的有效路径。

第五，政治关联与公司绩效：社会责任履行的中介效应。

基于上述中介效应检验模型及程序，用社会责任履行水平代替中介效应检验模型中企业社会责任履行总水平，继续进行社会责任履行对政治关联与公司绩效的中介效应检验。检验结果如表 6-15 所示。

表 6-15　政治关联与公司绩效：社会责任履行的中介效应检验

第一步	OLS（1）	第二步	OLS（2）	第三步	OLS（3）
变量	CP = EPS	变量	SR	变量	CP = EPS
PC	0.0446***	PC	0.6956***	PC	0.0330***
	(4.25)		(5.89)		(3.20)
				SR	0.0166***
					(16.63)
Size	0.1125***	Size	0.7335***	Size	0.1003***
	(25.75)		(17.21)		(22.79)
State	-0.0334***	State	-0.6547***	State	-0.0225**
	(-3.25)		(-5.35)		(-2.22)
Age	-0.0149	Age	1.1162***	Age	-0.0335***
	(-1.54)		(11.64)		(-3.49)
Levera	0.0376***	Levera	-0.0280	Levera	0.0380***
	(12.16)		(-0.94)		(12.25)
Growth	0.1939***	Growth	1.5606***	Growth	0.1680***
	(13.24)		(9.15)		(11.73)
Constant	-2.2771***	Constant	-13.6593***	Constant	-2.0500***
	(-21.60)		(-13.29)		(-19.44)
Industry	yes	Industry	yes	Industry	yes
Year	yes	Year	yes	Year	yes
N	7718	N	7718	N	7718
R-sq	0.1380	R-sq	0.0684	R-sq	0.1672
F-statistics	146.05***	F-statistics	86.67***	F-statistics	163.89***

注：括号中的数据为 t 值，*、** 和 *** 分别表示 $p<0.1$、$p<0.05$ 和 $p<0.01$，即在 10%、5% 和 1% 水平上显著。

由表 6-15 可知，在第一步检验中，政治关联与公司绩效（每股收益）在 1% 统计显著性水平下显著正相关，这表明，在我国转轨经济及经济发展进入新常态背景下，政治关联能帮助企业获得更多的政府补助、规避企业的违规处罚、改善企业经营与契约履行环境、缓解企业的融资约束、帮助企业获取企业生存与发展所需的多种资源，从而提升公司绩效，政治关联对公司绩效的影响机理及研究假设 H3 得到验证。在第二步检验中，政治关联与社会责任履行在 1% 统计显著性水平下显著正相关，这表明在当前我国转轨经济背景下，政府会促使政治关联型企业履行更多的社会责任，特别是在地震等自然灾害发生后，政府对企业社会捐赠等具有一定的鼓励导向和心理预期，并表现出一定的行政指令性。政治关联是政府促使企业社会捐赠等社会责任投入的纽带，促进了社会责任履行。在第三步检验中，政治关联与公司绩效（每股收益）在 1% 统计显著性水平下显著正相关，社会责任履行也与公司绩效（每股收益）在 1% 统计显著性水平下显著正相关，这表明，在我国转轨经济背景下，企业加大社会捐赠等社会责任投入，积极履行社会责任可以帮助企业树立良好形象，产生声誉效应，提升公司绩效。综上中介效应检验结果可知，社会责任履行对政治关联与公司价值具有部分中介效应，中介效应占总效应的比重为 25.94%。社会责任履行对政治关联与公司绩效中介效应机理及研究假设 H4e 得到验证。这说明，在当前我国转轨经济及经济发展进入新常态背景下，社会责任履行是政治关联提升公司绩效的有效路径。

3. 公司内部治理与公司绩效：企业社会责任履行的中介效应

（1）公司内部治理与公司绩效：企业社会责任履行的中介效应

基于上述中介效应检验模型及程序，实证检验企业社会责任履行对公司内部治理与公司绩效的中介效应，检验结果如表 6-16 所示。

表 6-16　公司内部治理与公司绩效：企业社会责任履行的中介效应检验

第一步	OLS（1）	第二步	OLS（2）	第三步	OLS（3）
变量	$CP=EPS$	变量	CSR	变量	$CP=EPS$
CGI	0.0025*	CGI	1.1437***	CGI	0.0014
	(1.91)		(2.75)		(1.11)
				CSR	0.0010***
					(29.60)

续表

第一步变量	OLS (1) CP=EPS	第二步变量	OLS (2) CSR	第三步变量	OLS (3) CP=EPS
Size	0.0066***	Size	5.6003***	Size	0.0010*
	(10.56)		(37.59)		(1.68)
State	-0.0072***	State	1.4932***	State	-0.0087***
	(-5.16)		(3.62)		(-6.52)
Age	-0.0050***	Age	-1.6183***	Age	-0.0035***
	(-4.80)		(-4.00)		(-3.37)
Levera	0.0082***	Levera	1.0162***	Levera	0.0072***
	(15.83)		(9.90)		(14.60)
Growth	0.0328***	Growth	5.3650***	Growth	0.0275***
	(13.13)		(11.03)		(11.68)
Constant	-0.1177***	Constant	-96.9700***	Constant	-0.0223
	(-7.69)		(-26.50)		(-1.47)
Industry	yes	Industry	yes	Industry	yes
Year	yes	Year	yes	Year	yes
N	7718	N	7718	N	7718
R-sq	0.1145	R-sq	0.1862	R-sq	0.1957
F-statistics	86.42***	F-statistics	321.43***	F-statistics	211.83***

注：括号中的数据为 t 值，*、** 和 *** 分别表示 $p<0.1$、$p<0.05$ 和 $p<0.01$，即在 10%、5% 和 1% 水平上显著。

由表 6-16 可知，在第一步检验中，公司内部治理与公司绩效（每股收益）在 10% 统计显著性水平下显著正相关，这表明，在我国转轨经济及经济发展进入新常态背景下，公司有效的内部治理可以缓解公司的双重代理问题，减少管理层的机会主义行为，减少大股东对中小股东的剥夺，显著改善公司绩效，公司内部治理对公司绩效的影响机理及研究假设 H5 得到验证。仅通过 10% 统计显著性检验，说明我国公司内部治理仍有待进一步改进，公司内部治理的有效性有待进一步提高。在第二步检验中，公司内部治理与企业社会责任履行在 1% 统计显著性水平下显著正相关，这表明，在我国转轨经济及经济发展进入新常态背景下，公司有效的内部治理可以缓解公司的双重代理问题，切实维护企业各利益相关者的合法权益，促进企业社会责任履行，公司内部治理是促进企业社会责任履行的支柱和保障。在第三步检验中，公司内部治理与公司绩效（每股收益）正相关，但不显著；企业社会责任履行与公司绩效（每股收益）在1%统计显著性水平下显著正相关，这表明，在当前我国转轨经济及经济发展进入新常态背景下，企业社会责任履行可以抑制企业的机会主义动机、为企业各利益相关者传递信息、促进信任的形成与扩散、为企业运营提供稳定健康的内外关系网络和社会环境，同时企业社会责任履行还可以提升企业声誉、改善与消费者关系和提高员工忠诚度，企业社会责任履行作为信号传递机制、交易实现机制和价值创造机制，有利于提升公司绩效。综上中介效应检验结果可知，企业社会责任履行对公司内部治理与公司绩效具有完全中介效应，企业社会责任履行对公司内部治理与公司绩效中介效应机理及研究假设H6得到验证。这说明，在当前我国转轨经济及经济发展进入新常态背景下，企业社会责任履行是公司内部治理提升公司绩效的有效路径。

（2）进一步的研究

股东责任、员工责任、权益责任、环境责任、社会责任各分维度企业社会责任履行是否对公司内部治理与公司绩效具有中介效应？为进一步研究各分维度企业社会责任履行对公司内部治理与公司绩效的中介效应，基于上述中介效应检验模型及程序，用各分维度企业社会责任履行水平代替中介效应检验模型中企业社会责任履行总水平，继续进行各分维度企业社会责任履行对公司内部治理与公司绩效的中介效应检验。

第一，公司内部治理与公司绩效：股东责任履行的中介效应。

基于上述中介效应检验模型及程序，用股东责任履行水平代替中介效应检验模型中企业社会责任履行总水平，继续进行股东责任履行对公司内部治理与公司绩效的中介效应检验。检验结果如表6-17所示。

表6-17　公司内部治理与公司绩效：股东责任履行的中介效应检验

第一步	OLS（1）	第二步	OLS（2）	第三步	OLS（3）
变量	$CP=EPS$	变量	SHR	变量	$CP=EPS$
CGI	0.0025*	CGI	0.2176**	CGI	0.0002
	(1.91)		(2.26)		(0.22)
				SHR	0.0108***
					(79.06)

续表

第一步	OLS (1)	第二步	OLS (2)	第三步	OLS (3)
变量	CP = EPS	变量	SHR	变量	CP = EPS
Size	0.0066 ***	Size	1.2477 ***	Size	-0.0069 ***
	(10.56)		(34.38)		(-15.19)
State	-0.0072 ***	State	-0.4680 ***	State	-0.0022 **
	(-5.16)		(-4.70)		(-2.52)
Age	-0.0050 ***	Age	-0.3106 ***	Age	-0.0017 ***
	(-4.80)		(-3.91)		(-2.73)
Levera	0.0082 ***	Levera	0.6335 ***	Levera	0.0014 ***
	(15.83)		(19.82)		(4.58)
Growth	0.0328 ***	Growth	2.0843 ***	Growth	0.0104 ***
	(13.13)		(13.11)		(5.66)
Constant	-0.1177 ***	Constant	-16.4532 ***	Constant	0.0593 ***
	(-7.69)		(-18.63)		(5.48)
Industry	yes	Industry	yes	Industry	yes
Year	yes	Year	yes	Year	yes
N	7718	N	7718	N	7718
R – sq	0.1145	R – sq	0.1921	R – sq	0.6578
F – statistics	86.42 ***	F – statistics	263.67 ***	F – statistics	1081.95 ***

注：括号中的数据为 t 值，*、** 和 *** 分别表示 $p<0.1$、$p<0.05$ 和 $p<0.01$，即在 10%、5% 和 1% 水平上显著。

由表 6 – 17 可知，在第一步检验中，公司内部治理与公司绩效（每股收益）在 10% 统计显著性水平下显著正相关，这表明，在我国转轨经济及经济发展进入新常态背景下，公司有效的内部治理可以缓解公司的双重代理问题，减少管理层的机会主义行为，减少大股东对中小股东的剥夺，显著改善公司绩效，公司内部治理对公司绩效的影响机理及研究假设 H5 得到验证。仅通过 10% 统计显著性检验，说明我国公司内部治理仍有待进一步改进，公司内部治理的有效性有待进一步提高。在第二步检验中，公司内部治理与股东责任履行在 5% 统计显著性水平下显著正相关，这表明，在我国转轨经济及经济发展进入新常态背景下，公司有效的内部治理可以缓解公司的双重代理问题，提升公司绩效，切实履行对股东的受托责任。在第三步检验中，公司内部治理与公司绩效（每股收益）正相关，但不显著。股东责任履行与公司绩效（每股收益）

在1%统计显著性水平下显著正相关,这表明,在我国转轨经济背景下,企业积极履行对股东等投资者的责任,最大化其投资回报,切实保护投资者的经济利益,可以增强投资者信心,提高企业融资便利性,降低企业融资成本和财务风险,从而提升公司绩效。综上中介效应检验结果可知,股东责任履行对公司内部治理与公司绩效具有完全中介效应,股东责任履行对公司内部治理与公司绩效的中介效应机理及研究假设 H6a 得到验证。这说明,在当前我国转轨经济及经济发展进入新常态背景下,股东责任履行是公司内部治理提升公司绩效的有效路径。

第二,公司内部治理与公司绩效:员工责任履行的中介效应。

基于上述中介效应检验模型及程序,用员工责任履行水平代替中介效应检验模型中企业社会责任履行总水平,继续进行员工责任履行对公司内部治理与公司绩效的中介效应检验。检验结果如表 6-18 所示。

表 6-18　公司内部治理与公司绩效:员工责任履行的中介效应检验

第一步	OLS (1)	第二步	OLS (2)	第三步	OLS (3)
变量	$CP=EPS$	变量	ER	变量	$CP=EPS$
CGI	0.0025*	CGI	0.2260**	CGI	0.0023*
	(1.91)		(2.55)		(1.75)
				ER	0.0010***
					(6.28)
$Size$	0.0066***	$Size$	0.9206***	$Size$	0.0057***
	(10.56)		(27.98)		(8.55)
$State$	-0.0072***	$State$	0.6973***	$State$	-0.0079***
	(-5.16)		(7.98)		(-5.61)
Age	-0.0050***	Age	-0.4869***	Age	-0.0046***
	(-4.80)		(-5.45)		(-4.37)
$Levera$	0.0082***	$Levera$	0.0939***	$Levera$	0.0081***
	(15.83)		(4.34)		(15.60)
$Growth$	0.0328***	$Growth$	0.5493***	$Growth$	0.0323***
	(13.13)		(5.60)		(12.94)
$Constant$	-0.1177***	$Constant$	-16.1564***	$Constant$	-0.1021***
	(-7.69)		(-20.16)		(-6.38)
$Industry$	yes	$Industry$	yes	$Industry$	yes

续表

第一步	OLS (1)	第二步	OLS (2)	第三步	OLS (3)
变量	CP = EPS	变量	ER	变量	CP = EPS
Year	yes	Year	yes	Year	yes
N	7718	N	7718	N	7718
R-sq	0.1145	R-sq	0.1360	R-sq	0.1181
F-statistics	86.42***	F-statistics	195.46***	F-statistics	84.51***

注：括号中的数据为 t 值，*、** 和 *** 分别表示 $p<0.1$、$p<0.05$ 和 $p<0.01$，即在10%、5%和1%水平上显著。

由表6-18可知，在第一步检验中，公司内部治理与公司绩效（每股收益）在10%统计显著性水平下显著正相关，这表明，在我国转轨经济及经济发展进入新常态背景下，公司有效的内部治理可以缓解公司的双重代理问题，减少管理层的机会主义行为，减少大股东对中小股东的剥夺，显著改善公司绩效，公司内部治理对公司绩效的影响机理及研究假设H5得到验证。仅通过10%统计显著性检验，说明我国公司内部治理仍有待进一步改进，公司内部治理的有效性有待进一步提高。在第二步检验中，公司内部治理与员工责任履行在5%统计显著性水平下显著正相关，这表明，有效的公司内部治理可以促进管理者更加注重以人为本，维护员工的合法权益，促进员工责任履行。在第三步检验中，公司内部治理与公司绩效（每股收益）在10%统计显著性水平下显著正相关，员工责任履行与公司绩效（每股收益）在1%统计显著性水平下显著正相关，这表明，在我国转轨经济背景下，公司积极履行对员工的责任，切实维护员工的合法权益，可以提高员工的忠诚度和满意度，降低员工离职率，激发员工的工作积极性、主动性和创造性，提高公司劳动生产率，同时吸引更优秀员工的加入，提高公司人力资本质量，从而提升公司绩效。综上中介效应检验结果可知，员工责任履行对公司内部治理与公司绩效具有部分中介效应，中介效应占总效应的比重为8.68%，员工责任履行对公司内部治理与公司绩效的中介效应机理及研究假设H6b得到验证，这说明，在当前我国转轨经济及经济发展进入新常态背景下，员工责任履行是公司内部治理提升公司绩效的有效路径。

第三，公司内部治理与公司绩效：权益责任履行的中介效应。

基于上述中介效应检验模型及程序，用权益责任履行水平代替中介效应检验模型中企业社会责任履行总水平，继续进行权益责任履行对公司内部治理与公司绩效的中介效应检验。检验结果如表6-19所示。

表6-19　内部治理与公司绩效：权益责任履行的中介效应检验

第一步	OLS（1）	第二步	OLS（2）	第三步	OLS（3）
变量	CP = EPS	变量	SCCRR	变量	CP = EPS
CGI	0.0025*	CGI	0.3451***	CGI	0.0022*
	（1.91）		（2.60）		（1.66）
				SCCRR	0.0010***
					（9.52）
Size	0.0066***	Size	1.2419***	Size	0.0053***
	（10.56）		（25.95）		（8.33）
State	-0.0072***	State	0.6936***	State	-0.0079***
	（-5.16）		（5.19）		（-5.66）
Age	-0.0050***	Age	-0.5810***	Age	-0.0045***
	（-4.80）		（-4.47）		（-4.26）
Levera	0.0082***	Levera	0.1643***	Levera	0.0081***
	（15.83）		（5.13）		（15.54）
Growth	0.0328***	Growth	0.5885***	Growth	0.0322***
	（13.13）		（4.51）		（13.00）
Constant	-0.1177***	Constant	-24.0461***	Constant	-0.0941***
	（-7.69）		（-20.24）		（-6.01）
Industry	yes	Industry	yes	Industry	yes
Year	yes	Year	yes	Year	yes
N	7718	N	7718	N	7718
R-sq	0.1145	R-sq	0.1061	R-sq	0.1227
F-statistics	86.42***	F-statistics	174.05***	F-statistics	90.58***

注：括号中的数据为t值，*、**和***分别表示$p<0.1$、$p<0.05$和$p<0.01$，即在10%、5%和1%水平上显著。

由表6-19可知，在第一步检验中，公司内部治理与公司绩效（每股收益）在10%统计显著性水平下显著正相关，这表明，在我国转轨经济及经济发展进入新常态背景下，公司有效的内部治理可以缓解公司的双重代理问题，减少管理层的机会主义行为，减少大股东对中小股东的剥夺，显著改善公司绩效，公司内部治理对公司绩效的影响机理及研究假设H5得到验证。仅通过

10%统计显著性检验,说明我国公司内部治理仍有待进一步改进,公司内部治理的有效性有待进一步提高。在第二步检验中,公司内部治理与权益责任履行在5%统计显著性水平下显著正相关,说明有效的公司内部治理可以促使管理层更加注重维护与客户、供应商的和谐稳定的合作关系,向消费者提供优质的产品或服务,促进权益责任的履行。在第三步检验中,公司内部治理与公司绩效(每股收益)在10%统计显著性水平下显著正相关。权益责任履行与公司绩效(每股收益)在1%统计显著性水平下显著正相关,这表明,在我国转轨经济背景下,企业积极履行对客户和消费者的责任,提供更优质的产品和服务,切实维护客户和消费者的合法权益,可以提高客户和消费者的满意度、认可度和忠诚度,从而提升公司品牌形象以及客户和消费者的购买意愿,最终客户和消费者通过"货币投票权"提升公司绩效。公司积极履行对供应商的责任,与供应商构建互利共赢的合作关系,可以降低公司的交易成本和经营风险,从而提升公司绩效。综上中介效应检验结果可知,权益责任履行对公司内部治理与公司绩效的影响具有部分中介效应,中介效应占总效应的比重为13.43%,权益责任履行对公司内部治理与公司绩效的中介效应机理及研究假设H6c得到验证,这说明,在当前我国转轨经济及经济发展进入新常态背景下,权益责任履行是公司内部治理提升公司绩效的有效路径。

第四,公司内部治理与公司绩效:环境责任履行的中介效应。

基于上述中介效应检验模型及程序,用环境责任履行水平代替中介效应检验模型中企业社会责任履行总水平,继续进行环境责任履行对公司内部治理与公司绩效的中介效应检验。检验结果如表6-20所示。

表6-20 公司内部治理与公司绩效:环境责任履行的中介效应检验

第一步	OLS(1)	第二步	OLS(2)	第三步	OLS(3)
变量	CP = EPS	变量	ENR	变量	EPS
CGI	0.0025*	CGI	0.1724	CGI	0.0024*
	(1.91)		(1.19)		(1.84)
				ENR	0.0005***
					(5.48)
Size	0.0066***	Size	1.4077***	Size	0.0058***
	(10.56)		(25.94)		(9.05)
State	-0.0072***	State	1.2800***	State	-0.0079***
	(-5.16)		(9.23)		(-5.59)

续表

第一步	OLS（1）	第二步	OLS（2）	第三步	OLS（3）
变量	CP = EPS	变量	ENR	变量	EPS
Age	-0.0050***	Age	-1.2914***	Age	-0.0044***
	(-4.80)		(-8.21)		(-4.16)
Levera	0.0082***	Levera	0.1534***	Levera	0.0082***
	(15.83)		(4.50)		(15.68)
Growth	0.0328***	Growth	0.5747***	Growth	0.0325***
	(13.13)		(3.87)		(13.07)
Constant	-0.1177***	Constant	-25.9451***	Constant	-0.1045***
	(-7.69)		(-19.57)		(-6.65)
Industry	yes	Industry	yes	Industry	yes
Year	yes	Year	yes	Year	yes
N	7718	N	7718	N	7718
R-sq	0.1145	R-sq	0.1305	R-sq	0.1172
F-statistics	86.42***	F-statistics	173.45***	F-statistics	80.42***

注：括号中的数据为 t 值，*、** 和 *** 分别表示 $p<0.1$、$p<0.05$ 和 $p<0.01$，即在 10%、5% 和 1% 水平上显著。

由表 6-20 可知，在第一步检验中，公司内部治理与公司绩效（每股收益）在 10% 统计显著性水平下显著正相关，这表明，在我国转轨经济及经济发展进入新常态背景下，公司有效的内部治理可以缓解公司的双重代理问题，减少管理层的机会主义行为，减少大股东对中小股东的剥夺，显著改善公司绩效，公司内部治理对公司绩效的影响机理及研究假设 H5 得到验证。仅通过 10% 统计显著性检验，说明我国公司内部治理仍有待进一步改进，公司内部治理的有效性有待进一步提高。在第二步检验中，公司内部治理与环境责任履行正相关，但不显著，说明有效的公司内部治理可以促使管理者在企业经营过程中加大环境保护投入力度，切实履行环境责任。在第三步检验中，公司内部治理与公司绩效（每股收益）在 10% 统计显著性水平下显著正相关，环境责任履行与公司绩效（每股收益）在 1% 统计显著性水平下显著正相关，这表明，在我国转轨经济背景下，企业加大环境保护投入力度，可以帮助企业树立良好的形象，产生声誉效应，同时企业积极履行环境责任可以帮助企业获得政府补贴等，从而提升公司绩效。由于第二步检验中，公司内部治理对环境责任的影响不显著,需要继续进行 Sobel 检验,Sobel 检验统计量 $z = \hat{\beta}_1\hat{\gamma}_2 / \sqrt{\hat{\beta}_1^2 s_{\gamma_2}^2 + \hat{\gamma}_2^2 s_{\beta_1}^2} = 1.1582$,$p = 0.2468$,($\hat{\beta}_1 = 0.1724$,$s_{\beta_1} = 0.1455$,$\hat{\gamma}_2 = 0.0005$,$s_{\gamma_2} = 0.0001$),综上中介效应检验结果可知,环境责任履行对公司内部治理与公司绩效的中介效应不显著,环境责任履行对公司内部治理与公司绩效的中介效应机理及研究假设 H6d 未得到检验,这说明,在当前我国转轨经济及经济发展进入新常态背景下,环境责任履行不是公司内部治理提升公司绩效的有效路径。

第五,公司内部治理与公司绩效:社会责任履行的中介效应。

基于上述中介效应检验模型及程序,用社会责任履行水平代替中介效应检验模型中企业社会责任履行总水平,继续进行社会责任履行对公司内部治理与公司绩效的中介效应检验。检验结果如表 6 – 21 所示。

表 6 – 21　公司内部治理与公司绩效:社会责任履行的中介效应检验

第一步	OLS(1)	第二步	OLS(2)	第三步	OLS(3)
变量	CP = EPS	变量	ENR	变量	CP = EPS
CGI	0.0025*	CGI	0.1807	CGI	0.0021
	(1.91)		(1.57)		(1.63)
				ENR	0.0022***
					(17.87)
Size	0.0066***	Size	0.7631***	Size	0.0049***
	(10.56)		(17.90)		(8.14)
State	-0.0072***	State	-0.7051***	State	-0.0057***
	(-5.16)		(-5.78)		(-4.09)
Age	-0.0050***	Age	1.0648***	Age	-0.0074***
	(-4.80)		(11.23)		(-7.08)
Levera	0.0082***	Levera	-0.0251***	Levera	0.0083***
	(15.83)		(-0.85)		(16.04)
Growth	0.0328***	Growth	1.5804***	Growth	0.0293***
	(13.13)		(9.21)		(11.82)
Constant	-0.1177***	Constant	-13.9851***	Constant	-0.0865***
	(-7.69)		(-13.56)		(-5.85)
Industry	yes	Industry	yes	Industry	yes

续表

第一步	OLS（1）	第二步	OLS（2）	第三步	OLS（3）
变量	CP = EPS	变量	ENR	变量	CP = EPS
Year	yes	Year	yes	Year	yes
N	7718	N	7718	N	7718
R - sq	0.1145	R - sq	0.0645	R - sq	0.1172
F - statistics	86.42***	F - statistics	82.30***	F - statistics	105.13***

注：括号中的数据为 t 值，*、** 和 *** 分别表示 $p<0.1$、$p<0.05$ 和 $p<0.01$，即在 10%、5% 和 1% 水平上显著。

由表 6-21 可知，在第一步检验中，公司内部治理与公司绩效（每股收益）在 10% 统计显著性水平下显著正相关，这表明，在我国转轨经济及经济发展进入新常态背景下，公司有效的内部治理可以缓解公司的双重代理问题，减少管理层的机会主义行为，减少大股东对中小股东的剥夺，显著改善公司绩效，公司内部治理对公司绩效的影响机理及研究假设 H5 得到验证。仅通过 10% 统计显著性检验，说明我国公司内部治理仍有待进一步改进，公司内部治理的有效性有待进一步提高。在第二步检验中，公司内部治理与社会责任履行正相关，但不显著，有效的公司内部治理可以显著提升公司绩效，为慈善捐赠等社会责任的履行提供现金支持，促进社会责任履行。在第三步检验中，公司内部治理与公司绩效（每股收益）在 10% 统计显著性水平下显著正相关，社会责任履行与公司绩效（每股收益）在 1% 统计显著性水平下显著正相关，这表明，在我国转轨经济背景下，企业加大社会捐赠等社会责任投入，积极履行社会责任可以帮助企业树立良好形象，产生声誉效应，提升公司绩效。由于第二步检验中，公司内部治理对社会责任的影响不显著，需要继续进行 Sobel 检验，Sobel 检验统计量 $z = \hat{\beta}_1 \hat{\gamma}_2 / \sqrt{\hat{\beta}_1^2 s_{\gamma_2}^2 + \hat{\gamma}_2^2 s_{\beta_1}^2} = 1.5624$，$p = 0.1182$，（$\hat{\beta}_1 = 0.1807$，$s_{\beta_1} = 0.1152$，$\hat{\gamma}_2 = 0.0022$，$s_{\gamma_2} = 0.0001$），综上中介效应检验结果可知，社会责任履行对公司内部治理与公司绩效的中介效应不显著，社会责任履行对公司内部治理与公司绩效的中介效应机理及研究假设 H6e 未通过验证，这说明，在当前我国转轨经济及经济发展进入新常态背景下，社会责任履行不是公司内部治理提升公司绩效的有效路径。

（三）稳健性检验

为进一步检验以上研究结论的稳健性，本章主要从以下几方面进行稳健性检验：(1) 将公司绩效的代理变量由每股收益更换为净资产收益率、每股股利分别进行上述中介效应检验，检验结果及显著性无显著差异，研究结论依然成立。(2) 将控制变量中的资产负债率更换为长期资产负债率、公司成长性更换为总资产增长率分别进行上述中介效应检验，检验结果及显著性无显著差异，研究结论依然成立。(3) 借鉴温忠麟和张雷等（2004）中介效应检验方法，将每股收益、市场化程度、政治关联、公司内部治理、企业社会责任履行及各分维度企业社会责任进行中心化处理，采用标准回归方程重复上述中介效应检验过程，检验结果及显著性无显著差异，研究结论依然成立。综上可知，本书所得结论具有稳健性。限于篇幅，稳健性检验的结果不再一一列出。

五、结论与启示

本章从主要从外部环境（市场化程度、政治关联）治理和公司内部治理两方面深入分析了企业社会责任履行对公司治理与公司绩效的中介效应机理，构建了中介效应检验模型，并基于2010—2015年中国A股上市公司的数据进行了实证检验，研究发现，公司治理显著提升了公司绩效，企业社会责任履行是公司治理提升公司绩效的有效路径，对公司治理与公司绩效具有中介效应。具体地，市场化程度显著提升了公司绩效，企业社会责任履行是市场化程度提升公司绩效的有效路径，对市场化程度与公司绩效具有部分中介效应，进一步研究发现，股东责任、员工责任、权益责任和环境责任履行是市场化程度提升公司绩效的有效路径，对市场化程度与公司绩效具有显著的中介效应；社会责任履行不是市场化程度提升公司绩效的有效路径，对市场化程度与公司绩效的中介效应不显著。政治关联显著提升了公司绩效，企业社会责任履行是政治关联提升公司绩效的有效路径，对政治关联与公司绩效具有部分中介效应。进一步研究发现，股东责任、权益责任和社会责任履行是政治关联提升公司绩效的有效路径，对政治关联与公司绩效具有显著的中介效应；员工责任和环境责任履行不是政治关联提升公司价值的有效路径，对政治关联与公司绩效中介效应不显著。公司内部治理显著提升了公司绩效，企业社会责任履行是公司内部治理提升公司绩效的有效路径，对公司内部治理与公司绩效具有完全中介效应。进一步研究发现，股东责任、员工责任、权益责任履行是公司内部治理提升公司绩效的有效路径，对公司内部治理与公司绩效具有中介效应；环境责任和社会责任履行不是公司内部治理提升公司绩效的有效路径，对公司内部治理与公司绩效具有中介效应不显著。本章为公司治理改善企业社会责任履行进而提升公司绩效的路径选择提供了经验证据，拓展了公司治理的研究领域。本章也为企业主动承担企业社会责任提供了理论支撑和经验证据。

基于以上研究结论，得到如下研究启示：（1）企业应加强企业社会责任履行，从而促进公司治理对公司绩效的正向影响。（2）企业应根据中国特有的政治、经济和文化等制度环境进一步完善或重构其公司治理机制和决策机制，将企业社会责任理念融入具体的公司治理机制和公司决策过程，充分发挥公司治理和企业社会责任的治理效应和价值创造效应。（3）企业还应通过内外部的治理的改善，促进公司主动承担企业社会责任，充分发挥企业社会责任履行的价值创造效应，以提升公司绩效。内部治理方面，在公司董事会设立企业社会责任专业委员会，从公司治理结构视角融入企业社会责任，同时在公司权力安排机制、决策机制、利益分配机制、激励约束机制、管理控制机制和企业文化机制等方面融入企业社会责任理念，实现公司内部治理机制促进企业社会责任履行，进而提升公司绩效。外部环境治理方面，在政府法律法规及政策等正式制度及法律的执行方面融入企业社会责任理念；在要素市场和产品市场方面融入企业社会责任理念；在政府监管部门、专业组织、行业协会、社会公众和媒体等监督评价体系方面融入企业社会责任理念；在供应商和经销商等供应链环节融入企业社会责任理念；促进企业社会责任与外部治理机制的融合，实现公司外部治理促进企业社会责任履行，进而提升公司绩效。（4）在我国转轨经济背景下，市场机制和法律体系仍不健全，政府应在企业社会责任履行实践中发挥主导与监督作用，注重与企业的良性互动与合作，从而推动和激励企业社会责任履行。

第七章 结论、政策建议与展望

一、研究结论与政策建议

（一）研究结论

本书基于产权理论、交易成本理论、信息不对称理论、外部性理论、不完全契约理论、委托—代理理论、利益相关者理论、资源基础理论和可持续发展理论深入研究了公司治理与企业社会责任履行的理论基础，从外部环境治理（市场化程度、政治关联）和公司内部治理视角深入剖析了公司治理对企业社会责任履行的影响机理、企业社会责任履行对公司绩效的影响机理以及企业社会责任履行对公司治理与公司绩效的中介效应机理，厘清了公司治理、企业社会责任履行与公司绩效之间的内在逻辑关系，构建了本书的理论框架，并基于2010—2015年中国A股上市公司的数据，采用规范研究与实证研究相结合的方法，对公司治理、企业社会责任履行与公司绩效之间的影响机理进行了实证检验，主要得出以下结论：

1. 公司治理对企业社会责任履行具有显著的正向影响，公司治理显著改善了企业社会责任履行，且公司治理对企业社会责任履行的显著正向影响具有滞后性和长期性。具体地，市场化程度显著改善了企业社会责任履行，且显著改善了员工责任、权益责任和环境责任履行，但并未促进股东责任和社会责任履行。政治关联显著改善了企业社会责任履行，且对股东责任、员工责任、权益责任、环境责任和社会责任履行均具有促进作用。公司内部治理显著改善了企业社会责任履行,且对股东责任、员工责任、权益责任、环境责任和社会责任均具有促进作用。本书从外部环境治理(市场化程度与政治关联)与公司内部治理视角进一步丰富了企业社会责任履行影响因素的研究文献,进一步丰富了转轨经济体中公司治理是企业社会责任履行的支柱和保障的经验证据。

2. 企业社会责任履行与公司绩效显著正相关,企业社会责任履行具有价值效应,显著提升了公司绩效,且企业社会责任履行对公司绩效的提升作用具有一定的滞后性与长期性。进一步研究发现,企业社会责任履行对公司绩效的提升作用无地区和行业差异。股东责任、员工责任、权益责任、环境责任和社会责任各分维度企业社会责任履行对公司绩效也具有显著的提升作用。本书进一步丰富了企业社会责任履行经济后果的研究文献,从改善公司绩效视角丰富了公司应主动承担企业社会责任的理论支撑与经验证据。

3. 公司治理显著提升了公司绩效,企业社会责任履行是公司治理提升公司绩效的有效路径,对公司治理与公司绩效具有中介效应。具体地,市场化程度显著提升了公司绩效,企业社会责任履行是市场化程度提升公司绩效的有效路径,对市场化程度与公司绩效具有部分中介效应,进一步研究发现,股东责任、员工责任、权益责任和环境责任履行是市场化程度提升公司绩效的有效路径,对市场化程度与公司绩效具有显著的中介效应;社会责任履行不是市场化程度提升公司绩效的有效路径,对市场化程度与公司绩效的中介效应不显著。政治关联显著提升了公司绩效,企业社会责任履行是政治关联提升公司绩效的有效路径,对政治关联与公司绩效具有部分中介效应。进一步研究发现,股东责任、权益责任和社会责任履行是政治关联提升公司绩效的有效路径,对政治关联与公司绩效具有显著的中介效应;员工责任和环境责任履行不是政治关联提升公司价值的有效路径,对政治关联与公司绩效中介效应不显著。公司内部治理显著提升了公司绩效,企业社会责任履行是公司内部治理提升公司绩效的有效路径,对公司内部治理与公司绩效具有完全中介效应。进一步研究发现,股东责任、员工责任、权益责任履行是公司内部治理提升公司绩效的有效路径,对公司内部治理与公司绩效具有中介效应;环境责任和社会责任履行不是公司内部治理提升公司绩效的有效路径,对公司内部治理与公司绩效具有中介效应不显著。本章为公司治理改善企业社会责任履行进而提升公司绩效的路径选择提供了经验证据,拓展了公司治理的研究领域。本章也为企业主动承担企业社会责任提供了理论支撑和经验证据。

(二) 政策建议

1. 关于优化外部治理环境的政策建议

(1) 通过制度改革来不断优化外部治理环境，进一步释放"改革红利"。保持宏观经济政策的稳定性、连续性和协调性，进一步完善混合所有制改革的相关政策，加快落实和尽快出台一系列有利于企业发展的法规和政策，积极推进财税和金融制度改革，切实降低企业的税费负担和运营成本，提高企业特别是中小企业的融资便利性。(2) 打破垄断性行业的进入管制，加强对垄断性行业的监管，逐步引入市场竞争机制，提高资源配置效率。进一步深化国有企业改革，提高民营企业的"国民待遇"，促使民营企业与国有企业在市场准入、信贷融资等方面待遇均等化。(3) 优化对政府的监督约束机制，加强政府权力边界管控，减少政府对企业的直接干预，加快政府职能由"干预型"向"服务型"转变，如进一步减少行政审批事项和简化行政审批流程，深化政治体制改革提高政府的廉洁和效率水平等，切实提升政府的服务能力和服务质量。促进市场中介组织的发育和完善，确保和维护市场中介组织的独立性和超脱性，使市场中介组织真正成为有效约束政府直接干预企业的中坚力量。(4) 加快资本市场由"弱法治"走向"强法治"的法治化建设，重构资本市场良性生态，进一步完善投资者法律保护和法制建设，切实保护投资者的合法权益。积极引导资本市场健康有序发展，进一步深化资本市场市场化改革，促进市场在资源配置中的主导性与决定性作用的提升，使资本市场真正成为企业直接融资的重要渠道，为企业发展创造良好的融资环境。(5) 破除地方保护主义，保护公平竞争，促进全国市场一体化和市场力量培育。积极培育有序竞争的产品市场和要素市场，提升市场竞争机制对企业行为的约束。

2. 关于完善公司内部治理的政策建议

(1) 要正确区分董事、股东的角色和功能定位，董事要切实履行对全体股东的诚信责任。从董事会规模、独立性、领导权结构、会议频率、专业委员会以及董事激励等方面优化董事会治理机制，充分发挥董事会在公司治理中的核心作用。(2) 通过制定或修改相关政策和法律法规，约束大股东"垄断"董事会的行为，以减少大股东对中小股东等利益相关者的剥夺。(3) 建立和完善职业经理人市场，充分发挥声誉机制对管理层的约束作用，进一步优化和完善管理层薪酬补偿契约的设计，建立有效的管理层激励体系和绩效评价机制。(4) 在股权融资过程中，促使分红权与投票权适当分离，真正确立企业家在公司治理中的中心地位。引入多元股东，进一步优化股权结构，在公司决策中，公司各利益主体要积极维护自身合法权益，逐渐由"用脚投票"向"用手投票"转变，真正参与公司治理。(5) 进一步优化公司各利益主体参与公司治理的体制机制，培育参与公司治理的各利益主体的职业道德素养和契约精神；同时，参与公司治理的各利益相关主体应为共同利益最大化而具备一定的"妥协精神"，真正实现公司决策的科学化。(6) 投资人特别是股东要对企业多一些"耐性"，促使投资者投资理念逐渐由短期套利投资向长期价值投资转变。(7) 进一步完善信息披露机制和审计监督机制，促使企业真实披露公司治理、财务状况以及企业社会责任履行状况的信息，充分发挥信息披露机制和审计监督机制的公司治理作用。(8) 加快政府治理、社会组织治理等相关配套治理的改革，促进公司各治理主体在市场和法治框架下公开、公平、公正地博弈，真正实现治理理念由"行政干预型"向"经济型"转变，切实提升公司治理的有效性。

3. 关于促进企业社会责任履行的政策建议

(1) 企业作为社会网络的重要组成部分，不能"唯利是图"，过分看重利益，在创造价值的同时还要积极履行企业社会责任，积极构建企业社会责任履行的保障机制和内化机制，完善企业社会责任履行的事前决策、事中管理与事后评价的机制和方法，把企业社会责任真正提升到战略高度，通过设置企业社会责任委员会、制定企业社会责任战略、培育企业社会责任文化等途径，切实促进企业社会责任由被动履行向主动承担转变。(2) 由于企业社会责任履行的对象具有多样性，企业应区分企业社会责任履行对象的层次和类别，科学界定企业社会责任的边界，走出"企业办社会"的误区，要根据自身能力和所处的发展阶段分层次进行企业社会责任履行，若企业为"赶时髦"，超越自身能力和发展阶段"过度"履行企业社会责任，将不利于企业社会责任履行价值效应的发挥，甚至会损害公司价值。(3) 企业管理者要提高企业社会责任意识，培养企业社会责任履行价值创造管理理念，培养自身主动企业社会责任履行的理念和情怀，主动将企业社会责任理念融入企业发展战略和管理决策，转变经营理念和经营方式，从道德层面约束自己主动履行企业社会责任。(4) 作为市场经济中重要的微观经济组织，企业更要注重基础理论和理念创新、商业模式创新以及技术和产品创新，加大研发和管理创新投入力度，不断提高自身核心竞争力和可持续发展能力，真正提升自身企业社会责任履行能力，最终实现企业各利益相关主体利益最大化和基业长青。(5) 企业应主动披露企业社责任履行信息，促进企业社会责任履行信息及时地向企业各利益相关者传播，加快企业社会责任履行向企业资本和竞争优势等价值效应的传导与转化，降低企业社会责任履行价值效应的滞后性。（6）进一步加强促进企业社会责任履行的制度建设，通过法律强制、行政干预、社会监督、责任认证、企业内部治理和企业自律自愿等方式形成一套多层次的制度安排，以促使企业积极主动地履行企业社会责任。如完善企业社会责任履行的法律保障体系，促使企业社会责任履行由"软约束"向"硬约束"转变；构建国家层面的企业社会责任履行推进与监督机制、建立包含企业社会责任履行的公司绩效评价体系与机制、制定企业社会责任履行分类指引等等，促使企业根据其行业属性等自身特征有侧重地、科学地进行企业社会责任履行；完善企业社会责任履行的信息披露机制和审计监督机制，促进企业真实披露企业社会责任履行信息，促进企业社会责任履行；通过网络、新媒体等传播途径加大对企业社会责任履行的监督力度；在我国转轨经济背景下，市场机制和法律体系仍不健全，政府应在企业社会责任履行实践中发挥主导作用，注重与企业的良性互动与合作，从而推动和激励企业社会责任履行；完善企业社会责任内部制度，用制度约束管理层及员工的行为，从而促进企业社会责任履行。

4. 关于公司治理与企业社会责任融合的政策建议

（1）企业应根据中国特有的政治、经济和文化等制度环境进一步完善或重构其公司治理机制和决策机制，将企业社会责任的理念融入公司治理结构、治理机制和公司决策过程中，促进公司治理与企业社会责任理论的主动融合。充分发挥公司治理与企业社会责任的治理效应和价值创造效应。（2）企业要获得可持续发展，实现基业长青，就必须将企业社会责任理念融入公司内外部治理机制。内部治理方面，在公司董事会设立企业社会责任专业委员会，从公司治理结构视角融入企业社会责任，同时在公司权力安排机制、决策机制、利益分配机制、激励约束机制、管理控制机制和企业文化机制等方面融入企业社会责任理念。外部环境治理方面，在政府法律法规及政策等正式制度及法律的执行方面融入企业社会责任理念，在要素市场和产品市场方面融入企业社会责任理念，在政府监管部门、专业组织、行业协会、社会公众和媒体等监督评价体系方面融入企业社会责任理念，在供应商和经销商等供应链环节融入企业社会责任理念，促进企业社会责任与外部治理机制的融合。

二、研究不足与展望

(一) 研究不足

本书仍存在以下三方面的不足：(1) 本书缺少非上市公司以及国外公司的经验证据，缺少国内与国外公司的对比研究。(2) 在我国转轨经济背景下，由于外部环境的复杂性，在选取公司外部环境指标时，仅选取市场化程度（制度环境）和政治关联（政治资源环境）两个指标略显不足。(3) 在实证研究中，缺乏其他企业社会责任履行评级机构的企业社会责任履行水平的验证性对比分析。

(二) 研究展望

针对本书存在的不足，未来应在以下三方面进一步深入研究：(1) 对非上市公司进行调查研究或案例研究，探寻非上市公司公司治理、企业社会责任履行与公司绩效内在逻辑关系的经验证据。(2) 搜集国外公司的相关数据，探寻国外公司治理、企业社会责任履行与公司绩效内在逻辑关系的经验证据，并开展国内与国外公司的对比研究。(3) 搜集其他企业社会责任履行评级机构（如灵润环球）的企业社会责任履行水平数据进行验证性对比分析。

参考文献

[1] 安烨, 钟廷勇. 股权集中度、股权制衡度与公司绩效关联性研究——基于中国制造业上市公司的实证分析. 东北师大学报（哲学社会科学版）, 2011 (6): 46-52.

[2] 毕楠. 企业社会责任价值创造的驱动因素与作用机理研究. 当代经济研究, 2012 (7): 50-56.

[3] 白重恩, 刘俏, 陆洲, 宋敏, 张俊喜. 中国上市公司治理结构的实证研究. 经济研究, 2005 (2): 81-91.

[4] 陈凌, 陈华丽. 家族涉入、社会情感财富与企业慈善捐赠行为——基于全国私营企业调查的实证研究. 管理世界, 2014 (8): 90-101.

[5] 晁罡, 叶志科, 王磊. 企业社会责任取向产生与发展的路径分析. 科技进步与对策, 2016 (4): 91-96.

[6] 陈德萍, 陈永圣. 股权集中股、股权制衡度与公司绩效关系研究——2007—2009年中小企业板块的实证检验. 会计研究, 2011 (1): 38-43.

[7] 陈仕华, 李维安. 公司治理的社会嵌入性：理论框架及嵌入机制. 中国工业经济, 2011 (6): 99-108.

[8] 陈仕华, 郑文全. 公司治理理论的最新进展：一个新的分析框架. 管理世界, 2010 (2): 156-166.

[9] 陈宏辉, 贾生华. 企业利益相关者的利益协调与公司治理的平衡原理. 中国工业经济, 2005 (8): 114-121.

[10] 陈迅, 韩亚琴. 企业社会责任分级模型及其应用. 中国工业经济, 2005 (9): 99-105.

[11] 陈宏辉, 贾生华. 企业社会责任观的演进与发展：基于综合性社会契约的理解. 中国工业经济, 2003 (12): 85-92.

[12] 陈德球,金雅玲,董志勇.政策不确定性、政治关联与企业创新效率.南开管理评论,2016(4):27-35.

[13] 陈智,徐广成.中国企业社会责任影响因素研究——基于公司治理视角的实证研究.软科学,2011(4):106-111.

[14] 曹延求,金田秀.产品市场竞争、公司治理与公司价值.山西财经大学学报,2012(1):94-101.

[15] 邓新明.我国民营企业政治关联、多元化战略与公司绩效.南开管理评论,2011(4):4-15.

[16] 戴亦一,潘越,冯舒.中国企业的慈善捐赠是一种"政治献金"吗?——来自市委书记更替的证据.经济研究,2014(2):74-86.

[17] 邓建平,曾勇.政治关联能改善民营企业的经营绩效吗.中国工业经济,2009(2):98-108.

[18] 弗里曼.战略管理:利益相关者方法.王彦华,梁豪译.上海:上海译文出版社,2006.

[19] 弗里曼,哈里森等.利益相关者理论:现状与展望.盛亚,李靖华等译.北京:知识产权出版社,2013.

[20] 冯根福.双重委托代理理论:上市公司治理的另一种分析框架——兼论进一步完善中国上市公司治理的新思路.经济研究,2004(12):16-25.

[21] 冯根福.中国公司治理基本理论研究的回顾与反思.经济学家,2006(3):13-20.

[22] 樊纲,王小鲁,朱恒鹏.中国市场化指数——各地区市场化相对进程2011年报告.北京:经济科学出版社,2011.

[23] 冯丽丽,林芳,许家林.产权性质、股权集中度与企业社会责任履行.山西财经大学学报,2011(9):100-107.

[24] 高红贵.现代企业社会责任履行的环境信息披露研究——基于"生态社会经济人"假设视角.会计研究,2010(12):29-33.

[25] 高敬忠,周晓苏.经营业绩、终极控制人性质与企业社会责任履行度——基于我国上市公布公司1999—2006年面板数据的检验.财经论丛,2008(6):63-69.

[26] 高汉祥.企业社会责任与公司治理:概念重构、互动关系与嵌入机制.苏州:苏州大学出版社,2012.

[27] 高汉祥.公司治理与企业社会责任:被动回应还是主动嵌入.会计

研究, 2012 (4): 58-64.

[28] 郭秀华, 王冠宇. 企业社会责任与公司治理国际研讨会综述. 中外法学, 2008 (1): 75-82.

[29] 高汉祥, 郑济孝. 公司治理与企业社会责任: 同源、分流与融合. 会计研究, 2010 (6): 32-36.

[30] 高勇强, 陈亚静, 张云均. "红领巾"还是"绿领巾": 民营企业慈善捐赠动机研究. 管理世界, 2012 (8): 106-114.

[31] 高明华, 苏然, 方芳. 中国上市公司董事会治理评价及其有效性检验. 经济学动态, 2014 (2): 24-35.

[32] 郝云宏, 周翼翔. 董事会结构、公司治理与绩效——基于动态内生性视角的经验证据. 中国工业经济, 2010 (5): 110-120.

[33] 黄建欢, 杨宁, 尹筑嘉. 股权制衡对上市公司绩效的非线性影响——基于股权制衡度的新测算. 财经理论与实践, 2015 (2): 33-39.

[34] 何禹霆, 王岭. 扩展的交易成本理论视角: 经济组织治理逻辑的重新审视. 现代财经, 2008 (6): 3-7.

[35] 何杰, 曾朝夕. 企业利益相关者理论与传统企业理论的冲突与整合——一个企业社会责任基本分析框架的建立. 管理世界, 2010 (12): 176-177.

[36] 何亚东, 胡涛. 委托代理理论述评. 山西财经大学学报, 2002 (3): 62-65.

[37] 黄旭, 程林林. 西方资源基础理论评析. 财经科学, 2005 (3): 94-99.

[38] 黄培伦, 尚航标, 李海峰. 组织能力: 资源基础理论的静态观与动态观辨析. 管理学报, 2009 (8): 1104-1110.

[39] 黄继忠, 陈素琼. 电力行业上市公司治理结构与公司绩效关系的实证研究. 财经问题研究, 2008 (11): 39-46.

[40] 郝臣, 李礼. 公司治理模式的多维度比较研究: 构建公司治理权变模式. 南开管理评论, 2006 (2): 84-89.

[41] 郝臣. 国外公司治理与公司绩效关系研究综述——1976年—2006年经典文献梳理. 审计与经济研究, 2009 (2): 107-112.

[42] 胡一帆, 宋敏, 张俊喜. 竞争、产权、公司治理三大理论的相对重要性及交互关系. 经济研究, 2005 (9): 44-57.

[43] 贺建刚, 魏明海, 刘峰. 利益输送、媒体监督与公司治理: 五粮液

案例研究. 管理世界, 2008 (10): 141-150.

[44] 贺小刚, 邓浩, 吴诗雨, 梁鹏. 赶超压力与企业的败德行为——来自中国上市公司的数据分析. 管理世界, 2015 (9): 104-124.

[45] 黄伟, 陈钊. 外资进入、供应链压力与中国企业社会责任. 管理世界, 2015 (2): 91-100.

[46] 贾生华, 陈宏辉. 利益相关者的界定方法述评. 外国经济与管理, 2002 (5): 13-18.

[47] 贾生华, 陈宏辉, 田传浩. 基于利益相关者理论的企业绩效评价——一个分析框架和应用研究. 科研管理, 2003 (4): 94-101.

[48] 贾生华, 陈宏辉. 全球化背景下公司治理模式的演进趋势分析. 中国工业经济, 2003 (1): 78-86.

[49] 贾明, 向翼, 张喆. 政商关系的重构: 商业腐败还是慈善献金. 南开管理评论, 2015 (5): 4-17.

[50] 贾明, 张喆. 高管的政治关联影响公司慈善行为吗?. 管理世界, 2010 (4): 99-113.

[51] 贾兴平, 刘益, 廖勇海. 利益相关者压力、企业社会责任与企业价值. 管理学报, 2016 (2): 267-274.

[52] 贾兴平, 刘益. 外部环境、内部资源与企业社会责任. 南开管理评论, 2014 (6): 13-18.

[53] 凯文·基西, 史蒂夫·汤普森, 迈克·莱特编. 公司治理: 受托责任、企业和国际比较. 刘霄仑和朱晓辉译, 李维安校审. 北京: 人民邮电出版社, 2013.

[54] 龙文滨, 宋献中. 基于资源投入视角的社会责任决策与公司价值效应研究. 南开管理评论, 2014 (6): 41-52.

[55] 李维安, 张国萍. 经理层治理评价指数与相关绩效的实证研究——基于中国上市公司治理评价的研究. 经济研究, 2005 (11): 87-98.

[56] 卢代富. 国外企业社会责任界说述评. 现代法学, 2001 (6): 137-144.

[57] 刘凤军, 孔伟, 李辉. 企业社会责任对消费者抵制内化机制研究——基于AEB理论与折扣原理的实证. 南开管理评论, 2015 (1): 52-63.

[58] 李志强, 郑琴琴. 利益相关者对企业社会责任履行的影响——基于成本收益的经济学分析. 企业经济, 2012 (9): 15-20.

[59] 卢代富. 企业社会责任的经济学和法学分析. 北京：法律出版社, 2002.

[60] 刘连煜. 公司治理与公司社会责任. 北京：中国政法大学出版社, 2001.

[61] 李维安. 深化公司治理改革的关键：配套治理改革. 南开管理评论, 2016（4）：1.

[62] 李伟. 企业社会责任与财务绩效关系研究. 财经问题研究, 2012（4）：89-94.

[63] 刘建秋, 宋献中. 社会责任对企业价值的影响机理研究. 中国会计学会 2012 年学术年会论文集, 2012.

[64] 刘明旭. 监事会、公司治理与公司绩效——基于民营上市公司的研究. 华东经济管理, 2007（10）：95-98.

[65] 李智彩, 范英杰, 赵丽丽. 社会责任、公司治理与财务绩效关系研究——以制造业上市公司为例. 中国注册会计师, 2015（5）：58-65.

[66] 林曦. 弗里曼利益相关者理论评述. 商业研究, 2010（8）：66-70.

[67] 刘利, 干胜道. 利益相关者理论在我国的研究进展. 云南财经大学学报（社会科学版）, 2009（2）：120-129.

[68] 罗士俐. 外部性理论的困境及其出路. 当代经济研究, 2009（10）：26-31.

[69] 罗士俐. 外部性理论价值功能的重塑——从外部性理论遭受质疑和批判谈起. 当代经济科学, 2011（2）：27-33.

[70] 刘有贵, 蒋年云. 委托代理理论述评. 学术界, 2006（1）：69-78.

[71] 李维安, 牛建波, 宋笑扬. 董事会治理研究的理论根源及研究脉络评析. 南开管理评论, 2009（12）：130-145.

[72] 李明辉. 公司治理模式的趋同化与持久性研究——基于英、美、德、日等国的分析. 经济评论, 2007（4）：117-128.

[73] 李维安, 徐业坤, 宋文洋. 公司治理评价研究前沿探析. 外国经济与管理, 2011（8）：57-65.

[74] 李维安, 邱艾超, 牛建波, 徐业坤. 公司治理研究的新进展：国际趋势与中国模式. 南开管理评论, 2010（6）：13-24.

[75] 刘银国，朱龙．公司治理与企业价值的实证研究．管理评论，2011 (2)：45-52．

[76] 李伟阳．基于企业本质的企业社会责任边界研究．中国工业经济，2010 (9)：89-100．

[77] 李维安，王世权．．利益相关者治理理论研究脉络及其进展探析．外国经济与管理，2007 (4)：10-17．

[78] 李培功，沈艺峰．媒体的公司治理作用：中国的经验证据．经济研究，2010 (4)：14-27．

[79] 李健，陈传明，孙俊华．企业家政治关联、竞争战略选择与企业价值——基于上市公司动态面板数据的实证研究．南开管理评论，2012 (6)：147-157．

[80] 李伟阳，肖红军．企业社会责任的逻辑．中国工业经济，2011 (10)：87-97．

[81] 李维安，唐跃军．上市公司利益相关者治理机制、治理指数与企业业绩．管理世界，2005 (9)：127-136．

[82] 李汉军，张俊喜．上市企业治理与绩效间的内生性程度．管理世界，2006 (5)：121-127．

[83] 刘想，刘银国．社会责任信息披露与企业价值关系研究——基于公司治理视角的考察．经济学动态，2014 (11)：89-97．

[84] 李维安，邱艾超，古志辉．双重公司治理环境、政治联系偏好与公司绩效——基于中国民营上市公司治理转型的研究．中国工业经济，2010 (6)：85-95．

[85] 李维安，张耀伟．中国上市公司董事会治理评价实证研究．当代经济科学，2005 (1)：17-23．

[86] 李维安和王世权．中国上市公司监事会治理绩效评价与实证研究．南开管理评论，2005 (1)：4-8．

[87] 李维安，牛建波．中国上市公司经理层治理评价与实证研究．中国工业经济，2004 (9)：57-64．

[88] 李姝，谢晓嫣．民营企业的社会责任、政治关联与债务融资——来自中国资本市场的经验证据．南开管理评论，2014 (6)：30-40．

[89] 李维安．独立性：治理有效性的基础．南开管理评论，2016 (3)：1．

[90] 李维安,徐业坤. 政治身份的避税效应. 金融研究, 2013 (3): 114 – 129.

[91] 梁建,陈爽英,盖庆恩. 民营企业的政治参与治理结构与慈善捐赠. 管理世界, 2010 (7): 109 – 118.

[92] 刘春,李善民,孙亮. 独立董事具有咨询功能吗?——异地独董在异地并购中功能的经验研究. 管理世界, 2015 (3): 124 – 136.

[93] 刘凤军,李敬强,李辉. 企业社会责任与品牌影响力关系的实证研究. 中国软科学, 2012 (1): 116 – 132.

[94] 刘浩,唐松,楼俊. 独立董事:监督还是咨询?——银行背景独立董事对企业信贷融资影响研究. 管理世界, 2012 (1): 141 – 169.

[95] 罗党论,应千伟,常亮. 银行授信、产权与企业过度投资:中国上市公司的经验证据. 世界经济, 2012 (3): 48 – 67.

[96] 李国平,张倩倩,周宏. 企业社会责任与财务绩效:理论、方法与检验. 经济学动态, 2014 (6): 138 – 148.

[97] 李红玉,陆智强,姚海鑫. 社会责任对公司绩效的作用机理——基于社会资本的一个理论解释. 软科学, 2009 (10): 133 – 137.

[98] 李维安,王鹏程,徐业坤. 慈善捐赠、政治关联与债务融资——民营企业与政府的资源交换行为. 南开管理评论, 2015 (1): 4 – 14.

[99] 李正. 企业社会责任与企业价值的相关性研究——来自沪市上市公司的经验证据. 中国工业经济, 2006 (2): 77 – 83.

[100] 刘建秋,宋献中.. 社会责任活动、社会责任沟通与企业价值. 财经论丛, 2011 (3): 84 – 91.

[101] 刘建秋,宋献中. 社会责任与企业价值创造研究:回顾与展望. 中南财经政法大学学报, 2010 (3): 101 – 105.

[102] 龙文滨,宋献中. 社会责任投入增进价值创造的路径与时点研究——一个理论分析. 会计研究, 2013 (12): 60 – 64.

[103] 林勇,连洪泉,谢军. 外部治理环境与公司内部治理结构效应比较. 中国工业经济, 2009 (1): 130 – 139.

[104] 刘金石,王贵. 治理环境、股权结构与公司价值——来自中国证券市场的经验证据. 财经科学, 2011 (7): 35 – 42.

[105] 马克·格尔根. 公司治理. 王世权,杨倩,侯君等译. 北京:机械工业出版社, 2014.

[106] 马昀. 资源基础理论的回顾与思考. 经济管理, 2001 (12): 23-27.

[107] 马光荣, 樊纲, 杨恩艳, 潘彬. 中国的企业经营环境: 差异、变迁与影响. 管理世界, 2015 (12): 58-67.

[108] 马龙龙. 企业社会责任对消费者购买意愿的影响机制研究. 管理世界, 2011 (5): 120-126.

[109] 买生, 杨英英, 李俊亭. 公司社会责任治理: 多理论融合的理论模型. 管理评论, 2015 (6): 100-110.

[110] 聂辉华. 不完全契约理论的转变. 教学与研究, 2011 (1): 71-78.

[111] 聂辉华. 新制度经济学中不完全契约理论的分歧与融合. 中国人民大学学报, 2005 (1): 81-87.

[112] 聂辉华, 杨其静. 产权理论遭遇的挑战及其演变——基于2000年以来的最新文献. 南开经济研究, 2007 (4): 3-13.

[113] 牛文元. 可持续发展理论的内涵认知——纪念联合国里约环发大会20周年. 中国人口·资源与环境, 2012 (5): 9-14.

[114] 南开大学中国公司治理原则研究课题组. 《中国公司治理原则(草案)》及其解说. 南开管理评论, 2001 (1): 9-24.

[115] 南开大学公司治理评价课题组. 中国上市公司治理状况评价研究——来自2008年1127家上市公司的数据. 管理世界, 2010 (1): 142-151.

[116] 彭韶兵, 高洁, 王昱升. 企业社会责任履行异象及其分析. 财经科学, 2013 (5): 46-55.

[117] 彭德. 公司治理结构与企业社会责任的协调与平衡. 清华法学, 2011 (5): 43-55.

[118] 彭真善, 宋德勇. 交易成本理论的现实意义. 财经理论与实践, 2006 (4): 15-18.

[119] 潘越, 戴亦一, 李财喜. 政治关联与财务困境公司的政府补助——来自中国ST公司的经验证据. 南开管理评论, 2009 (5): 6-17.

[120] 潘奇, 朱一鸣. 企业持续捐赠价值效应的实证研究——来自中国A股上市公司的经验证据. 科研管理, 2017 (6): 116-124.

[121] 权小峰, 吴世农, 尹洪英. 企业社会责任与股价崩盘风险: "价值利器"或"自利工具". 经济研究, 2015 (11): 49-64.

[122] 乔海曙, 谭明. 金融企业社会责任与财务绩效关系的实证研究. 财经理论与实践, 2009 (6): 17-21.

[123] 钱瑜. 企业社会责任和企业绩效的典型相关分析——基于利益相关者视角. 企业经济, 2013 (3): 79-82.

[124] 齐晔, 蔡琴. 可持续发展理论三项进展. 中国人口·资源与环境, 2010 (4): 110-116.

[125] 冉戎, 王丁, 谢懿. 非政府组织关联、责任战略延续性与融资约束. 南开管理评论, 2016 (3): 178-192.

[126] 宋建波, 盛春艳. 基于利益相关者的企业社会责任评价研究——以制造业上市公司为例. 中国软科学, 2009 (10): 153-163.

[127] 世界环境与发展委员会. 我们共同的未来. 王之佳和柯金良等译. 长春: 吉林人民出版社, 2010.

[128] 孙红梅等. 企业社会责任会计体系构建研究. 上海: 上海财经大学出版社, 2014.

[129] 宋丽娟. 企业社会责任对企业价值影响的微观作用机理——基于效率效应和信誉效应的分析. 商业经济研究, 2016 (13): 127-132.

[130] 苏启林, 申明浩. 不完全契约理论与应用研究最新进展. 外国经济与管理, 2005 (9): 16-23.

[131] 宋常, 黄蕾, 钟震. 产品市场竞争、董事会结构与公司绩效——基于中国上市公司的实证研究. 审计研究, 2008 (5): 55-60.

[132] 孙海刚. 企业可持续发展的理论与实践. 当代经济管理, 2008 (10): 5-8.

[133] 苏中兴. 重新审视资源基础理论——以人力资源为例. 经济管理, 2009 (7): 182-186.

[134] 沈洪涛. 公司特征与社会责任信息披露——来自我国上市公司的经验证据. 会计研究, 2007 (3): 9-16.

[135] 沈艺峰, 沈洪涛. 论公司社会责任与相关利益者理论的全面结合趋势. 中国经济问题, 2003 (2): 51-60.

[136] 宋建波, 李爱华. 企业社会责任的公司治理因素研究. 财经问题研究, 2010 (5): 23-29.

[137] 山立威, 甘犁, 郑涛. 公司捐款与经济动机——汶川地震后中国上市公司捐款的实证研究. 经济研究, 2008 (11): 51-61.

[138] 石军伟, 胡立君, 付海燕. 企业社会责任、社会资本与组织竞争优势: 一个战略互动视角——基于中国转型期经验的实证研究. 中国工业经济, 2009 (11): 87-98.

[139] 孙立平. 实践社会学与市场转型过程分析. 中国社会科学, 2002 (5): 83-96.

[140] 田虹. 企业社会责任与企业绩效的相关性——基于中国通信行业的经验数据. 经济管理, 2009 (1): 72-79.

[141] 唐松, 孙铮. 政治关联、高管薪酬与企业未来经营绩效. 管理世界, 2014 (5): 93-105.

[142] 唐鹏程, 杨树旺. 企业社会责任投资模式研究: 基于价值的判断标准. 中国工业经济, 2016 (7): 109-126.

[143] 唐跃军, 左晶晶, 李汇东. 制度环境变迁对公司慈善行为的影响机制研究. 经济研究, 2014 (2): 61-73.

[144] 田虹, 姜雨峰. 企业社会责任履行的动力机制研究. 审计与经济研究, 2014 (6): 65-74.

[145] 田敏, 李纯青, 萧庆龙. 企业社会责任行为对消费者品牌评价的影响. 南开管理评论, 2014 (6): 19-29.

[146] 王克稳, 金占明, 焦捷. 战略群组身份企业慈善捐赠与企业绩效——基于中国房地产行业的实证研究. 南开管理评论, 2014 (6): 53-62.

[147] 王建琼, 何静谊. 公司治理、企业经济绩效与企业社会责任——基于中国制造业上市公司数据的经验研究. 经济经纬, 2009 (2): 83-86.

[148] 王长义. 公司治理与企业社会责任: 基于历史视角的研究. 现代管理科学, 2007 (11): 75-76.

[149] 王海菲. 公司治理特征、企业社会责任与财务绩效——基于中国制造业的经验研究. 北京: 经济科学出版社, 2013.

[150] 王中杰. 公司社会责任治理. 北京: 中国发展出版社, 2011.

[151] 汪晓宇, 马咏华, 张济珍. 不完全契约理论: 产权理论的新发展. 上海经济研究, 2003 (12): 33-36.

[152] 王焕明, 江若尘. 利益相关者理论综述研究. 经济问题探索, 2007 (4): 11-14.

[153] 仵志忠. 信息不对称理论及其经济学意义. 经济学动态, 1997 (1): 66-69.

[154] 王霞，徐晓东，王宸．公共压力、社会声誉、内部治理与企业环境信息披露——来自中国制造业上市公司的证据．南开管理评论，2013（2）：82-91．

[155] 吴磊．公司治理与社会责任对企业成长的影响——以中国制造业A股上市公司为例．中南财经政法大学学报，2015（2）：143-149．

[156] 王世权，李维安．监事会治理理论的研究脉络及进展．产业经济评论，2009（3）：24-38．

[157] 王清刚，李琼．企业社会责任价值创造机理与实证检验——基于供应链视角．宏观经济研究，2015（1）：116-127．

[158] 万寿义，刘正阳．制度背景、公司价值与社会责任成本——来自沪深300指数上市公司的经验证据．南开管理评论，2013（1）：83-91．

[159] 王兵．独立董事监督了吗？——基于中国上市公司盈余质量的视角．金融研究，2007（1）：109-121．

[160] 王清刚，徐欣宇．企业社会责任的价值创造机理与实证检验——基于利益相关者理论和生命周期理论．中国软科学，2016（2）：179-192．

[161] 王小鲁，余文静，樊纲．中国分省企业经营环境指数2013年报告．北京：中信出版社，2013．

[162] 王永进，盛丹．政治关联与企业的契约实施环境．经济学（季刊），2012（4）：1193-1218．

[163] 巫景飞，何大军，林炜，王云．高层管理者政治网络与企业多元化战略：社会资本视角——基于我国上市公司面板数据的实证分析．管理世界，2008（8）：107-118．

[164] 王文成，王诗卉．中国国有企业社会责任与企业绩效相关性研究．中国软科学，2014（8）：131-137．

[165] 王晓巍，陈慧．基于利益相关者的企业社会责任与企业价值关系研究．管理科学，2011（6）：29-37．

[166] 王艳婷，罗永泰．企业社会责任、员工认同与企业价值相关性研究．财经问题研究，2013（1）：98-103．

[167] 温素彬，方苑．企业社会责任与财务绩效关系的实证研究——利益相关者视角的面板数据分析．中国工业经济，2008（10）：150-160．

[168] 温忠麟，张雷，侯杰泰，刘红云．中介效应检验程序及其应用[J]．心理学报，2004，（9）：614-620．

[169] 许叶枚. 利益相关者、公司治理与企业的社会责任. 现代经济探讨, 2009 (1): 38-41.

[170] 徐细雄. 参照点契约理论: 不完全契约理论的行为与实验拓展. 外国经济与管理, 2012 (11): 52-60.

[171] 徐冬莉, 兰玉杰. 董事会治理与公司绩效关系的研究综述. 华东经济管理, 2007 (10): 103-107.

[172] 徐莉萍, 辛宇, 陈工孟. 股权集中度和股权制衡及其对公司经营绩效的影响. 经济研究, 2006 (1): 90-100.

[173] 徐少阳. 利益相关者理论的特征、作用与现存问题分析. 兰州学刊, 2008 (2): 63-64.

[174] 向昀, 任健. 西方经济学界外部性理论研究介评. 经济评论, 2002 (3): 58-62.

[175] 谢增毅. 董事会委员会与公司治理. 法学研究, 2005 (5): 60-69.

[176] 徐向艺, 王俊韡, 巩震. 高管人员报酬激励与公司治理绩效研究——一项基于深、沪A股上市公司的实证分析. 中国工业经济, 2007 (2): 94-100.

[177] 徐细雄, 谭瑾. 高管薪酬契约、参照点效应及其治理效果: 基于行为经济学的理论解释与经验证据. 南开管理评论, 2014 (4): 36-45.

[178] 徐向艺, 王俊韡. 股权结构与公司治理绩效实证分析. 中国工业经济, 2005 (6): 112-118.

[179] 徐莉萍, 辛宇. 媒体治理与中小投资者保护. 南开管理评论, 2011 (6): 36-47.

[180] 徐尚昆, 杨汝岱. 企业社会责任概念范畴的归纳性分析. 中国工业经济, 2007 (5): 71-79.

[181] 夏立军, 陈信元. 市场化进程、国企改革策略与公司治理结构的内生决定. 经济研究, 2007 (7): 82-95.

[182] 夏立军, 方轶强. 政府控制、治理环境与公司价值——来自中国证券市场的经验证据. 经济研究, 2005 (5): 40-51.

[183] 肖海林, 薛琼. 公司治理、企业社会责任履行与企业绩效. 财经问题研究, 2014 (12): 91-98.

[184] 肖红军, 李伟阳, 胡叶琳. 真命题还是伪命题: 企业社会责任检验的新思路. 中国工业经济, 2015 (2): 102-114.

[185] 肖作平, 杨娇. 公司治理对公司社会责任的影响分析——来自中

国上市公司的经验证据.证券市场导报,2011 (6): 34-40.

[186] 谢文武.公司治理环境对企业社会责任的影响分析.现代财经,2011 (1): 91-97.

[187] 许年行,江轩宇,伊志宏,袁清波.政治关联影响投资者法律保护的执法效率吗?.经济学(季刊),2013 (2): 373-406.

[188] 许正良,刘娜.基于持续发展的企业社会责任与企业战略目标管理融合研究.中国工业经济,2008 (9): 129-140.

[189] 易开刚.和谐社会背景下当代企业的社会责任观.管理世界,2008 (12): 175-176.

[190] 韵江,高良谋.公司治理、组织能力与社会责任——基于整合与协同演化的视角.中国工业经济,2005 (11): 103-110.

[191] 易冰娜,韩庆兰.论企业社会责任与公司治理的融合与发展.理论探讨,2012 (4): 91-94.

[192] 杨瑞龙,聂辉华.不完全契约理论:一个综述.经济研究,2006 (2): 104-115.

[193] 杨宏力.不完全契约理论前沿进展.经济学动态,2012 (1): 96-103.

[194] 虞慧辉,贾婕.企业的不完全契约理论述评.浙江社会科学,2002 (6): 184-188.

[195] 杨宏力,宁朝山.西方不完全契约理论前沿进展——基于2005年以来的最新文献.江苏社会科学,2012 (1): 40-48.

[196] 杨伯坚.企业社会责任、公司治理与公司业绩.经济经纬,2012 (3): 95-99.

[197] 严若森.再析董事会治理与公司经营绩效的关系——基于中国制造业上市公司的实证研究.经济管理,2009 (10): 54-58.

[198] 杨春华.资源基础理论及其未来研究领域.商业研究,2010 (7): 26-29.

[199] 严若森.公司治理成本的构成与公司治理效率的最优化研究.会计研究,2005 (2): 59-63.

[200] 姚伟,黄卓,郭磊.公司治理理论前沿综述.经济研究,2003 (5): 83-94.

[201] 杨汉明,邓启稳.国有企业社会责任与业绩研究——基于可持续

增长视角. 中南财经政法大学学报, 2011 (1): 120-127.

[202] 杨瑞龙和周业安. 交易费用与企业所有权分配合约的选择. 经济研究, 1998 (9): 27-36.

[203] 杨瑞龙. 论国有经济中的多级委托代理关系. 管理世界, 1997 (1): 106-115.

[204] 杨瑞龙, 周业安. 论利益相关者合作逻辑下的企业共同治理机制. 中国工业经济, 1998 (1): 38-45.

[205] 余澳, 朱方明, 钟芮琦. 论企业社会责任的性质与边界. 四川大学学报（哲学社会科学版）, 2014 (2): 78-84.

[206] 杨瑞龙. 论职工参与企业治理的经济学逻辑. 经济学动态, 2005 (5): 24-27.

[207] 杨德明, 赵璨. 媒体监督、媒体治理与高管薪酬. 经济研究, 2012 (6): 116-126.

[208] 杨瑞龙, 刘刚. 双重成本约束下的最优企业所有权安排——对共同治理的经济学分析. 江海学刊, 2002 (1): 68-75.

[209] 杨兴全, 吴昊旻, 曾义. 公司治理与现金持有竞争效应——基于资本投资中介效应的实证研究. 中国工业经济, 2015 (1): 121-133.

[210] 叶陈刚, 王孜, 武剑锋, 李惠. 外部治理、环境信息披露与股权融资成本. 南开管理评论, 2015 (5): 85-96.

[211] 叶康涛, 祝继高, 陆正飞, 张然. 独立董事的独立性: 基于董事会投票的证据. 经济研究, 2011 (1): 126-139.

[212] 叶青, 赵良玉, 刘思辰. 独立董事"政商旋转门"之考察: 一项基于自然实验的研究. 经济研究, 2016 (6): 98-113.

[213] 易开刚. 企业社会责任的多重价值博弈与长效实现机制——基于公司治理的视角. 经济理论与经济管理, 2011 (12): 61-67.

[214] 于蔚, 汪淼军, 金祥荣. 政治关联和融资约束: 信息效应与资源效应. 经济研究, 2012 (9): 125-139.

[215] 于晓红, 武文静. 公司治理、社会责任与企业价值研究. 当代经济研究, 2014 (5): 74-78.

[216] 余明桂, 回雅甫, 潘红波. 政治关系、寻租与地方政府财政补贴有效性. 经济研究, 2010 (3): 65-77.

[217] 袁建国, 后青松, 程晨. 政治资源的诅咒效应——基于政治关联

与企业技术创新的考察. 管理世界, 2015 (1): 139-155.

[218] 杨楠. 基于中国上市公司的资本结构、社会责任与企业绩效分析. 管理学报, 2015 (6): 896-902.

[219] 杨皖苏, 杨善林. 中国情境下企业社会责任与财务绩效关系的实证研究——基于大中小型上市公司的对比分析. 中国管理科学, 2016 (1): 143-150.

[220] 尹开国, 刘小芹, 陈华东. 基于内生性的企业社会责任与财务绩效关系研究——来自中国上市公司的经验证据. 中国软科学, 2014 (6): 98-108.

[221] 于洪彦, 黄晓治, 曹鑫. 企业社会责任与企业绩效关系中企业社会资本的调节作用. 管理评论, 2015 (1): 169-180.

[222] 赵晶, 王明. 利益相关者、非正式参与和公司治理——基于雷士照明的案例研究. 管理世界, 2016 (4): 138-149.

[223] 张天舒, 陈信元, 黄俊. 政治关联、风险资本投资与企业绩效. 南开管理评论, 2015 (6): 18-27.

[224] 赵辉, 田志龙. 伙伴关系、结构嵌入与绩效: 对公益性CSR项目实施的多案例研究. 管理世界, 2014 (6): 142-156.

[225] 张川, 娄祝坤, 詹丹碧. 政治关联、财务绩效与企业社会责任: 来自中国化工行业上市公司的证据. 管理评论, 2014 (1): 130-139.

[226] 张运生. 内生外部性理论新进展. 经济学动态, 2012 (12): 115-123.

[227] 中国可持续发展研究会. 2010. 可持续发展的回顾与展望. 北京: 社会科学文献出版社.

[228] 张维迎. 2014. 理解公司: 产权、激励与公司治理. 上海: 上海人民出版社.

[229] 曾广录, 高明华. 外部效应、公司治理与企业社会责任. 公司治理评论, 2009 (4): 16-28.

[230] 张兰霞, 袁栋楠, 牛丹, 金越. 企业社会责任对财务绩效影响的实证研究——以我国上市公司为研究对象. 东北大学学报 (自然科学版), 2011 (2): 292-296.

[231] 周翼翔. 董事会结构与公司绩效关系的再探索——基于动态内生性视角的实证. 科学学与科学技术管理, 2011 (9): 131-137.

[232] 周翔, 吴能全, 苏郁锋. 基于模块化演进的产权理论. 中国工业经济, 2014 (10): 110-121.

[233] 赵建梅. 利益相关者理论与企业社会责任研究——一种理论研究

路径的分析与评价. 科技进步与对策, 2010 (24): 12-15.

[234] 张兆国, 梁志钢, 尹开国. 利益相关者视角下企业社会责任问题研究. 中国软科学, 2012 (2): 139-146.

[235] 张兆国, 张庆, 何威风. 企业财权安排的几个基本理论问题: 基于利益相关者理论研究. 会计研究, 2007 (11): 39-43.

[236] 张洪波和李健. 企业社会责任与利益相关者理论: 基于整合视角的研究. 科学学与科学技术管理, 2007 (3): 146-150.

[237] 张宏军. 西方外部性理论研究述评. 经济问题, 2007 (2): 14-16.

[238] 郑志刚. 对公司治理内涵的重新认识. 金融研究, 2010 (8): 184-198.

[239] 张正勇. 产品市场竞争、公司治理与社会责任信息披露——来自中国上市公司社会责任报告的经验证据. 山西财经大学学报, 2012 (4): 67-76.

[240] 张学勇, 廖理股权分置改革、自愿性信息披露与公司治理. 经济研究, 2010 (4): 28-39.

[241] 赵琼. 国外企业社会责任理论述评——企业与社会关系的视角. 广东社会科学, 2007 (4): 172-177.

[242] 曾小青, 张恭杰. 论公司治理与社会责任. 中南财经政法大学学报, 2009 (1): 124-128.

[243] 祖良荣. 欧洲公司治理体制与企业社会责任重组. 产业经济研究, 2004 (5): 13-19.

[244] 张衔, 肖斌. 企业社会责任的依据与维度. 四川大学学报 (哲学社会科学版), 2010 (2): 85-90.

[245] 张维迎. 所有制、治理结构与委托——代理关系——兼评崔之元与周其仁的一些观点. 经济研究, 1996 (9): 3-15.

[246] 郑志刚, 孙娟娟. 我国上市公司治理发展历史与现状评估. 金融研究, 2009 (10): 118-132.

[247] 张志强, 王春香. 西方企业社会责任的演化及其体系. 宏观经济研究, 2005 (9): 19-24.

[248] 郑若娟. 西方企业社会责任理论研究进展——基于概念演进的视角. 国外社会科学, 2006 (2): 34-39.

[249] 张蒽, 王梦娟, 林旭, 方小静等. 2016. 中国企业社会责任报2015. 北京: 经济管理出版社.

[250] 张峰, 杨建君. 股东积极主义视角下大股东参与行为对企业创新

绩效的影响——风险承担的中介作用. 南开管理评论, 2016 (4): 4-12.

[251] 张敏, 马黎珺, 张雯. 企业慈善捐赠的政企纽带效应——基于我国上市公司的经验数据. 管理世界, 2013 (7): 163-171.

[252] 张敏, 张胜, 申慧慧, 王成方. 政治关联与信贷资源配置效率——来自我国民营上市公司的经验证据. 管理世界, 2010 (11): 143-153.

[253] 张敏, 黄继承. 政治关联、多元化与企业风险——来自我国证券市场的经验证据. 管理世界, 2009 (7): 156-164.

[254] 张旭, 宋超, 孙亚玲. 企业社会责任与竞争力关系的实证研究. 科研管理, 2010 (5): 149-157.

[255] 张振刚, 李云健, 李莉. 企业慈善捐赠、科技资源获取与创新绩效关系研究——基于企业与政府的资源交换视角. 南开管理评论, 2016 (3): 123-135.

[256] 张祖城, 周漪杰. 企业社会责任相对水平与消费者购买意向关系的实证研究. 中国工业经济, 2007 (9): 111-118.

[257] 周浩, 汤丽荣. 市场竞争能倒逼企业善待员工吗?——来自制造业企业的微观证据. 管理世界, 2015 (11): 135-144.

[258] 周健, 方刚, 刘小元. 制度环境、公司治理对企业竞争优势的影响研究——基于中国上市公司的经验证据. 南开管理评论, 2009 (12): 18-27.

[259] 周中胜, 何德旭, 李正. 制度环境与企业社会责任履行: 来自中国上市公司的经验证据. 中国软科学, 2012 (10): 59-68.

[260] 曾建光, 张英, 杨勋. 宗教信仰与高管层的个人社会责任基调——基于中国民营企业高管层个人捐赠行为的视角. 管理世界, 2016 (4): 97-110.

[261] 张兆国, 靳小翠, 李庚秦. 企业社会责任与财务绩效之间交互跨期影响实证研究. 会计研究, 2013 (8): 32-39.

[262] 周小虎. 企业理论的社会资本逻辑. 中国工业经济, 2005 (3): 84-91.

[263] 朱松. 企业社会责任、市场评价与盈余信息含量. 会计研究, 2011 (11): 27-34.

[264] 朱雅琴, 姚海鑫. 企业社会责任与企业价值关系的实证研究. 财经问题研究, 2010 (2): 102-106.

[265] 周建, 袁德利, 薛楠, 金媛媛. 市场化进程与董事会治理对公司绩效的联合影响——基于中国A股市场的经验证据. 数理统计与管理, 2014

(6): 1021 – 1029.

[266] Avram, E. and Avasilcai, S.. 2014. Business Performance Measurement in Relation to Corporate Social Responsibility: A conceptual Model Development. Procedia – Social and Behavioral Sciences, 109: 1142 – 1146.

[267] Afrifa, G. A. and Tauringana, V.. 2015. Corporate Governance and Performance of UK Listed Small and Medium Enterprises [J]. Corporate Governance, Vol. 15 (5): 719 – 733.

[268] Aguilera, R. V., Rupp, D. E., Williams, C., and Granapathi, J.. 2007. Putting the S Back in Corporate Social Responsibility: A Multilevel Theory of Social Change in Organizations. Academy of Management Review, 32: 836 – 863.

[269] Aguilera, R. V., Williams, C. A., Conly, J. M. and Rupp, D. E.. 2006. Corporate Governance and Social Responsibility: A Comparative Analysis of the UK and the US. The Authors Journal Compilation, Vol. 14 (3): 147 – 158.

[270] Altuner, D., Çelik, S. and Güleç, T. C.. 2015. The Linkages Among Intellectual Capital, Corporate Governance and Corporate Social Responsibility. Corporate Governance, Vol. 15 (4): 491 – 507.

[271] Arora, P. and Dharwadkar, R.. 2011. Corporate Governance and Corporate Social Responsibility (CSR): The Moderating Roles of Attainment Discrepancy and Organization Slack. Corporate Governance: An International Review, 19: 136 – 152.

[272] Ayadi, M. A., Kusy, M. I., Pyo, M. and Trabelsi, S.. 2015. Corporate Social Responsibility, Corporate Governance and Managerial Risk – taking. Journal of Theoretical Accounting Research, (4): 50 – 113.

[273] Adegbola, E. A.. 2014. Corporate Social Responsibility as A Marketing Strategy for Enhanced Performance in the Nigerian Banking Industry: A Granger Causality Approach. Procedia Social and Behavioral Sciences, 164: 141 – 149.

[274] Akisik, O. and Gal, G.. 2014. Financial Performance and Reviews of Corporate Social Responsibility Reports. Journal of Management Control, 25: 259 – 288.

[275] Aras, G., Aybars, M. and Kutlu, O.. 2010. Managing Corporate Performance: Investigating the Relationship between Corporate Social Responsibility and Financial Performance in Emerging Markets. International Journal of Productivity and

Performance Management, Vol. 59 (3): 229 – 254.

[276] Achim, M. V., Borlea, S. N. And Mare, C.. 2016. Corporate Governance and Business Performance: Evidence for the Romanian Economy. Journal of Business Economics & Management, Vol. 17 (3): 458 – 474.

[277] Banerjee, S. B.. 2014. A Critical Perspective on Corporate Social Responsibility: Towards a Global Governance Framework. Critical Perspectives on International Business, Vol. 10 (1/2): 84 – 95.

[278] Beltratti, A.. 2005. The Complementarity Between Corporate Governance and Corporate Social Responsibility. The Geneva Papers, 30: 373 – 386.

[279] Berghe, L. V. and Louche, C.. 2005. The Link Between Corporate Governance and Corporate Social Responsibility in Insurance. The Geneva Papers, 30: 425 – 442.

[280] Bebchuk, L. A. and Weisbach, M. S.. 2010. The State of Corporate Governance Research. The Review of Financial Studies, Vol. 23 (3): 939 – 961.

[281] Barnett, M. L.. 2007. Stakeholder Influence Capacity and the Variability of Financial Returns to Corporate Social Responsibility. Academy of Management Review, 32: 784 – 816.

[282] Barney, J.. 2007. Looking Inside for Competitive Advantage. Oxford: Blackwell Publishing.

[283] Borghesi, R., Houston, J. F. and Naranjo, A.. 2014. Corporate Social Responsible Investments: CEO Altruism, Reputation, and Shareholder Interests. Journal of Corporate Finance, 26: 164 – 181.

[284] Boubakri, N., Guedhami, O., Mishra, D. and Saffar W.. 2012. Political Connections and the Cost of Equity Capital. Journal of Corporate Finance, 18 (3): 541 – 559.

[285] Brammer, S., Jackson, G. and Matten, D.. 2012. Corporate Social Responsibility and Institutional Theory: New Perspectives on Private Governance. Socio – Economic Review, 10: 3 – 28.

[286] Brown, L. and Caylor, M. L.. 2009. Corporate Governance and Firm Operating Performance. Review of Quantitative Finance and Accounting, 32: 129 – 144.

[287] Bai, X. and Chang, J.. 2015. Corporate Social Responsibility and Firm Performance: The Mediating Role of Marketing Competence and the Moderating Role

of Market Environment. Asia Pacific Journal of Management, 32 (2): 505 – 530.

[288] Becchetti, L., Giacomo, S. D. and Pinnacchio, D.. 2008. Corporate Social Responsibility and Corporate Performance: Evidence from A Panel of US Listed Companies. Applied Economics, 40 (5): 541 – 567.

[289] Belu, C. and Manescu, C.. 2013. Strategic Corporate Social Responsibility and Economic Performance. Applied Economics, 45: 2751 – 2764.

[290] Beurden, V. and Gössling, T.. 2008. The Worth of Values: A Literature Review on the Relation Between Corporate Social and Financial Performance. Journal of Business Ethics, 82 (2): 407 – 424.

[291] Brammer, S. and Millington, A.. 2008. Does it Pay to be Different? An Analysis of the Relationship Between Corporate social and Financial Performance. Strategic Management Journal, 29: 1325 – 1343.

[292] Branco, M. C. and Rodrigues, L. L.. 2006. Corporate Social Responsibility and Resource – based Perspectives. Journal of Business Ethics, 69: 111 – 132.

[293] Chi, J. D. and Lee, D. S.. 2010. The Conditional Nature of the Value of Corporate Governance. Journal of Banking & Finance, Vol. 34: 350 – 361.

[294] Cai, Y., Jo, H. and Pan, C.. 2012. Doing Well While Doing Bad? CSR in Controversial Industry Sectors. Journal of Business Ethics, 108: 53 – 72.

[295] Campbell, J. L.. 2007. Why Would Corporations Behave in Socially Responsible Ways? An Institutional Theory of Corporate Social Responsibility. Academy of Management Review, Vol. 32 (1): 946 – 967.

[296] Carroll, A. B.. 1996. Business and Society Ethics and Stakeholder Management. Cincinnati, Ohio: South – Western College Publishing.

[297] Clarkson, M. E.. 1995. A Stakeholder Framework for Analyzing and Evaluating Corporate Social Performance. Academy of Management Review, Vol. 20 (1): 92 – 117.

[298] Cordeiro, J. J. and Sarkis, J.. 2008. Does Explicit Contrcting Effectively Link CEO Compensation to Evvironmental Performance? . Business Strategy and the Environment, 17: 304 – 317.

[299] Carlos, A. B. – V., Cristina, Q. – G. and Macarena, M. – L.. 2014. Total Quality Management, Corporate Social Responsibility and Performance in the Hotel Industry. International Journal of Hospitality Management, 41: 77 – 87.

[300] Chen, H. and Wang, X.. 2011. Corporate Social Responsibility and Corporate Financial Performance in China: An Empirical Research from Chinese Firms. Corporate Governance International Journal of Business in Society, 11 (4): 361 – 370.

[301] Cheng, B., Ioannou, I. and Serafeim, G.. 2014. Corporate Social Responsibility and Access to Finance. Strategic Management Journal, 35 (1): 1 – 23.

[302] Cheng, S., Lin, K. Z. and Wong, W.. 2016. Corporate Social Responsibility Reporting and Firm Performance: Evidence from China. Journal of Management & Governance, Vol. 20 (3): 503 – 523.

[303] Cristina, M. and Teresa, G.. 2016. Corporate Social Responsibility and Financial Performance: The Spanish Case. Revista de Administração de Empresas, Vol. 56 (1): 20 – 28.

[304] Coles, J., N. Daniel and L. Naveen. 2008. Boards: Does One Size Fit All. Journal of Financial Economics, 87: 329 – 356.

[305] Devinney, T. M., Schwalbach, J. and Williams, C. A.. 2013. Corporate Social Responsibility and Corporate Governance: Comparative Perspectives. Corporate Governance: An International Review, 21 (5): 413 – 419.

[306] Demetriades, K. and Auret, C. J.. 2014. Corporate Social Responsibility and Firm Performance in South Africa. South African Journal Business Management, 45 (1): 1 – 12.

[307] Deckop, J. R., Merriman, K. K. and Gupta, S.. 2006. The Effect of CEO Pay Structure on Corporate Social Performance. Journal of Management, 32: 329 – 342.

[308] Declerck, M. D. and B. M'Zail. 2012. Product Market Competition and Corporate Social Responsibility. Working Paper.

[309] Detomasi, D.. 2008. The Political Roots of Corporate Social Resposibility. Journal of Business Ethics, Vol. 82 (4): 807 – 819.

[310] Ducassy, I. and Montandrau, S.. 2015. Corporate Social Performance, Ownership Structure and Corporate Governance in France. Research in International Business and Finance, 34 (7): 383 – 396.

[311] D. H. – M. Wang, P. – H. Chen, T. H. – K. Yu and C. – Y.

Hsiao. 2015. The Effects of Corporate Social Responsibility on Brand Equity and Firm Performance. Journal of Business Research, 68: 2232 - 2236.

[312] DiSegni, D. M., Huly, M. and Akron, S.. 2015. Corporate Social Responsibility, Environmental Leadership and Financial Performance. Social Responsibility Journal, 11 (1): 131 - 148.

[313] Donaldson, T.. 1999. Response: Making Stakeholder Theory Whole. Academy of Management Review, 24 (2): 237 - 241.

[314] Ducassy, I.. 2013. Does Corporate Social Responsibility Pay Off in Times of Crisis? An Alternate Perspective on the Relationship between Financial and Corporate Social Performance. Corporate Social Responsibility and Environmental Management, 20: 157 - 167.

[315] Esa, E. and Ghazali, N. A. M.. 2012. Corporate Social Responsibility and Corporate Governance in Malaysian Government - linked Companies. Corporate Governance, 12 (3): 292 - 305.

[316] Eccles, R., Ioannou, I. and Serafeim, G.. 2012. The Impact of A Corporate Culture of Sustainability on Corporate Behavior and Performance. NEBR Working Paper.

[317] Fama, E. F. and M. C. Jensen. 1983. Separation of Ownership and Control. Journal of Law and Economics, 26: 301 - 325.

[318] Fernandez, M. R.. 2016. Social Responsibility and Financial Performance: The role of Good Corporate Governance. BRQ Business Research Quarterly, Vol. 19, (2): 137 - 151.

[319] Filatotchev, I. and Nakajima, C.. 2014. Corporate Governance, Responsible Managerial Behavior and Corporate Social Responsibility: Organizational Efficiency Versus Organizational Legiyimacy?. The Academy of Management Perspectives, Vol. 28 (3): 289 - 306.

[320] Filatotchev, I. and Stahl, G. K.. 2015. Towards Transnational CSR: Corporate Social Responsibility Approaches and Governance Solutions for Multinational Corporations. Organizational Dynamics, 44 (2): 121 - 129.

[321] Flammer, C.. 2014. Does Product Market Competition Foster Corporate Social Responsibility? Evidence from Trade Liberalization. Strategic Management Journal, Vol. 36 (10): 1469 - 1485.

[322] Feng, M., Wang, X. and Saini, J. S.. 2015. Monetary Compensation, Workforce – oriented Corporate Social Responsibility, and Firm Performance. American Journal of Business, 30 (3): 196 – 215.

[323] Gill, A.. 2008. Corporate Governance as Social Responsibility: A Research Agenda. Berkeley Journal of International Law, 26: 452 – 477.

[324] Giannarakis, G., Konteos, G. and Sariannidis, N.. 2014. Financial, Governance and Environmental Determinants of Corporate Social Responsible Disclosure. Management Decision, 52 (10): 1928 – 1951.

[325] Graaf, F. J. and Stoelhorst, J. W.. 2009. The Role of Governance in Corporate Social Responsibility: Lessons From Dutch Finance. Business & Society, 52 (2): 282 – 317.

[326] Grosser, K.. 2016. Corporate Social Responsibility and Multi – Stakeholder Governance: Pluralism, Feminist Perspectives and Women's NGOs. Journal of Business Ethics, 137: 65 – 81.

[327] Gillan, S. L.. 2006. Recent Developments in Corporate Governance: An Overview. Journal of Corporate Finance, 12: 381 – 402.

[328] Goranova, M. and Ryan, L. V.. 2014. Shareholder Activism: A Multidisciplinary Review. Journal of Management, 40: 1230 – 1268.

[329] Goel, A. and A. Thakor. 2008. Overconfidence, CEO Selection, and Corporate Governance. Journal of Finance, 63 (6): 2737 – 2784.

[330] Gossa, A. and Gordon, R.. 2011. The Impact of Corporate Social Responsibility on the Cost of Bank Loans. Journal of Banking & Finance, 35 (7): 1794 – 1810.

[331] Greening, D. and Turban, D.. 2000. Corporate Social Performance as A Competitive advantage in Attracting a Quality Workforce. Business & Society. 39 (3): 254 – 280.

[332] Haji, A. A. and Mubaraq, S.. 2015. The Implications of the Revised Code of Corporate Governance on Firm Performance: A longitudinal examination of Malaysian Listed Companies. Journal of Accounting in Emerging Economies, Vol. 5 (3): 350 – 380.

[333] Harjoto, M. A. and Jo, H.. 2011. Corporate Governance and CSR Nexus. Journal of Business Ethics, 100: 45 – 67.

[334] Hong, B., Li, Z. and Minor, D.. 2016. Corporate Governance and Executive Compensation for Corporate Social Responsibility. Journal of Business Ethics, Vol. 136, (6): 199 – 213.

[335] Hancock, J.. 2005. Investing in Corporate Social Responsibility: A Guide to Best Practice, Business Planning in the UK's Leading Companies, Kogan Page, London.

[336] Hart, S.. 1995. A Natural Resource – based view of the Firm. Academy of Management Review, 20 (4): 986 – 1014.

[337] Haß, L. H., Johan, S. and Schweizer, D.. 2016. Is Corporate Governance in China Related to Performance Persistence? . Journal of Business Ethics, Vol. 134 (4): 575 – 592.

[338] Jamali, D., Hallal, M. and Abdallah, H.. 2010. Corporate Governance and Corporate Social Responsibility: Evidence from the Healthcare Sector. Corporate Governance, Vol. 10 (5): 590 – 602.

[339] Joana, S. and Pedro, N.. 2015. When Corporate Social Responsibility (CSR) Increases Performance: Exploring the Role of Intrinsic and Extrinsic CSR Attribution. Business Ethics: A European Review, 24 (2): 111 – 124.

[340] Joscha, N., George, F. and Evangelos, M.. 2016. Corporate Social Responsibility and Financial Performance: A Non – linear and Disaggregated Approach. Economic Modelling, Vol. 52: 400 – 407.

[341] Jain, T. and Jamali, D.. 2016. Looking Inside the Black Box: The Effect of Corporate Governance on Corporate Social Responsibility. Corporate Governance: An International Review, Vol. 24 (3): 253 – 273.

[342] Jamali, D., Safieddine, A. M. and Rabbath, M.. 2008. Corporate Governance and Corporate Social Responsibility Synergies and interrelationships. The Authors Journal Compilation, 16 (5): 443 – 459.

[343] Jensen, M. C. and W. Meckling.. 1976. Theory of Firm: Managerial Behavior, Agency Costs, and Capital Structure. Journal of Financial Economics, (3): 305 – 360.

[344] Jiang, F. and Kim, K. A.. 2015. Corporate Governance in China: A Modern Perspective. Journal of Corporate Finance, 32 (3): 190 – 216.

[345] Jo, H. and H. Na. 2012. Does CSR Reduce Firm Risk? Evidence from

Controversial Industry Sectors. Journal of Business Ethics, Vol. 110: 441 - 456.

[346] Jo, H. and Harjoto, M. A.. 2012. The Causal Effect of Corporate Governance and Corporate Social Responsibility. Journal of Business Ethics, Vol. 106: 53 - 72.

[347] Jo, H. and Harjoto, M. A.. 2011. Corporate Governance and Firm Value: The Impact of Corporate Social Responsibility. Journal of Business Ethics, 103: 351 - 383.

[348] Jo, H. Song, M. H. and Tsang, A.. 2016. Corporate Social Responsibility and Stakeholder Governance Around the World. Global Finance Journal, Vol. 29: 42 - 69.

[349] Johnson, R. A. and Daniel, W. G.. 1999. The Effects of Corporate Governance and Institutional Ownership Types On Corporate Social Performance. Academy of Management Journal, Vol. 42 (5): 564 - 576.

[350] Janamrung, B. and Panya, I.. 2015. The Association between Corporate Social Responsibility Index and Performance of Firms in Industrial Products and Resources Industries: Empirical Evidence from Thailand. Social Responsibility Journal, 11 (4): 893 - 903.

[351] Kumar, P. and Zattoni, A.. 2013. Corporate Governance, Board of Directors, and Firm Performance. Corporate Governance: An International Review, 21 (4): 311 - 313.

[352] Khan, A., Muttakin, M. B. and Siddiqui, J.. 2013. Corporate Governance and Corporate Social Responsibility Disclosures: Evidence from an Emerging Economy. Journal of Business Ethics, 114: 207 - 223.

[353] Kitzmueller, M. and J. Shimshack. 2012. Economic Perspectives on Corporate Social Responsibility. Journal of Economic Literature, Vol. 50 (1): 51 - 84.

[354] Knudsen, J. S. and Brown, D.. 2015. Why Governments Intervene: Exploring Mixed Motives for Public Policies on Corporate Social Responsibility. Public Policy and Administration, 30 (1): 51 - 72.

[355] Kang, C., Frank, G. and Rajdeep, G.. 2016. Washing Away Your Sins? Corporate Social Responsibility, Corporate Social Irresponsibility, and Firm Performance. Journal of Marketing, Vol. 80 (2): 59 - 79.

[356] Kang, H. and Liu, S.. 2014. Corporate Social Responsibility and Cor-

porate Performance: A Quantile Regression Approach. Quality & Quantity, 48 (6): 3311 - 3325.

[357] Karaye, Y. I., Ishak, Z. and Noriah, C. - A.. 2014. The Mediating Effect of Stakeholder Influence Capacity on the Relationship Between Corporate Social Responsibility and Corporate Financial Performance. Procedia - Social and Behavioral Sciences, 164: 528 - 534.

[358] Kong, D.. 2013. Does Corporate Social Responsibility Affect the Participation of Minority Shareholders in Corporate Governance? . Journal of Business Economics and Management, 14: 168 - 187.

[359] Love, I. and Rachinsky, A.. 2015. Corporate Governance and Bank Performance in Emerging Markets: Evidence from Russia and Ukraine. Emerging Markets Finance & Trade, 51: S101 - S121.

[360] Lau, C., Lu, Y. and Liang, Q.. 2016. Corporate Social Responsibility in China: A Corporate Governance Approach. Journal of Business Ethics, Vol. 136, (6): 73 - 87.

[361] Lin, K. J., Tan, J., Zhao, L. and Karim, K.. 2015. In the Name of Charity: Political Connections and Strategic Corporate Social Responsibility in A Transition Economy. Journal of Corporate Finance, 32: 327 - 346.

[362] Liu, Q., Tang, J. and Tian, G. G.. 2013. Does Political Capital Create Value in the IPO Market? Evidence from China. Journal of Corporate Finance, 23: 395 - 413.

[363] Lone, E. J., Ali, A. and Khan, I.. 2016. Corporate Governance and Corporate Social Responsibility Disclosure: Evidence from Pakistan. Corporate Governance: The International Journal of Business in Society, 16 (5): 785 - 797.

[364] Low, K. C. P. and Ang, S. L.. 2013. Confucian Ethics, Governance and Corporate Social Responsibility. International Journal of Business and Management, Vol. 8 (4): 30 - 43.

[365] Lee, S., Singal, M. and Kang, K. H.. 2013. The Corporate Social Responsibility - Financial Performance Link in the U. S. Restaurant Industry: Do Economic Conditions Matter? . International Journal of Hospitality Management, 32: 2 - 10.

[366] Li, Q., Luo, W., Wang, Y. and Wu, L.. 2013. Firm Perform-

ance, Corporate Ownership, and Corporate Social Responsibility Disclosure in China. Business Ethics: A European Review, 22 (2): 159 – 173.

[367] Lioui, A. and Sharma, Z.. 2012. Environmental Corporate Social Responsibility and Financial Performance: Disentangling Direct and Indirect Effects. Ecological Economics, 78: 100 – 111.

[368] Low, K. C. P. and Ang, S. L.. 2011. Confucian Ethics and the Stakeholder Theory In Business. i – manager's Journal on Management, (4): 8 – 20.

[369] Low, K. C. P.. 2009. Confucian Ethics and Social Responsibility – The Golden Rule & Responsibility to the Stakeholders. Ethics and Critical Thinking Journal, (4): 46 – 54.

[370] Mason, C. and Simmons, J.. 2014. Embedding Corporate Social Responsibility in Corporate Governance: A Stakeholder Systems Approach. Journal of Business Ethics, 119: 77 – 86.

[371] Mustapa, I. R., Ghazali, N. A. M. and Mohamad, M. H. S.. 2014. The Moderating Influence of Organizational Capacity on the Association between Corporate Governance and Corporate Performance. Procedia – Social and Behavioral Sciences, 164: 76 – 83.

[372] Mallin, C., Farag, H. and Ow – Yong, K.. 2014. Corporate Social Responsibility and Financial Performance in Islamic Banks. Journal of Economic Behavior & Organization, 103: 21 – 38.

[373] Manasakis, C., Mitrokostas, E. and Petrakis, E.. 2014. Strategic Corporate Social Responsibility Activities and Corporate Governance in Imperfectly Competitive Markets. Manageria and Decision Economics, 35: 460 – 473.

[374] Matten, D. and Moon, J.. 2008. "Implicit" and "explicit" CSR: A Conceptual Framework for A Comparative Understanding of Corporate Social Responsibility. Academy of Management Review, 33: 404 – 424.

[375] McCarthy, D. J. and Puffer, S. M.. 2008. Corporate Governance as a Foundation for Corporate Social Responsibility in Transitioning Economies: The Russian Experience. Thunderbird International Business Review, Vol. 50 (4): 231 – 243.

[376] McGuire, J., B. A. Sundgren and T. Schneeweis. 1988. Corporate Social Responsibility and Firm Financial Performance. Academy of management Jour-

nal, Vol. 31: 854 – 872.

[377] McWilliams, A. and Siegel, D. . 2001. Corporate Social Responsibility: A theory of the Firm Perspective. Academy of Management Review, Vol. 26 (1): 117 – 127.

[378] Minor, D. and Morgan, J. . 2011. CSR as Reputation Insurance Primum Nor Nocere. California Management Review, Vol. 53 (3): 40 – 59.

[379] Mackey, A. , Mackey, T. and Barney, J. . 2007. Corporate Social Responsibility and Firm Performance: Investor Preferences and Corporate Strategies. Academy of Management Review, 32: 817 – 835.

[380] Mallin, C. , Farag, H. and Ow – Yong, K. . 2014. Corporate Social Responsibility and Financial Performance in Islamic Banks. Journal of Economic Behavior & Organization, 103: 21 – 38.

[381] Malmendier, U. and G. Tate. 2005. CEO Overconfidence and Corporate Investment. Journal of Finance, 60: 2661 – 2700.

[382] McWilliams, A. , Siegel, D. S. and Wright, P. M. . 2006. Corporate Social Responsibility: Strategic Implications. Journal of Management Studies, 43 (1): 1 – 18.

[383] Mercedes, R. F. . 2016. Social Responsibility and Financial Performance: The Role of Good Corporate Governance. Business Research Quarterly, Vol. 19 (2): 137 – 151.

[384] Michelon, G. , Boesso, G. and Kumar, K. . 2013. Examining the Link between Strategic Corporate Social Responsibility and Company Performance: An Analysis of the Best Corporate Citizens. Corporate Social Responsibility and Environmental Management, 20: 81 – 94.

[385] Malik, M. S. and Makhdoom, D. . 2016. Does Corporate Governance Beget Firm Performance in Fortune Global 500 Companies? . Corporate Governance: The International Journal of Effective Board Performance, Vol. 16 (4): 747 – 764.

[386] Newman, A. , Nielsen, I. and Miao, Q. . 2015. The Impact of Employee Perceptions of Organizational Corporate Social Responsibility Practices on Job Performance and Organizational Citizenship Behavior: Evidence from the Chinese Private Sector. The International Journal of Human Resource Management, 26 (9): 1226 – 1242.

[387] Nguyen, T., Locke, S. and Reddy, K.. 2015. Ownership Concentration and Corporate Performance from a Dynamic Perspective: Does national governance quality matter? . International Review of Financial Analysis, Vol. 41: 148 – 161.

[388] North, D.. 1990. Institutions, Institutional Change and Economic Performance. Cambridge University Press.

[389] Ntim, C. G. and Soobaroyen, T.. 2013. Corporate Governance and Performance in Socially Responsible Corporations: New Empirical Insights from a Neo – Institutional Framework. Corporate Governance: An International Review, 21 (5): 468 – 494.

[390] Oliver Hart and John Moore. 2008. Contracts as Reference Points. The Quarterly Journal Economics, Vol. 123 (1): 1 – 48.

[391] Ortas, E., Alvarez, I., Jaussaud, J. and Garayar, A.. 2015. The Impact of Institutional and Social Context on Corporate Environmental, Social and Governance Performance of Companies Committed to Voluntary Corporate Social Responsibility Initiatives. Journal of Cleaner Production, 108: 673 – 684.

[392] Ott, C.. 2009. Corporate Governance and Corporate Social Responsibility in Profit and in Non – Profit – Organizations. Journal für Rechts Politik, 17: 255 – 262.

[393] Post, C., Rahman, N. and Rubow, E.. 2011. Green Governance: Boards of Directors' Composition and Environmental Corporate Social Responsibility. Business & Society, 50 (1): 189 – 223.

[394] Peloza, J.. 2009. The Challenge of Measuring Financial Impacts from investments in Corporate Social Performance. Journal of Management, Vol. 35 (6): 1518 – 1541.

[395] Pätäri, S., Arminen, H., Tuppura, A. and Jantunen, A.. 2014. Competitive and Responsible? The Relationship between Corporate Social and Financial Performance in the Energy Sector. Renewable and Sustainable Energy Reviews, 37: 142 – 154.

[396] Peters, S., Miller, M. and Kusyk, S.. 2011. How Relevant is Corporate Governance and Corporate Social Responsibility in Emerging Markets? . Corporate Governance, 11 (4): 429 – 445.

[397] Quazi, A. and Richardson, A.. 2012. Sources of Variation in Linking Corporate Social Responsibility and Financial Performance. Social Responsibility Journal, 8 (2): 242 – 256.

[398] R. Coase. 1937. The Nature of the Firm. Economica, (4): 386 – 405.

[399] Rahim, M. M. and Alam, S.. 2014. Convergence of Corporate Social Responsibility and Corporate Governance in Weak Economies: The case of Bangladesh. Journal of Business Ethics, Vol. 121: 607 – 620.

[400] Ruangviset, J., Jiraporn, P. and Kim, J. C.. 2014. How does Corporate Governance Influence Corporate Social Responsibility? . Procedia – Social and Behavioral Sciences, 143: 1055 – 1057.

[401] Rhodes, M. J. and Soobaroyen, T.. 2010. Information Asymmetry and Socially Responsible Investment. Journal of Business Ethics, 95: 145 – 150.

[402] Roy, A.. 2016. Corporate Governance and Firm Performance: A Study of Indian Listed Firms. Metamorphosis: A Journal of Management Research, Vol. 15 (1): 31 – 46.

[403] Szabó, D. G. and Sørensen, K. E.. 2013. Integrating Corporate Social Responsibility in Corporate Governance Codes in the EU. European Business Law Review, Vol. 24 (6): 781 – 827.

[404] Said, R., Zainuddin, Y. H. and Haron, H.. 2009. The Relationship Between Corporate Social Responsibility Disclosure and Corporate Governance Characteristics in Malaysian Public Listed Companies. Social Responsibility Journal, 5 (2): 212 – 226.

[405] Song, L., Liang, Q., Lu, Y. and Li, X.. 2016. Why Chinese Entrepreneurial Firms Selectively Perform Corporate Social Responsibility Issues? . Chinese Management Studies, Vol. 10 (2): 272 – 290.

[406] Siddiqui, S. S.. 2015. The Association between Corporate Governance and Firm Performance: A Meta – Analysis. International Journal of Accounting and Information Management, Vol. 23 (3): 218 – 237.

[407] Sabbaghi, O.. 2016. Corporate Governance in China: A Review. Corporate Governance: The International Journal of Business in Society, 16 (5): 866 – 882.

[408] Sauerwald, S. and Peng, M. W.. 2013. Informal Institutions, Share-

holder Coalitions and Principal – Principal Conflicts. Asia Pacific Journal of Management, Vol. 30: 853 – 870.

[409] Scherer, A. G. and Palazzo, G.. 2011. The New Political Role of Business in A Globalized World: A Review of A New Perspective on CSR and Its Implications for The Firm, Governance, and Democracy. Journal of Management Studies, 48 (4): 899 – 931.

[410] Sergio, P., Nicola, M. and Antonio, T.. 2008. The Impact of Corporate Social Responsibility on Consumer Trust. Journal of Business Ethics, Vol. 17 (1): 12 – 44.

[411] Shin, J. Y., Jung, M., Khoe, K. and Chae, M. S.. 2015. Effects of Government Involvement in Corporate Social Responsibility: An Analysis of the Indian Companies Act, 2013. Emerging Markets Finance & Trade, 51: 377 – 390.

[412] Siegel, D. S. and D. F. Vitaliano. 2007. An Empirical Analysis of the Strategic Use of Corporate Social Responsibility. Journal of Economics & Mannagement Strategy, Vol. 16: 773 – 792.

[413] Steurer, R.. 2010. The Role of Governments in Corporate Social Responsibility: Characterising Public Policies on CSR in Europe. Policy Sciences, 43: 49 – 72.

[414] Stuebs, M. and Sun, L.. 2015. Corporate Governance and Social Responsibility. International Journal of Law and Management, Vol. 57: 1 – 26.

[415] Sadeghi, G., Arabsalehi, M. and Hamavandi, M.. 2016. Impact of Corporate Social Performance on Financial Performance of Manufacturing Companies Listed on the Tehran Stock Exchange (IMC). International Journal of Law and Management, Vol. 58 (6).

[416] Saeidi, S. P., Sofian, S., Saeidi, P., Saeidi, S. P. and Saaeidi, S. A.. 2015. How Does Corporate Social Responsibility Contribute to Firm Financial Performance? The Mediating Role of Competitive Advantage, Reputation, and Customer Satisfaction. Journal of Business Research, 68: 341 – 350.

[417] Sprinkle, G. B. and Maines, L. A.. 2010. The Benefits and Costs of Corporate Social Responsibility. Business Horizon, 53: 445 – 453.

[418] Sun, L.. 2012. Further Evidence on the Association between Corporate Social Responsibility and Financial Performance. International Journal of Law and

Management, 54 (6): 472 - 484.

[419] Sun, L. and Yu, T. R.. 2015. The Impact of Corporate Social Responsibility on Employee Performance and Cost. Review of Accounting and Finance, 14 (3): 262 - 284.

[420] Sun, W. and Cui, K.. 2014. Linking Corporate Social Responsibility to Firm Default Risk. European Management Journal, 32 (2): 275 - 287.

[421] Shahwan, T. M.. 2015. The Effects of Corporate Governance on Financial Performance and Financial Distress: Evidence from Egypt. Corporate Governance, Vol. 15 (5): 641 - 662.

[422] Taysir, E. A. and Pazarcik, Y.. 2013. Business Ethics, Social Responsibility and Corporate Governance: Does the Strategic Management Field Really Care about These Concepts?. Procedia - Social and Behavioral Sciences, Vol. 99: 294 - 303.

[423] Taghian, M., D'Souza, C. and Polonsky, M. J.. 2015. A Stakeholder Approach to Corporate Social Responsibility, Reputation and Business Performance. Social Responsibility Journal, 11 (2): 340 - 363.

[424] Tang, Z., Hull, C. E. and Rothenberg, S.. 2012. How Corporate Social Responsibility Engagement Strategy Moderates the CSR - Financial Performance Relationship. Journal of Management Studies, 49: 1274 - 1303.

[425] Ueng, C. J.. 2016. The Analysis of Corporate Governance Policy and Corporate Financial Performance. Journal of Economics and Finance, Vol. 40 (3): 514 - 523.

[426] Uzma, S. H.. 2016. Embedding Corporate Governance and Corporate Social Responsibility in Emerging Countries. International Journal of Law and Management, Vol. 58 (3): 299 - 316.

[427] Valmohammadi, C.. 2014. Impact of Corporate Social Responsibility Practices on Organizational Performance: An ISO 26000 Perspective. Social Responsibility Journal, 10 (3): 455 - 479.

[428] Wang, W. K., Lu, W. M., Kweh, Q. L. and Lai, H. W.. 2014. Does Corporate Social Responsibility Influence the Corporate Performance of the U. S. Telecommunications Industry?. Telecommunications Policy, 38: 580 - 591.

[429] Wang, L. and Juslin, H.. 2009. The Impact of Chinese Culture on Cor-

porate Social Responsibility: The Harmony Approch. Journal of Business Ethics, Vol. 88 (3): 433 –451.

[430] Wang, S., Y. Gao, G. P. Hodgkinson, D. M. Rousseau and P. C. Flood. 2015. Openning the Black Box of CSR Decision Making: A Policy – capturing Study of Charitable Donation Decisions in China. Journal of Business Ethics, Vol. 128: 665 – 683.

[431] Williamson, O. E.. 2000. The New Institutional Economics: Taking Stock, looking Ahead. Journal of Economic Literature, Vol. 38 (3): 595 – 613.

[432] Wood, D. J.. 1991. Corporate Social Performance Revisited. Academy of Management Review, Vol. 16 (4): 691 – 718.

[433] Wood, D. J.. 2010. Measuring Corporate Social Performance: A Review. International Journal of Management Reviews, Vol. 12 (1): 50 – 84.

[434] Weber, M.. 2008. The Business Case for Corporate Social Responsibility: A Company – level Measurement Approach for CSR. Europen Management Journal, 26: 247 – 261.

[435] Yu, F.. 2012. Participation of Firms in Voluntary Environmental Protection Programs: An Analysis of Corporate Social Responsibility and Capital Market Performance. Contemporary Economic Policy, 30 (1): 13 – 28.

[436] Young, S. and Thyil, V.. 2008. A Holistic Model of Corporate Governance: A New Research Framework. Corporate Governance, Vol. 8 (1): 94 – 108.

[437] Young, S. and Thyil, V.. 2014. Corporate Social Responsibility and Corporate Governance: Role of Context in Internantional Settings [J]. Journal of Business Ethics, 122: 1 – 24.

[438] Yu, Y. and Choi, Y.. 2014. Corporate Social Responsibility and Firm Performance Through the Mediating Effect of Organizational Trust in Chinese Firms. Chinese Management Studies, 8 (4): 577 – 592.

[439] Zhu, Q., Liu, J. and Lai, K.. 2016. Corporate Social Responsibility Practices and Performance Improvement among Chinese National State – owned Enterprises. International Journal of Production Economics, Vol. 171: 417 – 426.

[410] Zhang, Q., Chen, L. and Feng, T.. 2014. Mediation or Moderation? The Role of R&D Investment in the Relationship between Corporate Governance and Firm Performance: Empirical Evidence from the Chinese IT Industry. Corporate Gov-

ernance: An International Review, 22 (6): 501 – 517.

[441] Zhang, R. , Rezaee, Z. and Zhu, J. . 2010. Corporate Philanthropic Disaster Response and Ownership Type: Evidence from Chinese Firms' Response to the Sichuan Earthquake. Journal of Business Ethics, Vol. 91 (1): 51 – 63.

[442] Zhang, R. , Zhu, J. and Yue, H. . 2010. Corporate Philanthropic Giving, Advertising Intensity, and Industry Competition Level. Journal of Business Ethics, Vol. 94 (1): 39 – 52.

[443] Zhu, Y. , Sun, L. Y. , and Leung, A. S. M. . 2014. Corporate Social Responsibility, Firm Reputation, and Firm Performance: The Role of Ethical Leadership. Asia Pacific Journal of Management, 31 (4): 925 – 947.

附　录

附表 1　　　　　　　　　公司内部治理指标

治理维度	变量名称	变量定义
股权结构与股东权益	大股东持股比例	第 1 大股东持股比例
	股权制衡度	第 2 至第 5 大股东持股之和与第 1 大股东持股之比
	股东大会次数	年度召开股东大会次数
	流通股比例	流通股所占比例
	国有股比例	国有股所占比例
管理层治理	两职合一	董事长是否兼任 CEO
	管理层持股	管理层持股比例
董事、监事与其他治理	董事会规模	董事会人数
	董事会独立性	董事会中独立董事所占比例
	董事会会议次数	年度召开董事会会议次数
	监事会会议次数	年度召开监事会会议次数
	专业委员会个数	战略决策委员会、薪酬委员会、审计委员会、社会责任委员会等专业委员会个数

附表 2　　和讯网上市公司企业社会责任专业测评指标体系

目标层	一级指标	二级指标	三级指标
企业社会责任履行	A 股东责任	A1 盈利水平	A11 总资产收益率
			A12 净资产收益率
			A13 主营业务利润率
			A14 成本费用利润率
			A15 每股未分配利润
			A16 每股收益

续表

目标层	一级指标	二级指标	三级指标
企业社会责任履行	A 股东责任	A2 偿债能力	A21 现金比率
			A22 股东权益比率
			A23 流动比率
			A24 速动比率
			A25 资产负债率
		A3 投资回报	A31 股息率
			A32 分红融资比
			A33 分红占可分配利润的比例
		A4 信批状况	A41 交易所对公司和相关责任人处罚的次数
		A5 企业创新	A51 产品开发支出总额
			A52 是否具有技术创新理念
			A53 技术创新项目数
	B 员工责任	B1 员工收入与培训	B11 员工人均收入
			B12 是否进行员工技能培训
		B2 安全生产	B21 是否进行安全检查
			B22 是否进行安全培训
		B3 员工关怀	B31 是否具有慰问意识
			B32 是否慰问员工
			B33 是否发放慰问金
	C 供应商、客户与消费者的权益责任	C1 产品质量	C11 是否具有质量管理意识
			C12 是否具有质量管理体系证书
		C2 售后服务	C21 是否进行客户满意度调查
		C3 诚信与公平竞争	C31 是否与供应商公平竞争
			C32 是否进行反商业贿赂培训
	D 环境责任	D1 环境保护与治理	D11 是否具有环境保护意识
			D12 是否进行环境管理体系认证
			D13 环境保护投入金额
			D14 排放污染物种类数
			D15 节约能源种类数
	E 社会责任	E1 社会贡献度	E11 所得税占利润总额之比
			E12 社会捐赠总额

后　记

本书是在我博士学位论文及后续研究成果的基础上修订而成，在著作出版之际，我更想做的是感恩和感谢。

感谢我的恩师李万明教授，2010年，我来到石河子大学，从理学（数学）转学管理学（农业经济管理），一切从零开始，有了李老师的关怀与悉心指导，我才得以入门并逐渐走上学术之路。李老师渊博的知识、高瞻远瞩的视野和刚正不阿的人格魅力深深地影响着我，我将受益终身。

感谢石河子大学经济与管理学院对我的培养，感谢经管学院老师们对我的教诲和帮助，老师们不仅传授我专业知识，还教会我做人为学的道理，更端正了我学术研究的态度。感谢华南农业大学经济管理学院万俊毅教授和文晓巍教授在我华南农业大学访学期间的指导。感谢同学、朋友们一直以来对我的支持与帮助。感谢河南财经政法大学对著作出版的支持，感谢领导和同事们对著作出版的关心！

感谢父亲王贵卿、母亲张素云多年来对我学业一如既往的支持，父母都是农民，一直在农村劳动，任劳任怨，无私奉献，有了你们的支持，我的学业才能顺利完成！父母双亲正直、勤劳、勇敢、艰苦朴素、吃苦耐劳的品质深深地影响着我，父母之恩情我无以为报，唯有继续前行、再创佳绩！谁言寸草心，报得三春晖！感谢弟弟、妹妹多年来的理解与经济上的支持，有了你们的理解与支持，我才能安心学业。感谢我的爱人郭文颐女士的理解与支持，恋爱四年异地三年，终成正果！感谢岳父郭清才、岳母蔡红梅一直以来对我的理解与支持！感谢一直以来关心、爱护我的亲人们！

后　记

　　而立而未立，未来未曾来，路漫漫而修远，唯有上下求索，勇攀学术高峰，才能更好地回报一直以来关心我的师长、朋友和亲人们，并最终实现人生价值！

　　谨以此书献给我敬爱的家人！

王　能

2019 年 9 月 28 日于河南财经政法大学

图书在版编目（CIP）数据

公司治理、企业社会责任履行与公司绩效：基于中国上市公司的理论与实证研究／王能著．――北京：中国财政经济出版社，2019.12

ISBN 978-7-5095-8714-0

Ⅰ.①公… Ⅱ.①王… Ⅲ.①上市公司-企业管理-研究-中国 Ⅳ.①F279.246

中国版本图书馆 CIP 数据核字（2018）第 274270 号

责任编辑：胡 博 庄 莉　　责任校对：黄亚青
封面设计：孙俪铭

中国财政经济出版社 出版
URL：http://www.cfeph.cn
E-mail：cfeph@cfeph.cn
（版权所有　翻印必究）
社址：北京市海淀区阜成路甲 28 号　邮政编码：100142
营销中心电话：010-88191537　北京财经书店电话：64033436　84041336
北京财经印刷厂印刷　各地新华书店经销
787×1092 毫米　16 开　15.75 印张　268 000 字
2019 年 12 月第 1 版　2019 年 12 月北京第 1 次印刷
定价：68.00 元
ISBN 978-7-5095-8714-0
（图书出现印装问题，本社负责调换）
本社质量投诉电话：010-88190744
打击盗版举报热线：010-88191661　QQ：2242791300